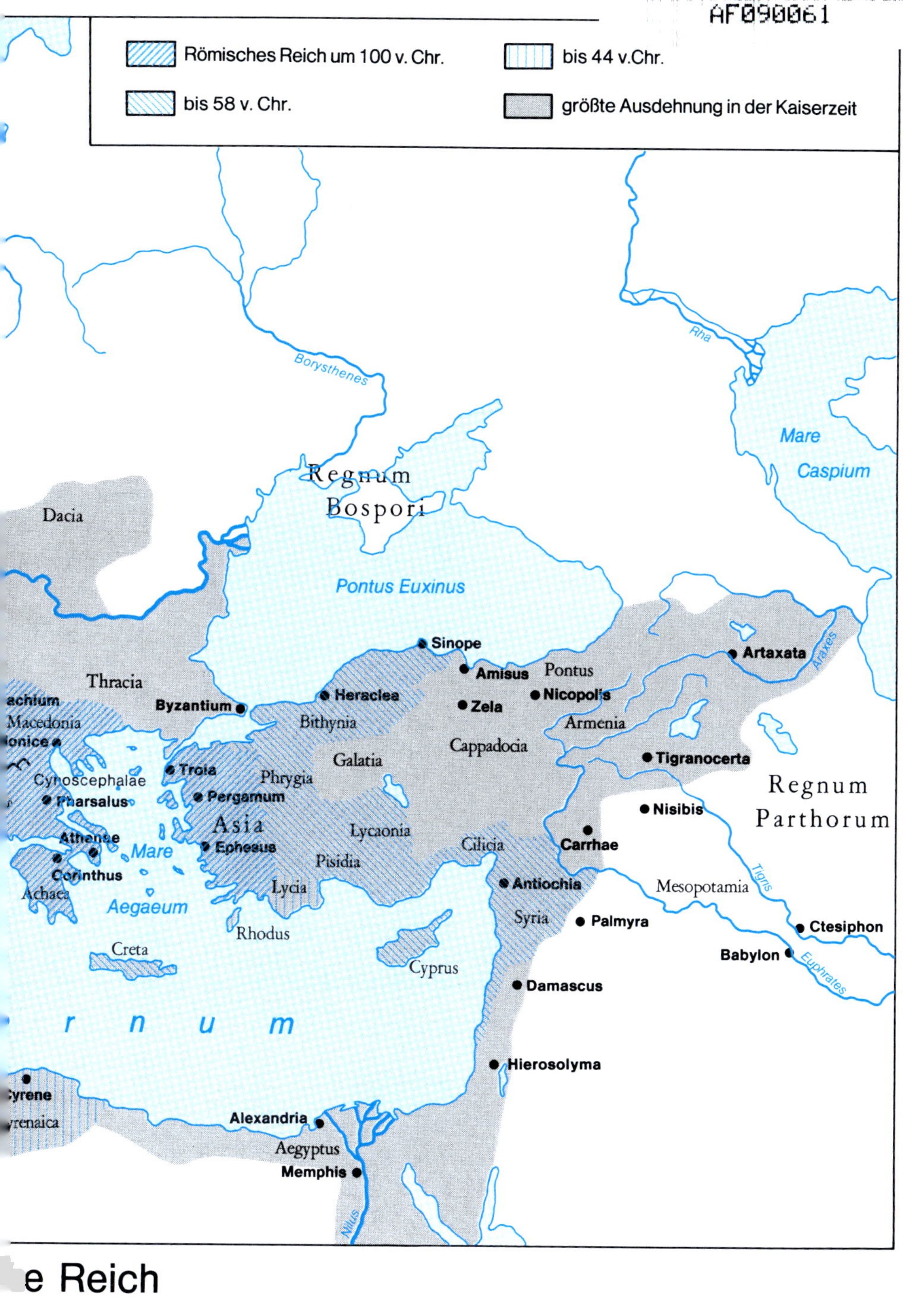

Römisches Reich um 100 v. Chr.
bis 58 v. Chr.
bis 44 v.Chr.
größte Ausdehnung in der Kaiserzeit
Borysthenes
Rha
Regnum Bospori
Mare Caspium
Dacia
Pontus Euxinus
Sinope
Amisus
Pontus
Artaxata
Araxes
Thracia
Heraclea
Nicopolis
Byzantium
Zela
Macedonia
Bithynia
Armenia
Cappadocia
Galatia
Tigranocerta
Troia
Phrygia
Regnum Parthorum
Cynoscephalae
Pharsalus
Pergamum
Nisibis
Asia
Lycaonia
Athenae
Carrhae
Mare
Ephesus
Cilicia
Pisidia
Tigris
Corinthus
Antiochia
Mesopotamia
Achaea
Lycia
Aegaeum
Syria
Palmyra
Ctesiphon
Rhodus
Creta
Babylon
Euphrates
Cyprus
Damascus
r n u m
Hierosolyma
Alexandria
Aegyptus
Memphis
Nilus

e Reich

LATINUM

Ausgabe B

Lehrgang für den später beginnenden Lateinunterricht

von Helmut Schlüter und Kurt Steinicke

2., veränderte Auflage

Vandenhoeck & Ruprecht

ISBN 978-3-525-71403-4

2., veränderte Auflage

© 2016, 1992 Vandenhoeck & Ruprecht GmbH & Co. KG, Theaterstraße 13,
D-37073 Göttingen/Vandenhoeck & Ruprecht LLC, Bristol, CT, U.S.A
www.v-r.de
Alle Rechte vorbehalten. Das Werk und seine Teile sind urheberrechtlich
geschützt. Jede Verwertung in anderen als den gesetzlich zugelassenen Fällen
bedarf der vorherigen schriftlichen Einwilligung des Verlages.
Printed in Germany.
Satz und Litho: SchwabScantechnik, Göttingen
Druck und Bindung: ♻ Hubert & Co GmbH & Co. KG,
Robert-Bosch-Breite 6, D-37079 Göttingen

Gedruckt auf chlorfrei gebleichtem Papier.

Zur Einführung

LATINUM, von dieser veränderten Auflage an: LATINUM, Ausgabe B, ist ein Lehrgang für den später beginnenden Lateinunterricht. Es kann in Klasse 9, in Klasse 11 oder in der Erwachsenenbildung, z. B. an Universitäten, Volkshochschulen oder Abendgymnasien, eingesetzt werden.
LATINUM, Ausgabe B, führt in 28 Lektionen in die lateinische Sprache ein mit dem Ziel der Lektürefähigkeit. Eine Lektion besteht (abgesehen von den ersten Lektionen) aus 280 bis 330 lateinischen Wörtern. Davon entfällt jeweils etwa die Hälfte auf die Erarbeitung des neuen Stoffes; ab Lektion 3 geschieht das in einem thematisch geschlossenen Text. Pro Lektion sind zwischen 30 und 34 Vokabeln zu lernen. Dem Textverständnis, der Textinterpretation, der Festigung des Grammatikstoffes und der Wortschatzarbeit dienen die verschiedenen Übungen. Bei der Bemessung des Text- und Übungspensums war das Ziel, genügend Material zur Erarbeitung und Festigung der Lerninhalte zur Verfügung zu stellen, ein Zuviel jedoch zu vermeiden. Neue Vokabeln und neue Grammatikstoffe werden ausschließlich im Abschnitt A eingeführt, sodass Kolleginnen und Kollegen aus den Abschnitten B und C, wenn sie es wünschen, eine Auswahl treffen können.
Themen und Gegenstände der lateinischen Texte wurden so ausgewählt, dass sie einen Einblick in verschiedene Bereiche der römischen Kultur und des römischen Lebens geben. Ergänzt und veranschaulicht wird dies durch die Sachtexte in deutscher Sprache und durch die Abbildungen.
Die ersten Lektionen, die einen Einstieg in die neue und fremde Sprache ermöglichen sollen, sind in Kunstlatein abgefasst. Aber schon ab Lektion 10 sind den Texten fast immer Stellen aus der Literatur zugrunde gelegt, wie die im Inhaltsverzeichnis angegebenen Belegstellen zeigen. Während dabei anfangs die Adaptionsspanne weiter gesteckt ist und nur mit gelegentlich eingestreuten Zitaten aus dem Original gearbeitet wird, besteht im letzten Drittel des Werkes der Kern der Erzählung meist aus längeren Originalzitaten, die durch Kunstlatein verbunden sind.
Wegen der gebotenen Kürze ist das Grammatikpensum auf die lektürerelevanten Phänomene beschränkt. Die Darbietung und Einübung des grammatischen Stoffes hat als Hauptziel das Erkennen und Bestimmen der Formen und syntaktischen Erscheinungen, nicht die aktive Beherrschung der Sprache. Wenn gelegentlich Aufgaben angeboten werden, zu deren Lösung Formen verändert oder gebildet werden müssen, ist die Übung mit einem Stern (*) als fakultativ gekennzeichnet.

Zur Einführung

Die zur Bearbeitung einer Lektion jeweils nötigen grammatischen Informationen sind in Lernkästen in die Lektion integriert. Ein alphabetischer Index am Ende des Buches erleichtert das Auffinden der in den Lernkästen behandelten grammatischen Erscheinungen. Ein Grammatisches Beiheft mit einer kurzen systematischen Darstellung der Formenlehre und der Syntax liegt vor.

Quantitäten sind in den ersten zehn Lektionen in den Abschnitten A und B und in allen Formentabellen des Buches angegeben. Die Lernvokabeln werden in der Reihenfolge ihres Vorkommens bei den Lektionsvokabeln aufgeführt. Etwa 200 zusätzlich im Vokabelteil angegebene Vokabeln – weitere Komposita von Verben oder Ableitungen aus bekannten Wortstämmen und ergänzende Begriffe – können zu Wortfeldübungen für die spätere Lektüre genutzt werden. Sie sind durch den Druck kenntlich gemacht und werden fakultativ angeboten; ihr Übergehen beeinträchtigt nicht die Arbeit an Texten und Übungen des Lehrbuches. Ein alphabetisches Vokabelverzeichnis mit Angabe des ersten Vorkommens und ein Index der Eigennamen befinden sich am Schluss des Buches.

Die Lektionen haben folgende Teile:

A	Text(e) zur Einführung mit Aufgaben zum Text / zu den Texten
	Grammatik in Lernkästen
B	Aufgaben
C	Vertiefung
S	Deutscher Sachtext
	Abbildungen
(*)	Der Stern bedeutet, dass die Aufgabe oder der Text fakultativ ist.

In der 2. Auflage erscheint Latinum, Ausgabe B, in Ansatz und Zielen unverändert. Hinzugefügt wurden Fragen und Aufgaben zu den Texten. In den Grammatikkästen wurden viele Formulierungen verändert, und die Darstellung wurde unter Gesichtspunkten der funktionalen Sprachbetrachtung erweitert. In einigen Lektionen, vor allem im letzten Viertel des Lehrganges, wurden der grammatische Stoff entzerrt und die Inhalte vereinfacht. Zwei neue S-Texte sind hinzugekommen: „Die Christen und Rom" (Lektion 12) und „Troia, Homer, Vergil" (Lektion 19). Bei der Überarbeitung waren uns die zahlreichen Zuschriften, Kritiken und Vorschläge, die wir von Kolleginnen und Kollegen erhielten, hilfreich. Verlag und Autoren bedanken sich an dieser Stelle dafür.

Inhalt

Formenlehre, *Syntax, Stilistik*	Texte	
1 Nom. u. Akk. Sg. der a-, o-, kons. Dekl.: 3 Pers. Sg. Präs. der a-, e-, kons. Konj.; Infinitiv; est *Subjekt; Prädikat; Objekt; Prädikatsnomen*	S	Familie, Haus
2 Nom. u. Akk. Pl. der a-, o-, kons. Dekl.; Adjektive der a-, o- Dekl.; 3. Pers. Pl. Präs. der a-, e-, kons. Konj.; i- Konj. *Attribut; adverbiale Bestimmung*	A2 S	Ein Triumphzug Triumphzug
3 Genitiv u. Dativ der a-, o-, kons. Dekl. *Gen. als Attribut, d. Bereichs, possess.; Dativ als Objekt, commodi, possess.; Apposition*	A S	Ein griechischer Kaufmann auf Reisen Handel, Handelswege
4 Abl. der a-, o-, kons. Dekl. *Abl. instrum., sociat., separ., temp., loci, modi; Akk. d. Ausdehnung*	A S	Römische Bauern Römische Landwirtschaft, Ernährung
5 1. und 2. Pers. Sg. u. Pl. der a-, e-, i-, gemischten, kons. Konj.; Imperativ; Vokativ; Personalpronomen	A S	Wer wird Konsul? Der römische Staat
6 e-Dekl., kons. Dekl.: rex, salus, homo; *AcI u. Inf. als Objekt; Gleichzeitigkeit*	A S	Geht die Provinz Asia verloren? Provinzen
7 Neutrum der o-, kons. Dekl.; ire u. Komposita *Gen. obiectivus; Dat. finalis; Litotes*	A C*	Ein Besuch des Forums und des Marsfeldes Wo tagte der Senat?
8 Relativpronomen; o-Dekl. auf -r *Relativsatz; Prädikativum; Antithese*	A S	Ein blutiges Volksvergnügen Gladiatorenspiele

Inhalt

Formenlehre, *Syntax, Stilistik*	Texte
9 Perfekt (I) Akt.: v-, u-, Stammperfekt; Perfekt von esse und ire *Abl. mensurae; Vorzeitigkeit; Asyndeton*	A1 Eine Schreckensnachricht aus Germanien A2 Ein Überlebender der Varusschlacht berichtet S Das römische Germanien
10 Imperfekt; gemischte Dekl. *Perfekt/Imperfekt; relativischer Anschluss*	A 1 Das Ende des Romulus A 2 Eine Botschaft aus dem Jenseits (nach Liv. 1, 16) C* Von der Königsherrschaft zur Republik S Die römischen Könige
11 *Gliedsätze mit Indikativ; Gen. partitivus*	A Eine fahrlässige Körperverletzung mit Todesfolge (nach Ulp. ad. ed. 18) C* Die entwendete Laterne (nach Alfenus Dig. 2) S Sklaven
12 Passiv (I): Präs., Imperf. *Passiv; Chiasmus*	A1 Christen vor dem Richter A2 „Wir Christen fürchten nur Gott" C Das geht dich an! (Hor. epist. 1, 18, 84) S Die Christen und Rom
13 u-Dekl.; Passiv (II): Perf. Partizip Perfekt Passiv (PPP) *Abl. causae*	A1 Rom in Bedrängnis (nach Liv. 2, 10-13) A2 Eine mutige Frau (nach Liv. 2, 13; 6-11) C* Ein entschiedener Gegner der Frauenrechte (nach Liv. 34, 1-2) S Die römische Frau
14 Perfekt (II): s-, Redupl.-, Dehnungsperfekt; Reflexivum *Gebrauch des Reflexivums; Gen. qualitatis*	A1 Der junge Hannibal (nach Liv. 21, 1; 14) A2 Ein Römer schildert den Gegner Hannibal (nach Liv. 21, 4) C* Ein Heerführer missachtet die Warnungen der Götter (nach Liv. 22, 3; 12)

Formenlehre, *Syntax, Stilistik*	Texte
15 is, ea, id; ferre; posse; prodesse *Demonstrativpronomen; Anapher*	A1 Ein sozialer Konflikt entsteht A2 Doch Reformen werden vom Senat blutig unterdrückt S Soziale Probleme
16 Futur I; Inf. Fut. Akt. *Zukunft; Nachzeitigkeit; Klimax; rhetorische Frage; Parallelismus*	A1 Ein Staatsstreich droht (nach Cic. Catil. 1, 1) A2 Kann die Gefahr noch abgewehrt werden? C Freiheit und Freizeit (Cic. De orat. 2, 6; 24)
17 nd-Formen (I): Gerundium *Gerundium mit Akk.-Obj. und Adv.*	A1 Seeräuber gegen die Großmacht Rom A2 Pompeius erhält den Oberbefehl (nach Cic. imp. Cn. Pomp. 11; 29 u. 19; 56) S Der Hafen Ostia, römische Schiffe
18 Adjektive der i-Dekl. velle; nolle; malle	A1 Aeneas verlässt das zerstörte Troia A2 Wie soll die Irrfahrt weitergehen?
19 *PPP als prädikatives und attributives Partizip (Participium coniunctum)*	A1 Eine schmerzliche Trennung (Verg. Aen. 4, 265; 4, 272) A2 Abstieg in die Unterwelt (nach Verg. Aen 6, 790ff.) C Rom über alles (Verg. Aen. 6, 851–853) S Troia, Homer, Vergil
20 Konjunktiv (I): Präs., Imperf. *Finalsatz: ut, ne; Konsekutivsatz mit ut; Konj. im Hauptsatz*	A1 Aus dem Leben des Kaisers Augustus (nach Res gest. u. Suet. Aug.) A2 Zitate und Sprichwörter C „In terra pax hominibus" (Lk. 2, 1; 2, 14) S Die Marmorstatue von Primaporta und die Pax Augusta

Inhalt

Formenlehre, *Syntax, Stilistik*	Texte	
21 AmP (Ablativus absolutus) *AmP m. Partizip Perf. Passiv*	A1	Der Tod des Archimedes (nach Liv. 24, 31; 9)
	A2	Ein römischer Quaestor als Archäologe (nach Cic. Tusc. 5, 64–66)
	C	Die Leistung der Griechen aus der Sicht eines Römers (Cic. ad. Q. fr. 1, 1; 27)
	S	Römer und Griechen
22 nd-Formen (II): Gerundivum; ille *Gerundivum*	A1	Die Religion der römischen Bauern (nach Cato agr. 141)
	A2	Was römische Philosophen über die Götter dachten (nach Cic. nat. deor. 1, 2–4 u. 45; 51)
	S	Römische Religion
23 Partizip Präs. *Partizip Präs. als PC und im AmP; historisches Präsens; hist. Infinitiv*	A	Kann der Kaiser Wunder tun? (nach Tac. hist. 4, 81)
	C	Senat und Volk ehren Titus Vespasianus
24 Plusquamperfekt Indikativ; hic; iste Semantik der Demonstrativpronomina	A1	De Seneca philosopho
	A2	Eine radikale Auffassung vom menschlichen Glück
	C	Seneca fragt: „Macht Reisen einen Menschen besser?"
	S	Antike Philosophie
25 Konjunktiv (II): Plusquamperfekt *cum m. Konjunktiv; Irrealis der Vergangenheit*	A	Erzwungene Muße unter einer Diktatur (nach Cic. off. 1,69–70 und 2,2–5)
	B1	Philosophen sind nicht unfehlbar (Sen. dial. VII, 18,1)
	S	Marcus Tullius Cicero
26 Deponentien; Adverbbildung *Relativsätze mit Konjunktiv*	A1	Arme Leute schlafen schlecht in Rom (nach Iuv. 3, 234–238)
	A2	Rom brennt! (Iuv. 3, 196–197; nach Tac. ann. 15, 38–40)

Formenlehre *Syntax, Stilistik*	Texte	
	B1	War Nero ein Brandstifter? Die Christen als Sündenböcke. Iuvenal zieht Konsequenzen.
	C*	Der Reiche im Straßenverkehr (Iuv. 3, 239-241)
	S	Die Großstadt Rom
27 Steigerung der Adjektive und Adverbien; Zahlen von 1-10; Semideponentien *Abl. comparationis* *Hyperbaton*	A1	Wie sind Waffen und Krieg in die Welt gekommen? (Tib. 10, 1-4)
	A2	Ein Urteil über den römischen Imperialismus (Tac. Agr. 30)
	C	Kann Krieg die Welt heilen?
	S	Das römische Heer
28 Futur II; Zahlen: Zehner und Hunderter *Vorzeitigkeit in der Zukunft;* *abhängige Rede; abhängige Frage*	A1	Benedikt gründet ein Kloster
	A2	Aus der Regel des hl. Benedikt (Regula St. Benedicti, cap. 48)
	B3	Was Benedikt schrieb:
	C*	Einige Inschriften und Sprichwörter
	S	Christliche Klöster, antikes Erbe

Vokabeln 164
Alphabetisches Verzeichnis der Eigennamen 203
Alphabetisches Verzeichnis der Lernvokabeln 207
Alphabetisches Verzeichnis der Zusatzvokabeln 218
Alphabetischer Index zur Grammatik und Stilistik 221
Zeittafel zur römischen Geschichte 223

Abbildungsnachweis

S. 13: Dietmar Griese, Hannover / S. 15: Verlagsarchiv / S. 16: M. Siebler, München (M. Siebler) / S. 18: Archivi Alinari, Florenz / S. 21: Archiv für Kunst und Geschichte, Berlin / S. 25 (oben): Helga Lade Fotoagentur / S. 25 (unten): Römisch-Germanisches Museum Köln / S. 27 (oben): Éditions Gallimard, Paris / S. 27 (unten): Erwin M. Ruprechtsberger, Enns / S. 28: Dietmar Griese, Hannover / S. 31: Archäologisches Institut der Universität Göttingen / S. 35: Andreas Schreck, Göttingen / S. 36: Archäologisches Institut der Universität Göttingen / S. 40: Helga Lade Fotoagentur / S. 41 (oben und unten): Helga Lade Fotoagentur / S. 43: Quelle: Goscinny/Uderzo, Asterix, Bd. 18. Les Éditions Albert René, Paris / S. 46: Verlagsarchiv / S. 47: British Museum, London / S. 52: Scala – Istituto Fotografico Editoriale, Antella (Florenz) / S. 54: Saalburgmuseum, Bad Homburg v.d.H. (Markus Eidt, Göttingen) / S. 58: Prähistorische Staatssammlung München (Manfred Eberlein) / S. 61: Markus Eidt, Göttingen / S. 62: Dietmar Griese, Hannover / S. 65: Bildarchiv Preußischer Kulturbesitz, Berlin / S. 68: Musée du Petit Palais, Paris (Ets. J. E. Bulloz) / S. 69: Pontificio Istituto di Archeologia Cristiana, Rom / S. 73: Scala – Istituto Fotografico Editoriale, Antella (Florenz) / S. 76: Museo Etrusco Guarnacci, Volterra (Fabio Fiaschi) / S. 80: Bildarchiv Preußischer Kulturbesitz, Berlin / S. 82: Archivi Alinari, Florenz / S. 84: Markus Eidt, Göttingen / S. 85: Dietmar Griese, Hannover / S. 90: Fototeca Unione presso Accademia Americana in Roma / S. 93: Archivi Alinari, Florenz / S. 96: Münzkabinett Winterthur / S. 100: Römisch-Germanisches Zentralmuseum, Mainz (Volker Iserhardt) / S. 103: Archivi Alinari, Florenz / S. 110 (oben): Apostolica Vaticana Biblioteca, Rom / S. 110 (unten): Bildarchiv der Österreichischen Nationalbibliothek, Wien / S. 111: Deutsches Theater in Göttingen; Szenenfoto aus »Die Troerinnen« des Euripides, Premiere am 28. 9. 1968 (Hekuba: Angela Salloker) / S. 117: Dietmar Griese, Hannover / S. 118: DAI Rom / S. 119: DAI Rom / S. 121: Deutsches Museum, München / S. 125: DAI Rom / S. 130: Prähistorische Staatssammlung München (Manfred Eberlein) / S. 135: Helga Lade Fotoagentur / S. 136: Bildarchiv Preußischer Kulturbesitz, Berlin / S. 141: INTERFOTO (Löppert) / S. 142: Archivi Alinari, Florenz / S. 147: Archivi Alinari, Florenz / S. 151: INTERFOTO (D. H. Teuffen) / S. 153: Cambridge University Collection / S. 157: Peter Knierriem, Usingen / S. 158: Stiftsbibliothek St. Gallen (Carsten Seltrecht) / S. 163: Deutsches Museum, München

Vignetten: Markus Eidt, Göttingen

Die Abbildung auf dem Umschlag zeigt den Cardo maximus von Gerasa, heute: Dscherasch (Jordanien). Quelle: Antike Kunst im Vorderen Orient. Städte in der Wüste – Petra, Palmyra und Hatra. Handelszentren am Karawanenweg, Stuttgart/Zürich 1987. Originalausgabe: Cités du désert – Pétra, Palmyre, Hatra, Fribourg 1987. © Compagnie du livre d'art S.A., Fribourg

Lektion 1

Latein aus unserem Alltag

Aus der Geographie: Britannia – Germānia – Mosella – Rhēnus – fluvius *(le fleuve)* – īnsula – Sicilia – Roma – Italia

Aus Politik und Wirtschaft: populus *(the people, le peuple)* – senātus – senātor – dictātor – Augustus – Caesar – Colōnia – importāre – exportāre – fabrica – fabricāre – dēmōnstrāre – mercātor *(the merchant, le marchand)* – magister *(the master, le maître)*

Lebensmittel: cāseus – oleum – vīnum

Haus und Familie: vīlla – tabula *(the table, la table)* – fenestra *(la fenêtre)* – camīnus – tegula *(der Ziegel)* – camera – porta – caementum – aula *(Hof)* – familia – pater – māter – frāter *(le frère)* – fīlius *(le fils)* – fīlia *(la fille)* – servus – servīre *(servir)* – lingua *(the language, la langue)* – lingua Latīna

Namen: Mārcus – Claudia – Iūlia

A   Bei einem lateinischen Wort sind die Wortausgänge wichtig, z. B. īnsul**a**, serv**us**, mercāt**or** (andere Wortausgänge bei oben aufgeführten Wörtern, wie magister, frāter, vīnum wollen wir vorläufig übergehen).

Bei Substantiven und Eigennamen bezeichnen Endungen oder Wortausgänge den Kasus (Fall).

im Nominativ īnsul**a**	die Insel, eine Insel, Insel
serv**us**	der Sklave, ein Sklave, Sklave
mercāt**or**	der Kaufmann, ein Kaufmann, Kaufmann

Einen Artikel gibt es im Lateinischen nicht.

Am Wortausgang erkennt man meist auch das Genus (Geschlecht).

femininum (f.), maskulinum (m.)

fīli**a** f.	die Tochter
fīli**us** m.	der Sohn
mercāt**or** m.	der Kaufmann

Lektion 1

Mit diesen Kenntnissen können Sie schon kleine lateinische Sätze übersetzen:

1. Britannia īnsula est. – Gāius mercātor est. – Mārcus dominus est. – Syrus servus est. – Iūlia domina est. – Hērophilus medicus est.

   Mārcus, Gāius, Iūlia sind römische Männer- bzw. Frauennamen. Hērophilus ist ein griechischer Name; Ärzte in Rom waren meist Griechen. Sklaven erhielten vom Herrn oft einen Namen, der ihre Herkunft bezeichnete; so konnte z. B. Syrus aus Syrien, Phrygia aus Phrygien in Kleinasien stammen.

2. Dominus intrat. – Domina intrat. – Servus labōrat. – Syrus labōrat. – Domina nōn labōrat. – Mārcus lūdit.

> Auch Verben haben Endungen: Die Endung -t bezeichnet die 3. Person Singular:
>
> z. B. es-t – er (sie, es) ist
> voca-t – er (sie, es) ruft
>
> Das Personalpronomen (er, sie, es) fehlt normalerweise beim lateinischen Verb; durch die Personalendung ist die Person hinreichend bezeichnet.
> Die Grundform eines Verbs, der Infinitiv Präsens Aktiv, hat die Endung -re; z. B. vocā-re – rufen.
> Der Infinitiv zu *est* lautet *esse* – sein.

3. Dominus vocat. – Quem dominus vocat? – Dominus servum vocat. Domina videt. – Quem domina videt? – Domina ancillam videt. Quis dominum timet? – Syrus dominum timet.

> Dominus servum vocat. – Der Herr ruft den Sklaven. Das -m in *servum* bezeichnet den Akkusativ Singular. Dieser Satz enthält als Satzglieder:
>
> | | Frage | |
> |---|---|---|
> | a) das Prädikat | Was wird ausgesagt? | vocat |
> | b) das Subjekt im Nominativ | Wer oder Was (ruft)? | dominus |
> | c) das Objekt im Akkusativ | Wen oder Was ruft er? | servum |
>
> Im Satz „Iūlia domina est" wird das Hilfsverb (die Kopula, „Band") *est* durch das Prädikatsnomen *domina* ergänzt. Das Prädikatsnomen stimmt mit dem Subjekt im Kasus überein.
> Kopula und Prädikatsnomen bilden zusammen das Prädikat.

Lektion 1

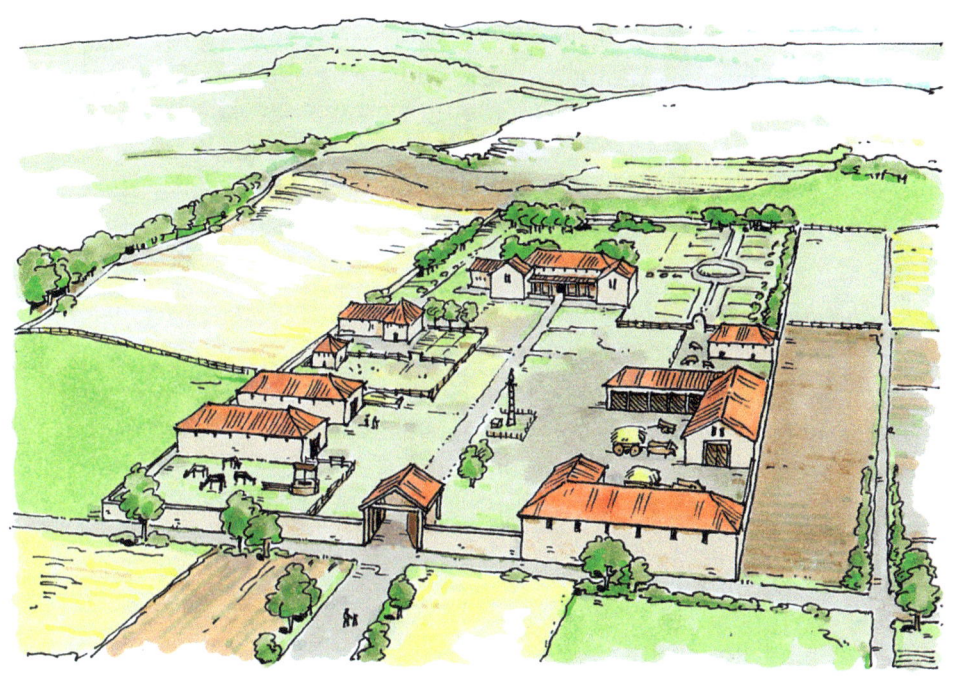

Römischer Gutshof *(villa rustica)*. Rekonstruktionszeichnung.

Medicus morbum cūrat. – Agricola mūrum aedificat. – Ancillam domina vocat. – Dominum Syrus timet. – Servus labōrem nōn amat. – Domina ancillam quaerit: „Ubī est Phrygia?"

4. Equus ad aulam currit. – Agricola in aulam intrat. – Agricola mūrum circā aulam aedificat. – Mārcus per aulam currit.

> Einige Präpositionen, wie *ad, in, circā, per,* stehen mit dem Akkusativ. Präpositionen mit Substantiv geben Ort, Zeit, Richtung und Umstände an.

B 1 *Übersetzen Sie und bestimmen Sie die Satzglieder in den Sätzen:*

Ancilla medicum vocat. – Medicus servum videt. – Medicus Mārcum cūrat. – Iūlia domina est. – Domina Phrygiam vocat. – Phrygia labōrem nōn amat. – Phrygia ancilla est. – Mārcus servus nōn est. – Servum Gāius quaerit.

13

Lektion 1

B 2 *Schreiben Sie ab und ergänzen Sie ein passendes Objekt aus der folgenden Liste (Mehrfachnennungen möglich):*

domina - Mārcum - morbum - labor - dominam - equum - labōrem - mercātor - mūrus - aulam - mūrum - mercātōrem - morbus

Ancilla ~~~ timet.
Medicus ~~~ cūrat.
Mārcus ~~~ aedificat.

Dominus ~~~ vocat.
Agricola ~~~ nōn videt.
Iūlia ~~~ quaerit.

B 3 *Schreiben Sie ab und ergänzen Sie ein passendes Subjekt aus der folgenden Liste (Mehrfachnennungen möglich):*

Iūliam - mercātor - equum - domina - servum - Lūcius - agricola - Hērophilus - dominam - mercātōrem - agricolam - Mārcus - Lūcium - Iūlia - Mārcum

~~~ servus nōn est.
~~~ domina est.
~~~ in aulam nōn intrat.
~~~ dominum videt.
~~~ in aulam currit.

B 4 *Beantworten Sie:*

1. Quis dominum quaerit? - 2. Quem Iūlia vocat? - 3. Quis domina est? - 4. Quem Mārcus quaerit?

*__B 5__ *Bauen Sie lateinische Sätze aus dem folgenden „Wortbaukasten" und bezeichnen Sie die Satzglieder:*

cūrat - videt - vocat - est - nōn - per - labōrem - intrat - dominum - lūdit - mūrum - Mārcus - aedificat - currit - equus - ancillam - amat - in - ancilla - aulam - ad - morbum - equum - morbus - dominus - timet - īnsulam - īnsula.

Familie, Haus. Das lateinische Wort *familia* bezeichnet mehr als die kleine Gruppe von Vater, Mutter und Kindern, die wir mit dem Begriff Familie verbinden. Zur *familia* gehörten alle Personen, die auf einem Bauernhof oder in einem Haus wohnten und arbeiteten. Dem Hausherrn (*pater familias**) unterstanden die Hausfrau (*domina*), die Kinder und die Sklavinnen und Sklaven. Dass *familia* manchmal mit „Hauswesen" oder „Besitz" zu überset-

* familias ist ein alter Genitiv Singular

zen ist, weist darauf hin, dass die römische *familia* auch eine Wirtschaftseinheit war.

Der *pater familias* hatte ursprünglich unumschränkte Macht (*potestas*) über alle Mitglieder der *familia*. Als Richter über Ehefrau, Kinder und Sklaven hatte er sogar das Recht über Leben und Tod (*ius vitae necisque*). Er konnte z. B. entscheiden, ob ein neugeborenes Kind aufgezogen oder getötet werden sollte. Gegenüber dem Staat war er für das Verhalten der Familienmitglieder verantwortlich. In seinem Handeln war er lediglich den auf Tradition und Religion beruhenden Normen verpflichtet. Erst in der Kaiserzeit wurde die übermächtige Stellung des *pater familias* allmählich eingeschränkt. Die erwachsenen Söhne unterlagen in der Regel nicht mehr der Gewalt (*manus*) des Vaters (*emancipatio*), auch Frauen konnten jetzt ein eigenes Vermögen erwerben und verwalten.

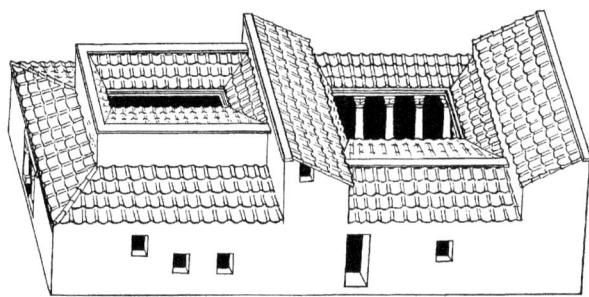

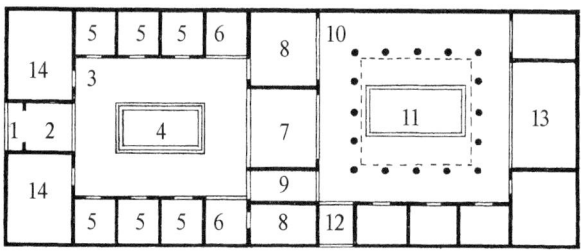

Ansicht und Grundriss eines römischen Stadthauses. 1. Vestibulum (Eingangsflur) 2. Fauces (Flur) 3. Atrium 4. Impluvium 5. Cubicula 6. Alae (einander gegenüberliegende offene Räume) 7. Tablinum (Tagesaufenthaltsraum) 8. Cubicula 9. Andron (Gang) 10. Peristylium 11. Piscina (Wasserbecken, oft mit Fischen) 12. Posticum (Seiteneingang) 13. Exedra (Aufenthaltsraum) 14. Cubicula oder Ladenräume

Die Architektur des **römischen Hauses** war vom warmen Klima des Mittelmeerraumes bestimmt. Beim typisch römischen Haus ließ eine rechteckige Dachöffnung Luft und Licht in den in der Mitte liegenden Hauptraum, das *atrium*, in das es freilich auch hineinregnen konnte. Das Regenwasser wurde in einem Auffangbecken, dem *impluvium*, gesammelt. Im *atrium* brannte ursprünglich auch das Herdfeuer, dessen Rauch durch die rußgeschwärzte Dachöffnung abzog, die dem Raum seinen Namen gab (*ater*: schwarz). An den Längsseiten des *atrium* befanden sich kleine Schlafkammern (*cubicula*) oder Vorratsräume; das Speisezimmer, das *triclinium*, schloss sich an das *atrium* an. Ein Stockwerk höher lagen Kammern, die über eine Leiter erreichbar waren. Fenster gab es im römischen Haus nur wenige und kleine.

Atrium der Casa del Labirinto, Pompeji.

In den Häusern wohlhabender Römer führte nach griechischem Vorbild ein Durchgang vom *atrium* in einen Innenhof, das *peristylium*, dessen von Säulen getragenes Dach ebenfalls in der Mitte über einem Wasserbecken offen war. Ausgrabungen in Pompeji zeigen, dass die Peristyle oft mit viel Geschmack gärtnerisch gestaltet, manchmal auch mit Kunstwerken ausgestattet waren.

Lektion 2

A 1   1. Hērophilus medicus bonus est. Medicus magnam vīllam intrat. Parva Iūlia aegrōta est. Medicus bonus parvam Iūliam cūrat.

Mārcus ōrātor bonus est. Gāius ōrātōrem bonum laudat. Gāius agricola bonus est. Mārcus agricolam bonum laudat.

magnus, bonus, parvus und *aegrotus* sind Adjektive.
Adjektive stimmen mit dem Substantiv, zu dem sie gehören, in **K**asus, **N**umerus (Singular – Einzahl oder Plural – Mehrzahl) und **G**enus überein: KNG – Kongruenz. „Übereinstimmen" bedeutet jedoch nicht, dass sie immer die gleichen Endungen haben wie das Substantiv, zu dem sie gehören: ōrātor bonus; agricolam bonum.

Funktionen des Adjektivs sind:

1. Es füllt die Satzstelle Attribut, das heißt, es erläutert das Substantiv, zu dem es gehört.

2. Es steht als Prädikatsnomen mit einer Form von *esse:* Iulia aegrota est.

2. Lūcius et Mārcus amīcī bonī sunt. Hodiē Lūcius ad amīcum venit. Domina et dominus amīcōs bonōs vident. Etiam Valeria, Cornēlia, Iūlia amīcae bonae sunt. Iūlia hodiē amīcās in magnam vīllam invītat. Amīcae libenter veniunt. Iūlia amīcās bonās videt et salūtat.
5 Etiam amīcae salūtant. Tum amīcae ad mercātōrem currunt. Gāius et Pūblius mercātōrēs bonī sunt. Itaque amīcae mercātōrēs bonōs saepe vīsitant. Gāium et Pūblium salūtant.

Die Pluralformen von Substantiven und Adjektiven erkennt man an ihren Wortausgängen.

    (amīcus) – amīc-ī   die Freunde (Nom.)
    (amīcum) – amīc-ōs   die Freunde (Akk.)

    (amīca) – amīc-ae   die Freundinnen (Nom.)
    (amīcam) – amīc-ās   die Freundinnen (Akk.)

Die Substantive auf -or haben die Pluralendungen -ēs sowohl im Nominativ als auch im Akkusativ.

    (mercātor) – mercātōr-ēs   (mercātōrem) – mercātōr-ēs

Verben haben in der 3. Person Plural als Endung das Kennzeichen -nt.

Lektion 2

Mark Aurel, römischer
Kaiser 161–180,
im Triumphwagen.
Marmorrelief.

A 2 Ein Triumphzug

Imperātor Rōmānus magnum triumphum¹ agit¹. Hodiē imperātor et legiōnēs² Rōmam intrant. Multī servī praedam³ in triumphō¹ portant. Multī Rōmānī per viās currunt, magnum imperātōrem vident, victō-
5 rēs laetōs salūtant. Saepe clāmant: „Iō triumphe!" Multī senātōrēs Rōmānī adsunt. Orātor magnum victōrem salūtat. Tum imperātor legiōnēs², populum Rōmānum, senātōrēs Rōmānōs laudat. Senātō-rēs Rōmānī imperātōrem libenter audiunt.

1 triumphus m.: Triumph, Triumphzug; triumphum agere: einen Triumph feiern; in triumphō: im Triumphzug   2 legiōnēs (Nom. u. Akk. Pl.) f.: die Legionen
3 praeda f.: Beute

Lesen Sie A2, bevor Sie übersetzen, und sagen Sie:

1. *Wer ist am Triumphzug beteiligt? Nennen Sie alle Personen und Gruppen.*
2. *Was tun sie jeweils? Welche Rolle spielen sie im Triumphzug?*

> Eine adverbiale Bestimmung (aB) erläutert das Prädikat. Die Satzstelle adverbiale Bestimmung kann gefüllt werden:
> z. B. durch ein Adverb:
>
> Iūlia *hodiē* amīcas invītat.   (*Wann lädt sie die Freundinnen ein?* Zeitangabe; temporal)
>
> Amīcae *libenter* veniunt.   (*Wie kommen die Freundinnen?* Art und Weise; modal)
>
> oder durch ein dekliniertes Substantiv (meist mit Präposition), hier durch *in* mit einem Akkusativ:
>
> Iūlia amīcas *in vīllam* invītat. (*Wohin lädt sie die Freundinnen ein?* Ortsangabe; lokal)

B 1 *Die Form* amīcōs *ist „Akk. Pl. m. von amīcus – Freund: die Freunde". Bestimmen Sie entsprechend die Formen:*

amīcae – populī – ōrātōrem – agricolae – dominās – victōrēs – bonōs – laetās – magna – victōrem – magnī – imperātor – agricola – ancilla – labōrēs – aulae – equōs – mercātor – medicum – mūrī.

B 2 *Setzen Sie zu den Substantiven nach Kasus, Numerus, Genus passende Adjektive (Mehrfachnennungen möglich):*

| aulās – morbī – senātōrēs – medicum – agricolam – victōrēs – labōrēs – ōrātōrem – amīcam – amīcī – equum – labōrem | bonī – multōs – bonam – bonum – magnōs – multī – magnās – magnum |

B 3 *Nennen Sie den Nominativ Singular zu:*

bonās – senātōrēs – populum – amīcae – laetōs – amīcī – aegrōtae – vīllam – aulam – labōrēs – mūrōs – morbī – īnsulae.

B 4 medicum – medicōs; agricola – agricolae

Bilden Sie nach diesem Beispiel den Plural im gleichen Kasus zu:
labōrem – labor – bonus – senātōrem – amīcam – vīlla – imperātor – amīcus – laetam – ōrātōrem.

Bilden Sie umgekehrt den Singular zu:
aulās – equī – dominās – ancillae – morbōs – aegrōtās – imperātōrēs.

Lektion 2

B 5 *Bilden Sie aus den Wörtern und Wortverbindungen vollständige lateinische Sätze und bestimmen Sie die Satzglieder:*

> senātōrēs Rōmānī – Lūcius – multī agricolae – populum Rōmānum – in aulam – medicus bonus – libenter adsunt – per aulam – victor laetus – hodiē veniunt – currit – populus Rōmānus – multae amīcae – cūrat – amīcum aegrōtum – hodiē invītat – intrat – servum aegrōtum – in vīllam – libenter salūtat – parvus est – bonī sunt – ōrātor bonus – currunt – saepe laudat.

S **Triumphzug.** Die Heimkehr des Heeres nach siegreich beendetem Krieg feierten die Römer mit einem Triumphzug. Wenn ein Oberbefehlshaber noch auf dem Schlachtfeld von seinen Soldaten zum *imperator* ausgerufen worden war (*acclamatio*) und der Senat einen Triumphzug bewilligt hatte, durfte der Feldherr mit dem Heer die Stadtgrenze überschreiten – was sonst nicht gestattet war – und in feierlichem Zug über die Heilige Straße (*via sacra*) zum Tempel des Iuppiter Capitolinus ziehen (s. Abbildung S. 43).
Die hohe Auszeichnung, die dem Triumphator zuteil wurde, zeigte sich auch in der Kleidung, die er an diesem Tag tragen durfte. Sein Triumphalgewand (*vestis triumphalis*), das ihm aus dem Tempelschatz des Iuppiter zur Verfügung gestellt wurde, war eine purpurfarbene, goldbestickte Toga; er trug einen Lorbeerkranz und hielt einen Elfenbeinstab mit Adlerkopf in der Hand; sein Gesicht wurde nach dem Vorbild der Tonstatue des Iuppiter auf dem Kapitol mit roter Farbe geschminkt. Hoch aufgerichtet stand er in dem prächtig verzierten Triumphwagen, den vier gleichfalls geschmückte Pferde zogen. Um Unheil von dem so über alles menschliche Maß herausgehobenen Triumphator abzuwehren, war es Brauch, dass hinter ihm auf dem Wagen ein Sklave stand, der ihm zurief: *„Respice post te, hominem te esse memento!*" – Schau dich um und denke daran, dass du ein Mensch bist!"
Dem Triumphwagen wurden Tafeln vorangetragen, auf denen Szenen aus den vorangegangenen Schlachten abgebildet sowie die Namen der besiegten Völker und die Menge der Beute verzeichnet waren; ein Teil der Beutestücke wurde auf Traggestellen im Triumphzug mitgeführt. Dem Wagen folgten prominente Gefangene, z. B. besiegte Könige und deren Familie. Den Abschluss bildeten die Soldaten, die bei dieser Gelegenheit auch Spottverse auf ihren Feldherrn singen durften.

Lektion 3

Triumphzug 71 n. Chr. nach dem Sieg der Römer über die Juden. Ausschnitt aus dem linken Innenrelief des Titusbogens in Rom; dargestellt sind die Siegestrophäen, der siebenarmige Leuchter und die silbernen Trompeten aus dem Tempel in Jerusalem. Siehe auch die Abbildungen S. 135.

3

A Ein griechischer Kaufmann auf Reisen

Theophēmus mercātor Graecus est. Multās urbēs[1] Italiae vīsitat. Nam saepe in Italiam, patriam populī Rōmānī, et in Asiam, prōvinciam Rōmānam, nāvigat. Theophēmus nōmina[2] multōrum populōrum Asiae et Italiae et multārum īnsulārum nōvit[3]. Theophēmō magna nāvis[4] est. Nāvis[4] Theophēmī mercātōris multās mercēs[5] capit. Theophēmus multās dīvitiās comparat.

Nāvēs[4] Graecōrum saepe Italiae appropinquant. Nam mercātōrēs Graecī frūmentum[6], aes[6], unguentum[6], multās aliās rēs[7] in Italiam important et incolīs Italiae vēndunt. Mercēs[5] incolīs placent. Ita mercātōribus saepe magnae dīvitiae sunt.

Interdum pīrātae nāvēs[4] mercātōrum capiunt. Sed imperātor Rōmānus mercātōribus bene cōnsulit: Nāvēs[4] imperātōris vīgilant et pīrātās opprimunt. Ita mercātōrēs pīrātās nōn timent.

1 urbēs (Akk. Pl.) f.: Städte   2 nōmina (Akk. Pl.): die Namen   3 nōvit: er kennt   4: nāvis (Nom. Sg.) f.: Schiff; nāvēs (Nom. und Akk. Pl.)   5 mercēs (Nom. und Akk. Pl.) f.: die Waren   6 frūmentum, aes, unguentum: Getreide, Metall, Parfümsalbe   7 rēs (Akk. Pl.) f. Dinge

Lektion 3

15 Mercurius deus mercātōrum est. Itaque post reditum⁸ Mercuriō deō
et cēterīs deīs grātiās agunt.

8 reditum (Akk. Sg.) m.: Rückkehr

1. Beschreiben Sie die Routen und Ziele des Kaufmanns Theophilus.
2. Welche Waren transportiert er?
3. Welche Abweichung vom deutschen Sprachgebrauch können Sie in Zeile 9 feststellen? Was drückt diese Form der Darstellung aus?

Der Genitiv hat folgende Wortausgänge:

Sg. īnsul-ae	Pl. īnsul-ārum
populī	popul-ōrum
mercātōr-is	mercātōr-um

Der Genitiv beantwortet in der Regel die Frage Wessen? Er gibt als Attribut Zugehörigkeit und Bereich an.
So bezeichnet der Genitiv z. B. den Besitzer (genitivus possessivus):

Nāvis mercātōris – *Wessen?*

Der Dativ hat folgende Wortausgänge:

Sg. īnsul-ae	Pl. īnsul-īs
popul-ō	popul-īs
mercātōr-ī	mercātōr-ibus

Der Dativ antwortet meist auf die Frage Wem? oder Für Wen? oder Wozu?
Er steht als Dativobjekt (Person oder Sache).
Mit *est* oder *sunt* bezeichnet er den Besitzer (dativus possessivus).
Mercātōrī magnae dīvitiae sunt.

Ein attributives Substantiv im gleichen Kasus wie das Beziehungswort nennt man Apposition: Mercātōrēs Mercuriō *deō* grātiās agunt.

B 1 *Bestimmen Sie und übersetzen Sie die Formen:*

deī – mercātōrēs – incolīs – victōrum – medicum – medicōrum – aegrōtī – viīs – bonārum – senātōrem – senātōrum – amīcīs – parvārum

– laetōs – laetīs – imperātōris – aulīs – parvīs – senātōrī – populī – medicī – imperātōrī – aliīs – labōrum – labōrem – incolae – prōvinciās – aegrōtārum – deōrum.

B 2 *Wortsalat! Suchen Sie aus den Adjektiven diejenigen heraus, die nach KNG zu den Substantiven passen (Mehrfachnennungen möglich, es bleiben keine Substantive übrig):*

| laetī – cēterīs – cēterās – magnus – magnam – magnōrum – magnō – aegrōtum – parvārum – laeta – Graecīs – multae – bonō – aegrōtās – magnae – multī – bonīs – aegrōtōs – Rōmānōs – Rōmānīs – parvī – parvae | incolās – senātōrī – pīrātae – deō – amīcās – senātor – senātōrum – deī – senātōrēs – viīs – amīcōs – amīcārum – ōrātōribus – prōvinciīs – patriae – prōvinciae – populīs – dīvitiae – populī – dominīs – pīrātam – equus – senātōribus – prōvinciārum – viae – amīcōrum. |

B 3 *Übersetzen Sie:*

1. Hērophilō medicō magnae dīvitiae sunt. – 2. Iūliae multae amīcae sunt. – 3. Mercātōrī magna vīlla est. – 4. Populō Rōmānō multae prōvinciae sunt.

B 4 *Schreiben Sie ab und ergänzen Sie in den Sätzen*

1. Incolae prōvinciārum ~~~ grātiās agunt.
2. Gāius dominus ~~~ comparat.
3. Theophēmus ~~~ quaerit.
4. Dominus servī aegrōtī ~~~ vocat.
5. Medicus ~~~ bene cōnsulit.
6. Imperātor ~~~ nōn cōnsulit.
7. Mercātōrēs Graecī ~~~ saepe vīsitant.

ein passendes Dativ- oder Akkusativobjekt aus folgender Liste (es gibt meist mehrere Möglichkeiten):

incolīs – incolās – Asiam prōvinciam – prōvinciae – populō Rōmānō – Mārcī servum – Mārcum amīcum – mercātōribus Graecīs – senātōrī Rōmānō – medicōs bonōs – magnās dīvitiās – senātōrēs – imperātōrem – servō aegrōtō – medicum bonum.

Lektion 3

B 5 *Schreiben Sie alle Genitive und Dative heraus und bestimmen Sie ihre Bedeutung (semantische Funktion):*

1. Medicus bonus servum Mārcī cūrat.
2. Vīlla Mārcī agricolae parva est, nam Mārcō agricolae magnae dīvitiae nōn sunt. Mercēs[1] Theophēmī Mārcō et Iūliae dominae placent.
3. Italia patria populī Rōmānī et multōrum aliōrum populōrum est.
4. Mercātōrēs imperātōrī grātiās agunt.

1 mercēs (Nom. Pl.) f.: Waren

S **Handel, Handelswege.** Handel und Schiffsverkehr waren für die Völker am Rande des Mittelmeers eine Notwendigkeit. Phönizier, die etwa im heutigen Libanon lebten, und Griechen segelten schon im 7. Jh. v. Chr. ins westliche Mittelmeer und gründeten dort Handelsstädte. Auf dem Landweg transportierte man bereits zu dieser Zeit wichtige Rohstoffe wie Kupfer und Salz aus dem Inneren Spaniens und Galliens und aus dem Donauraum zu den Mittelmeervölkern. Doch erst in der Kaiserzeit gaben der Frieden und die Sicherheit des Imperium Romanum die Gewähr für ungestörte Handelswege zu Wasser und zu Land vom heutigen Schottland bis Nordafrika und vom heutigen Portugal bis Syrien und ermöglichten so einen freien Warenaustausch zwischen allen Teilen des Reiches. Die römische Reichsverwaltung sorgte nicht nur für sichere Seewege und gute Häfen, zu ihren großen Leistungen gehörten auch Ausbau, Erhaltung und Sicherung eines Netzes von guten Fernstraßen durch das ganze Reich.

Die älteste und bekannteste Fernstraße war die *Via Appia*, mit deren Bau um 312 v. Chr. begonnen wurde. Sie führte von Rom über Capua nach Brundisium (heute Brindisi) und diente zunächst als Verbindungslinie zu den Militärstützpunkten (*coloniae*) der Römer in Süditalien. Später wurden auch andere Fernstraßen gebaut. Die Fernstraßen hatten einen festen Unterbau aus Schotter und Sand; viel befahrene Strecken wurden zusätzlich mit Pflastersteinen und Randplatten befestigt. Man schätzt das Fernstraßennetz (einschließlich Nebenstraßen) zur Zeit der größten Ausdehnung des Imperium Romanum auf 80 000 km. Meilensteine gaben die Entfernung zu den nächsten Städten und meist auch nach Rom in *mille passus* an (1 000 Doppelschritte = ca. 1,5 km).

Dank des gut ausgebauten Straßennetzes erstreckte sich in der Kaiserzeit der Handel mit Wein, Olivenöl, Glas und Keramik aus feinem, hellrotem Ton (*terra sigillata*, weil sie ein „Siegel" des Herstellers trug) über alle Teile des Reiches. Auf den besonders gut ausgebauten Straßen in Italien war sogar der Schnelltransport leicht verderblicher Lebensmittel möglich. So konnte man im 1. Jh. n. Chr. in Rom frische Pfirsiche und Kirschen von den Obstplantagen Norditaliens kaufen.

Die Provinzen waren gegen Ende der Republik noch vorwiegend Absatzmärkte für in Italien hergestellte Produkte, für die sie Rohstoffe (z. B. Getreide) oder Arbeitskräfte (Sklaven) lieferten. Doch die Friedensordnung

Lektion 3

Oben: Via Appia.
Rechts:
Terra sigillata.

des Augustus und seiner Nachfolger, die *pax Augusta*, brachte den Provinzen einen wirtschaftlichen Aufschwung. Rohstoffe wurden jetzt oft an Ort und Stelle verarbeitet, die fertigen Waren wurden in andere Provinzen und nach Italien exportiert. Das Rheinland und Nordafrika waren bekannt für ihre *terra sigillata*, Wein importierte man aus Gallien und Spanien, und Britannien lieferte Metallwaren. Die Oberschicht des Reiches bezog aus den östlichen Teilen des Imperium Romanum oder aus Indien und China Luxuswaren wie Edelsteine, Parfüme, Weihrauch, Gewürze und Seidenstoffe.

Lektion 4

A **Römische Bauern**

Agricolae Rōmānī vītam magnīs cum labōribus agunt. Iam māne dominus ē lectō surgit et cum servīs ancillīsque ad labōrem properat. Domina cum ancillīs in vīllā labōrat; dominus cum servīs in vīneā¹
5 labōrat. Servī vītēs¹ pōnunt. Aliī servī cum ancillīs olīvās² colligunt et fiscinīs³ in aulam portant. Tertiā hōrā dominus cum Syrō servō aliīsque servīs in silvam properat; servī magnō labōre arborēs caedunt. Multās hōrās in silvā labōrant. Tum dominus cum servīs sub arboribus cōnsidit; cibīs recreantur⁴. Sed nōnā hōrā cūnctī ē silvā ad vīllam
10 properant. Equī magnam arborem ē silvā in aulam trahunt. Tum servī aliō locō labōrant: Mūrō parvō aulam circumdant.
Tandem vesper⁵ familiam labōribus līberat. Cūnctī in vīllam conveniunt. Domina cum servīs ancillīsque familiae cēnam bonam parat.

1 vīnea, ae f.: Weinberg; vītēs (Akk. Pl.) f.: Weinstöcke 2 olīva, ae f.: Olive
3 fiscina, ae f.: Korb   4 recreantur: „sie erfrischen sich"   5 vesper (Nom. Sg.) m.: Abend

1. Welche Arbeiten auf dem Bauernhof werden erwähnt?
2. Welche Arbeiten werden von Männern, welche von Frauen ausgeführt?
3. Welche Aufgaben fallen dem Herrn und der Herrin vermutlich zu?

Der Ablativ füllt (mit oder ohne Präposition) die Satzstelle adverbiale Bestimmung.

Seine Semantik (Bedeutung, Sinnrichtung) kann durch Fragen erschlossen werden, wie z. B.

Womit? Wodurch?	mūro	ablativus instrumenti
Wann?	tertiā hōrā	ablativus temporis
Wo?	in vīllā	ablativus loci
Woher? Wovon?	labōribus līberāre	ablativus separativus
Auf welche Weise?	magnō (cum) labōre	ablativus modi
Mit wem?	cum amīcō	ablativus sociativus

Lektion 4

Mosaik aus Caesarea (heute: Cherchell, Algerien), 1.-2. Jh. n. Chr. Landarbeit. Oben Bauern beim Pflügen mit Ochsengespann und beim Säen; unten Arbeiter beim Ziehen von Weinreben.

Lektion 4

> Der Ablativ hat die Wortausgänge:
>
> Sg. domin-ā   Pl. domin-īs
>   serv-ō   serv-īs
>   labōr-e   labōr-ibus
>
> Der Ablativ Plural hat immer die gleichen Wortausgänge wie der Dativ Plural.

B 1 *Bestimmen Sie folgende Formen (mehrdeutige Wortausgänge beachten!):*

incolīs – morbō – alium – cēterī – patriae – deō – senātōribus – cēterīs – cēterōs – imperātōrī – pīrāta – aliōrum – hōrīs – imperātōris – aulā – grātiae – viīs – cēnam – ōrātōribus – dīvitiae – prōvinciae – amīcās – lectī – arborī – arboribus – silvārum – cūnctae – arborum – patria – morbōs.

B 2

Setzen Sie zu den Präpositionen

in (wo?) – ē *oder* ex – cum – post – in (wohin?) – ad – sub

alle nach Kasus und Sinn passenden Substantive aus folgender Liste:

Asiam – īnsulīs – īnsulārum – vīllae – vīllārum – aulās – vīllam – ōrātōris – ōrātōrī – imperātōrem – ōrātōribus – agricolīs – prōvinciā – Italia – mercātōre – lectō – vīllam – labōribus – arbore – familiās – familiā – labōrem – cibīs.

B 3 *Welche Wörter können* Ablative *sein?*

arboris – tertiīs – imperātōris – servīs – cēna – ōrātōris – labōrī – lūdit – arbore – aulās – vēndit – hōrā – cibō – adsunt – dominīs – lectō – quaerunt – vīta – tum – servī – vīllīs – quis – nōn – silvae – properant – grātiās.

Jetzt einmal ohne Längenzeichen:

aula – servis – victoris – ceteris – incola – pirata – est – piratae – arbore – gratia – imperatori – muro – in – parva – aegroti – oratore – Romanis – placent.

B 4 *Auf welche deutsche Frage antworten folgende adverbiale Bestimmungen im Ablativ?*

multīs cum amīcīs – in īnsulīs – sub arbore – labōre līberāre – tertiā hōrā – in lectō – cibō satiāmur[1] – cēnā bonā.

1 satiāmur: wir werden gesättigt.

B 5 *Schreiben Sie ab und ergänzen Sie, bevor Sie übersetzen, die Sätze*

1. Mārcus Lūciusque ~~~ cōnsīdunt.
2. Imperātōrēs Rōmānī incolās prōvinciārum ~~~ vīsitant.
3. Mercātōrēs ~~~ nāvigant et multās mercēs[1] ~~~ important.
4. Quem Gāius ~~~ vīsitat?
5. Syrus cum cēterīs servīs ~~~ in aulā labōrat.
6. Servi parvam arborem ē silvā ~~~ trahunt.
7. In aulā domina ~~~ labōrat.

mit passenden adverbialen Bestimmungen aus der folgenden Liste (es gibt meist mehr als eine Möglichkeit):

nōnā hōrā – cum ancillīs – in aulā – per Italiam – in aulam – in Italiam – saepe – multās hōrās – ē silvā – ex Asiā prōvinciā – in Italiā – hodiē – ad vīllam – libenter – sub magnā arbore.

1 mercēs (Akk. Pl.) f.: Waren

B 6 *Bilden Sie aus folgenden Wörtern und Wortverbindungen Sätze und bestimmen Sie die Satzglieder:*

> magnō labōre – cōnsidunt – cum amīcīs – dominae – in aulā – cūnctōs – cōnsidit – morbō – ancilla – vēndit – medicus – ē lectīs – līberat – amīcōs dominī – servī – servum – aegrōtum – mercātōris – vīsitant – cēnā bonā – nōn placet – properat – cūnctī servī – amīcō – sunt – vocat – nōnā hōrā – labōrant – Gāius – cum dominō – servīs – magna est – sub arboribus.

Lektion 4

Römische Landwirtschaft, Ernährung. Die Landwirtschaft war im Altertum der wichtigste Wirtschaftszweig. Die Erträge der Feldarbeit waren allerdings viel geringer als heute: Bei einer normalen Ernte brachte das ausgesäte Getreide höchstens das Sechsfache an Ertrag. Kunstdünger war unbekannt; zur Bearbeitung des Bodens stand nur die Muskelkraft von Mensch und Tier zur Verfügung. Der römische Bauer verwendete viele auch uns bekannte Geräte wie Sichel, Spaten, Gabel, Hacke und Harke. Sein von Ochsen gezogener Hakenpflug war allerdings wenig zweckmäßig: Man konnte damit den Boden nur auflockern, nicht umbrechen.

In älterer Zeit waren es in Italien vorwiegend Kleinbauern, die im Familienbetrieb ihr Land zur eigenen Versorgung bewirtschafteten. Im Laufe des 2. und 1. Jahrhunderts v. Chr. stellte die italische Landwirtschaft sich jedoch um vom wenig Gewinn bringenden Getreideanbau auf Öl und Wein, die ertragreicher und als Exportwaren begehrt waren, und auf im Großen betriebene Viehhaltung. Große Landgüter (*latifundia*), zu denen oft auch Mühlen, Ziegeleien und Steinbrüche gehörten, traten an die Stelle der Höfe der Kleinbauern. Die Großbetriebe wurden von einem Verwalter (*vilicus*) geleitet, die Arbeitskräfte waren Sklaven und Tagelöhner. Der Eigentümer lebte meist als Geschäftsmann oder Politiker in der Stadt und hielt sich nur gelegentlich zur Erholung und Kontrolle auf dem Land auf.

Das Grundnahrungsmittel war Weizen. Man backte daraus Brot (*panis*), oder man aß Weizenschrot, mit Wasser und Salz gekocht, als Brei (*puls*). Aber auch Gemüse und Kräuter gehörten zur Ernährung. Die meisten uns bekannten Gemüse- und Salatsorten wuchsen schon in den Gärten der Römer. Die einfachen Leute, die nur selten Fleisch essen konnten, ernährten sich hauptsächlich von Erbsen, Bohnen und Kohl. Äpfel, Birnen, Pflaumen und Feigen ergänzten die Nahrung. Kirsch-, Aprikosen- und Pfirsichbäume aus Asien wurden im 1. Jh. v. Chr. in Italien heimisch. Als Speisefett diente hauptsächlich das aus Oliven gepresste Öl. Auch Feinschmecker kamen im alten Rom auf ihre Kosten. Das zeigt das Kochbuch des Römers Apicius. Hier ein Rezept:

Pullum Frontonianum – Huhn à la Fronto

Pullum praedura; condies liquamine, oleo mixto, cui mittis fasciculum anethi, porri, satureiae, et coriandri viridis, et coques. Ubi coctus fuerit, levabis eum, in lance defrito perungues, piper aspargis et inferes.

Brate das Huhn an, würze es mit einer Mischung von *liquamen* (einer scharfen Sauce) und Öl sowie mit einem Bündel von Dill, Lauch, Bohnenkraut und frischem Koriander und lasse es schmoren. Wenn das Huhn gar ist, nimm es heraus, lege es auf eine Platte, gieße *defritum* (eine Sauce aus eingedicktem Most) darüber, bestreue es mit Pfeffer und serviere. (VI, 12)

A Wer wird Konsul?

Prīmā hōrā multī Rōmānī in viīs sunt. Etiam agricolae ē vīcīs Rōmam properant. Lūcius Mārcum interrogat: „Salvē, Mārce! Cūr iam māne in viā es? Quid facis? Etiamne tū Rōmam in Campum Mārtium prope-
5 rās?" – „Ita, Lūcī; in Campum Mārtium properō. Nam hodiē populus Rōmānus cōnsulēs novōs creat. Itaque egō domī nōn maneō: Cīvis[1] Rōmānus sum."
Aliī clāmant: „Quid vōs putātis, amīcī? Quis cōnsul erit[2]? Num Metellus[3] victor erit[2]?"
10 „Ignōrāmus, vīcīnī. Sed cūnctī candidātī nōbīs nōn placent, nam amīcī mercātōrum aut senātōrum sunt. Nōs autem agricolae aut fabrī[4] sumus. Candidātī minimē amīcī agricolārum sunt. Dīc, Mārce: Quem tū optimum candidātum putās?"
15 Mārcus respondet: „Egō quidem Hortēnsium[5] optimum candidātum putō. Metellus[3] malus cōnsul erit[2]. Ōrō tē, Lūcī, venī mēcum! Ōrō vōs cūnctōs, amīcī, venīte mēcum! Creāte Hortēnsium[5] cōnsulem! Hortēnsius[5] optimus cōnsul
20 erit[2]."

1 cīvis (Nom. Sg.) m.: Bürger   2 erit (von esse): er wird sein   3 Metellus: Metellus (= Quintus Caecilius Metellus, Konsul 69 v. Chr.)   4 fabrī (Nom. Pl.) m.: Handwerker   5 Hortēnsius: Hortensius (= Quintus Hortensius Hortalus, Konsul 69 v. Chr.)

1. Welche Gruppen des römischen Volkes werden erwähnt?
2. Welche Gegensätze werden in Zeile 10–14 hervorgehoben? Womit könnte die Verschiedenheit der Interessen erklärt werden?
3. Was will Marcus in Zeile 6–7 mit civis Romanus sum sagen?
4. Warum steht das (an sich „überflüssige") nos in Zeile 11 an erster Stelle des Satzes?

Römer in der weißen Toga (*toga candida*). Die weiße Toga trug, wer sich um ein Staatsamt bewarb.

Lektion 5

Ein Verb wird konjugiert; die drei Personen (1. Pers.: ich/wir, 2. Pers.: du/ihr, 3. Pers.: er, sie, es/sie) werden bezeichnet durch Personalendungen:

    1. Pers. Sg. -ō/m   1. Pers. Pl. -mus
    2. Pers. Sg. -s   2. Pers. Pl. -tis
    3. Pers. Sg. -t   3. Pers. Pl. -nt

1. Sg.	laudō	videō	veniō	currō	capiō	sum
2. Sg.	laudās	vidēs	venīs	curris	capis	es
3. Sg.	laudat	videt	venit	currit	capit	est
1. Pl.	laudāmus	vidēmus	venīmus	currimus	capimus	sumus
2. Pl.	laudātis	vidētis	venītis	curritis	capitis	estis
3. Pl.	laudant	vident	veniunt	currunt	capiunt	sunt

Imperative

Sg.	laudā!	vidē!	venī!	curre!	cape!	es!
Pl.	laudā-te!	vidē-te!	venī-te!	curri-te!	capi-te!	es-te!

Im Lateinischen unterscheiden wir die Konjugationsklassen

ā-Konjugation	laudāre, laudō
ē-Konjugation	monēre, moneō
ī-Konjugation	audīre, audiō
konsonantische Konjugation	currere, currō
gemischte Konjugation	capere, capiō

(konsonantische Konjugation, weil der Stamm auf einen Konsonanten endet; gemischte Konjugation, weil ihre Formen teilweise der konsonantischen Konjugation, teilweise der ī-Konjugation ähneln; man nennt sie auch kurzvokalische i-Konjugation.)

Der Vokativ ist der Kasus der Anrede. Er hat die gleiche Form wie der Nominativ. Nur im Sg. m. der o-Deklination hat er eigene Endungen:

        cōnsul – cōnsul   cōnsulēs – cōnsulēs
        Mārcus – Mārc-e   vīcīnī – vīcīnī
        amīcus – amīc-e   amīcī – amīcī

Der Vokativ der Eigennamen auf -ius endet auf -ī:

        Lūcius – Lūc-ī

Lektion 5

	Die Personalpronomina der 1. und 2. Person			
Nom.	egō – ich	tū – du	nōs – wir	vōs – ihr
Gen.	–	–	–	–
Dat.	mihi	tibi	nōbīs	vōbīs
Akk.	mē	tē	nōs	vōs
Abl.	mē	tē	nōbīs	vōbīs

In Verbindung mit der Präposition *cum* lauten die Ablative:

      mēcum   tēcum   nōbīscum   vōbīscum

Der Nominativ des Personalpronomens steht nur, wenn die Person, die durch die Verbalendung bereits bezeichnet ist, hervorgehoben werden soll.

B 1 *Schreiben Sie ab und ergänzen Sie, bevor Sie übersetzen, die Sätze*

1. Quō[1] properātis, vīcīnī? – „In Campum Mārtium ~~~ !"
2. Ubī labōrās, Syre? – „In aulā ~~~ ."
3. Quid in vīllā agitis, ancillae? – „Familiae ~~~ , ~~~ ."
4. Quem Mārcus laudat? – Mārcus Hortēnsium ~~~ .
5. Māne dominus clāmat: „Ad labōrem ~~~ , ~~~ !"
6. Dominus Syrō dīcit: „Magnam arborem ~~~ , ~~~ !"
7. Theophēmus cēterīs mercātōribus: „Mercuriō deō grātiās ~~~ !"

1 quō: wohin?

mit passenden Wörtern aus folgender Liste (es bleiben Wörter übrig):

labōrō – laudat – labōrāmus – properāmus – Syre – cēnam parāmus – properāte – domine – laudant – domina – caede – agite – servī – mercātōrēs – agis – properō – properās – currite – curritis.

B 2 *īgnōrāmus ist „1. Pers. Pl. Präsens von īgnōrāre – nicht wissen". Bestimmen Sie entsprechend:*

comparō – audītis – audīte – salūtā – vigilāte – aedificāmus – portāre – salūtās – respondē – vīsitāte – invītā – vocō – vēndis – creant – dīcit – ōrō – placet – amāmus.

Lektion 5

B 3 *Bestimmen und übersetzen Sie die Formen:*

-a amīca – amīcā – amā – invītā – vīta – via – viā – intrā – grātia.
-o populō – portō – audiō – morbō – egō – laetō – lūdō – laudō – cūrō – currō – videō – deō – lectō – placeō.
-es timēs – cōnsulēs – vidēs – victōrēs – respondēs – es.

B 4 *Schreiben Sie ab und setzen Sie in die folgenden Sätze*

1. Parāte ~~~ cēnam bonam, amīcī!
2. Līberā ~~~ pīrātīs, imperātor!
3. Dīcite ~~~ : „Quem optimum cōnsulem putātis?"
4. ~~~ Hortēnsium laudō.
5. Quis ~~~ in silvā labōrat, Syre?

ein passendes Personalpronomen aus der folgenden Liste ein (Mehrfachnennungen sind möglich):

nōbīs – nōs – tē – vōs – mihi – tēcum – nōbīscum – egō.

B 5 Orātor cīvēs Rōmānōs laudat. – Orātōrēs cīvēs Rōmānōs laudant.

Verändern Sie den Numerus des Prädikats (und, wenn nötig, des Subjekts) in den folgenden Sätzen:

1. Num hodiē domī manēs, amīce? – 2. Libenter tibi grātiās agō. – 3. Saepe amīcōs bonōs invītō. – 4. Mercātor in prōvinciās Rōmānās nāvigat. – 5. Curre in campum et labōrā, serve!

S **Der römische Staat.** Den Begriff *res publica* (Staat, Gemeinwesen) erklärt der römische Staatsmann und Schriftsteller Cicero mit *res populi* – Sache des Volkes, und das hieß in Rom: Sache der männlichen erwachsenen Bürger. Die Bürger wählten in der Volksversammlung (*populus*), die nur in der Hauptstadt Rom zusammentrat, die jeweils ein Jahr amtierenden Beamten und stimmten über Gesetze (*leges*) ab. Die zweite politische Kraft in der *res publica* war der Senat (*senatus*: „Ältestenrat"). Die auf Münzen und in Inschriften begegnende Abkürzung SPQR nennt diese beiden Kräfte, die in republikanischer Zeit politisch bestimmend waren: *Senatus Populusque Romanus*.
Im Senat versammelten sich ursprünglich die Oberhäupter der Adelsfamilien, sie wurden mit *patres* angeredet. Später gehörten auch nichtadlige Bürger dem Senat an, nachdem sie ein Staatsamt ausgeübt hatten. In der Anrede *patres conscripti* (Väter und „Dazugeschriebene") kommt die unterschiedliche Herkunft der Senatsmitglieder zum Ausdruck. Offiziell hatte der Senat nur die Aufgabe, die vom Volk gewählten hohen Beamten zu beraten.

Tatsächlich kam es jedoch selten vor, dass selbst ein Konsul gegen einen Beschluss oder auch nur gegen eine Empfehlung des Senats handelte. Dieser war bis zum Ende der Republik das eigentliche Machtzentrum, im Senat wurde die römische Innenpolitik und vor allem die Außenpolitik gemacht.

Die Ausübung eines Staatsamtes war grundsätzlich auf ein Jahr beschränkt, und jedem Beamten stand mindestens ein gleichberechtigter Kollege zur Seite. Legte einer gegen eine Anordnung des anderen Einspruch ein, wurde die Anordnung hinfällig. Die Begrenzung der Amtsdauer und die Kontrolle durch Kollegen sollten Ehrgeiz und Machtstreben einzelner Politiker in Schach halten. Nur in Krisenzeiten übertrug man die Gewalt einem einzelnen, einem *dictator* – aber nur für sechs Monate.

Die obersten Regierungsbeamten waren die beiden *consules*; im Krieg waren sie normalerweise auch die Heerführer. Für die Rechtsprechung waren die Prätoren (*praetores*) zuständig. Die Ädile (*aediles*) hatten die Aufsicht über Tempel und Märkte sowie über die Gladiatoren- und Zirkusspiele in der Hauptstadt. Die Quaestoren (*quaestores*) verwalteten die Staatskasse. Die alle fünf Jahre gewählten Zensoren (*censores*) stellten die Bürgerliste auf und setzten die Höhe der Vermögenssteuern fest. Sie hatten auch das Recht, Bürgern das Bürgerrecht abzuerkennen, ja sogar Senatoren aus dem Senat zu entfernen, wenn deren Lebensweise nicht den althergebrachten römischen Sitten entsprach. Ein politisches Amt von besonderer Art war das der Volkstribunen (s. Lektion 15).

Die römische Ämterlaufbahn (*cursus honorum*) war streng geregelt. Um das erste Amt, die Quästur, konnte ein Römer sich mit 31 Jahren bewerben. Frühestens zwei Jahre nach Beendigung eines Amtsjahres durfte er sich für das nächsthöhere Staatsamt zur Wahl stellen. Alle Staatsämter waren Ehrenämter (*honores*), also unbesoldet. Kandidatur und Amtsführung waren oft sogar mit hohen Kosten verbunden, sodass sich nur Bürger mit großem Vermögen bewerben konnten. Die Kandidaten für die höheren Staatsämter kamen fast immer aus dem römischen Adel. Einem Außenseiter (*homo novus*) gelang es nur selten, Konsul zu werden.

Noch heute liest man auf römischen Kanaldeckeln die Aufschrift „SPQR"; der hier abgebildete wurde in der Nähe des Pantheons fotografiert.

Lektion 6

Mithridates VI. hatte als König von Pontus am Schwarzen Meer einen großen Teil des Gebiets der heutigen Türkei unterworfen und griff 88 v. Chr. die römische Provinz Asia (Westküste der Türkei) an. Dort hatten sich die römischen Beamten und Steuereintreiber so verhasst gemacht, dass sein Aufruf, alle Römer zu töten, in vielen Städten der Provinz befolgt wurde.

Münze. Vorderseite: Mithridates VI. Eupator, König von Pontus. Rückseite: Äsender Pegasus, persönliches Wappentier des Mithridates VI.; der Stern im liegenden Halbmond ist Bestandteil des Wappens der Dynastie, zu der Mithridates VI. gehörte. Die Legende lautet: (Münze) des Königs Mithridates Eupator.

A Geht die Provinz Asia verloren?

Rēs pūblica Rōmāna et Asia prōvincia magnō in perīculō[1] sunt. Mithridātēs[2] rēx enim magnō cum exercitū[3] Asiam prōvinciam invādit; iam multōs Rōmānōs et sociōs populī Rōmānī necāvit[4].
5 Tertiā hōrā diēī cōnsulēs senātōrēs in cūriam vocant, nam salūtī reī pūblicae cōnsulere dēbent. Rōmānī in viīs sunt et multōs senātōrēs vident. Rōmānī cūnctōs senātōrēs in cūriam properāre vident. Magnā cum spē ante cūriam manent. Multī autem interrogant: „Num cōnsulēs senātōrēsque Asiam prōvinciam ā Mithridāte[2] servābunt[5]?"
10 Diū hominēs ante cūriam stant; tandem cōnsulēs senātōrēsque ē cūriā venīre vident. Cōnsul ad populum ōrat et dīcit: „Vōs iam multōs diēs magnō in timōre esse scīmus. Sed fidem nōbīs habēte, nam nōs cōnsulēs vōbīs reīque pūblicae semper cōnsulimus. Senātus[6] L. Cornēlium Sullam[7] in Asiā cum Mithridāte[2] rēge pūgnāre iubet. Sullam

15 magnum bonumque imperātōrem esse cōnstat. Perīculum[1] abesse vidētis. Spem habēte!"
Rōmānī nunc causam timōris nōn iam adesse audiunt. Multī laetī sunt et gaudent. Sed dīcit aliquis: „Egō quidem neque cōnsulibus neque senātōribus fidem habeō. Aliquōs enim senātōrēs amīcōs
20 Mithridātis[2] esse et pecūniam ā rēge accipere suspicor[8]."

1 perīculum (Nom. und Akk. Sg.): Gefahr   2 Mithridātēs, Mithridātis: Mithridates (König am Schwarzen Meer, Feind der Römer) 3 exercitū (Abl. Sg.) m.: Heer 4 necāvit (von necāre): er hat getötet   5 servābunt (von servāre): sie werden errettten   6 senātus (Nom. Sg.) m.: der Senat   7 L. Cornēlius Sulla: Lucius Cornelius Sulla (römischer Politiker und Feldherr)   8 suspicor: ich habe den Verdacht

1. Schildern Sie die politische Lage, die Rom in Unruhe versetzt.
2. Wie reagiert die römische Regierung?
3. Gliedern Sie die Ansprache des Konsuls. Worauf kommt es ihm vor allem an?
4. Wie reagieren die römischen Bürger?

Die ē-Deklination

	Sg.	Pl.
Nom.	r-ēs	r-ēs
Gen.	r-eī	r-ērum
Dat.	r-eī	r-ēbus
Akk.	r-em	r-ēs
Abl.	r-ē	r-ēbus

Die Wörter der ē-Deklination sind feminin, nur *diēs* ist maskulin.

Weitere Substantive der konsonantischen Deklination:

Nom. rēx (aus rēg-s)	Gen. rēg-is
salūs (aus salūt-s)	salūt-is
homō	homin-is

Die Nominative der Wörter der kons. Deklination haben verschiedene Wortausgänge; erst der Genitiv zeigt den Stamm.
Deswegen muss beim Vokabellernen zusammen mit dem Nominativ der Genitiv eingeprägt werden. Also:

salūs, salūtis   rēx, rēgis   homō, hominis

„Konsonantisch" heißt diese Deklination, weil der letzte Buchstabe des Stammes ein Konsonant ist.

Lektion 6

Rōmānī (Subj.)	*senātōrēs* (Akk. Obj.)	vident. (Präd.)
Rōmānī (Subj.)	*senātōrēs properāre* (Akk. Obj.)	vident. (Präd.)
Die Römer sehen	die Senatoren eilen.	(dt. AcI)
Die Römer sehen:	Die Senatoren eilen.	(beigeordneter Hauptsatz)

oder:

Die Römer sehen, dass die Senatoren eilen. (dass-Satz)

Funktionen des AcI

Die Satzstelle Akkusativobjekt kann auch durch einen Wortblock, bestehend aus einem Akkusativ und einem Infinitiv, gefüllt sein. Der Wortblock accusativus cum infinitivo, AcI, ist satzwertig und entspricht einem Gliedsatz: Der Akkusativ hat den Wert eines Subjekts (und wird deshalb Subjektsakkusativ genannt), der Infinitiv hat den Wert eines Prädikats.

Der AcI steht als abhängige Aussage meist bei Verben, die ein Wahrnehmen, Sagen oder Denken ausdrücken.

Der AcI kann seinerseits durch weitere Satzglieder ergänzt sein:

> Rōmānī senātōrēs in cūriam properāre vident.

Der Infinitiv Präsens drückt aus, dass die Handlung des AcI gleichzeitig mit der Handlung des Prädikats geschieht.

B 1 *Stellen Sie den* AcI *fest und übersetzen Sie ihn als abhängige Aussage (a) mit beigeordnetem Hauptsatz, (b) mit „dass-Satz":*

1. Mārcus amīcōs per viās currere videt. – 2. Orātor Hortēnsium cōnsulem bonum esse dīcit. – 3. Mārcus dīcit: „Mercātōrēs in prōvinciās Rōmānās nāvigāre et multās dīvitiās comparāre scīmus." – 4. Cōnsulēs dīcunt: „Nōs rem pūblicam amāre et vōbīs bene cōnsulere scītis, Rōmānī." – 5. Medicus dīcit: „Morbum amīcī malum esse sciō."

Lektion 6

*B 2 *Was sagt Gaius?*

Gāius equum per aulam currere dīcit. Gāius dīcit: *„Equus per aulam currit."*

Verwandeln Sie ebenso in den folgenden Sätzen die abhängige Aussage (AcI) in eine selbstständige:

1. Gāius senātōrēs cūriam intrāre dīcit.
2. Gāius Lūcium multōs amīcōs ad cēnam invītāre dīcit.
3. Gāius familiam laetam esse dīcit.
4. Gāius Rōmānōs in Campō Mārtiō cōnsulēs creāre dīcit.

*B 3 Mārcus videt: Servī magnam arborem caedunt. Mārcus *servōs magnam arborem caedere* videt.

Verwandeln Sie auch in den folgenden Sätzen die selbstständige in eine abhängige Aussage:

1. Lūcius videt: Amīcus per aulam properat. – 2. Ōrātor dīcit: Rēx Asiam prōvinciam opprimit. – 3. Ōrātōrēs dīcunt: Senātōrēs perīculum[1] reī pūblicae nōn vident. – 4. Cōnsul putat: Populus Rōmānus senātōribus fidem habet.

[1] perīculum (Nom. u. Akk. Sg.): Gefahr

B 4 *Schreiben Sie aus* A *und aus* B 1 – B 3 *alle Verben heraus, bei denen ein AcI steht.*

B 5 *Deklinieren Sie mündlich und schriftlich:*

rēs pūblica – diēs laetus – homō novus.

B 6 *Ordnen Sie die Wörter in eine Tabelle nach dem unten aufgeführten Muster ein und bestimmen und/oder übersetzen Sie:*

labōre – labōrāre – bene – minimē – opprimere – amīce – spē – diē – colligere – clāmāre – rēge – līberāte – Rōmāne – hodiē – date – salūte – salūtāte – salūtāre – ē – capite – ante – esse – rē – parāre – saepe – fidē – homine – dare – lūde – quaerite.

Verb	Nomen	Adverb	Präposition

Lektion 6

S **Provinzen.** Als die Römer 241 v. Chr. mit Sizilien zum ersten Mal ein Gebiet außerhalb des italischen Festlandes eroberten, entwickelten sie ein neues System der Verwaltung. Bis dahin waren die besiegten Städte und Stämme meist *socii* geworden, Bundesgenossen ohne das Recht auf eine eigenständige Außenpolitik; jetzt wurde Sizilien die erste römische Provinz. Eine *provincia* war ein genau festgelegtes Gebiet, das einem römischen Statthalter unterstand und Rom steuerpflichtig war. Der Statthalter, der im Allgemeinen den Titel *proconsul* oder *propraetor* führte, wurde vom Senat beauftragt, für jeweils ein Jahr die Provinz zu verwalten, auf Ordnung und Gehorsam gegenüber Rom zu achten und vor allem dafür zu sorgen, dass die Abgaben und Steuern gezahlt wurden, die eine Haupteinnahmequelle des römischen Staates waren. Die örtliche Selbstverwaltung wurde dagegen den Gemeinden und der einheimischen Führungsschicht überlassen, die man durch Privilegien wie die Verleihung des römischen Bürgerrechts an Rom zu binden suchte.

Das Einziehen der Steuern oblag den *publicani*, Steuerpächtern oder -pachtgesellschaften. Sie zahlten im Voraus eine bestimmte Summe an den römischen Staat, die sie dann mit möglichst viel Gewinn und häufig rücksichtslos bei der Bevölkerung der Provinz eintrieben. Sie waren entsprechend verhasst. Manche Statthalter missbrauchten gegenüber den fast rechtlosen Untertanen ihre Macht. Zwar konnten diese nach Rom vor Gericht gehen, doch versprach das nur Erfolg, wenn sie einen einflussreichen *patronus* fanden, der sich für sie einsetzte.

Die Lage der Provinzen besserte sich erst, als die Kaiser im 1. Jh. n. Chr. die Provinzverwaltung neu ordneten und überwachten. Die Statthalter blieben nun meist längere Zeit im Amt, wurden vom Staat besoldet und durch die Kaiser kontrolliert, die oft persönlich in die Provinzen reisten, um an Ort und Stelle nach dem Rechten zu sehen.

Römische Provinzen waren z. B. *Sardinia, Hispania, Macedonia* (Landschaft im Norden Griechenlands), *Africa* (das heutige Tunesien) oder *Gallia Narbonensis* (Südfrankreich). Eine besonders reiche Provinz, die stets von einem ehemaligen Konsul verwaltet wurde, war *Asia*, der Westteil der heutigen Türkei. Auch ein Teil des heutigen Deutschlands gehörte zum Römischen Reich: die Provinzen *Germania superior, Germania inferior, Raetia* und *Noricum* (s. Lektion 9). Um 120 n. Chr. bildeten etwa 40 Provinzen das *Imperium Romanum*. In den Provinzen breiteten sich römische Lebensweise, Baukunst, Rechtsprechung und nicht zuletzt die lateinische Sprache aus.

Lektion 6

Abbildung auf der linken Seite: Die Ruine der Celsusbibliothek in Ephesus.

Auf dieser Seite oben: Römisches Aquädukt in Segovia.

Unten: Blick in das Theater von Ephesus.

Lektion 7

A Ein Besuch des Forums und des Marsfeldes

Lūcius: „Peregrīnus[1] sum; ex parvō oppidō Italiae Rōmam vēnī[2]. Campum Mārtium īgnōrō, etiam forum Rōmānum mihi īgnōtum est. Forum vidēre cupiō, nam multa aedificia clāra in forō Rōmānō
5 esse sciō. Orō tē, Mārce, ī mēcum in forum!"
Mārcus: „Libenter tēcum eō. In forum īre tibique templa deōrum vel alia aedificia forī mōnstrāre mihi gaudiō est."

Mārcus cum Lūciō forum adit; viā arduā[3] ad Capitōlium eunt; via amīcīs magnō labōrī est. Dē Capitōliō forum spectant.

10 Lūcius: „Vidēsne id[4] magnum aedificium? Dīc mihi nōmen aedificiī!"
Mārcus: „Nōmen aedificiī ‚Basilica Iūlia'[5] est. Magnum opus est."

Lūcius id[4] opus multaque alia aedificia forī cum gaudiō spectat. Tum amīcī forō exeunt, Campum Mārtium ineunt. In Campō Mārtiō magnō theātrō appropinquant.

15 Mārcus: „Theātrum temporibus Pompēī aedificātum est[6]. Ecce, in tabulā nōmen Pompēī est. Ita hominēs memoriam nōminis Pompēī etiam hodiē servant. In theātrō opera et fābulae nōn sōlum poētārum antīquōrum, sed etiam hodiernōrum[7] aguntur[8]."
Lūcius: „Nōmina et opera poētārum clārōrum nōn īgnōrō. Fābulae
20 antīquōrum temporum mē dēlectant, nam memoria antīquōrum temporum mihi gaudiō est."
Mārcus: „Multa iam spectāvimus[9]; cūncta vidēre hodiē nōbīs nōn licet, nam tempus nōbīs dēest. Itaque mēcum domum abī, amīce!"

1 peregrīnus, a, um: fremd   2 vēnī: ich bin gekommen   3 arduus, a, um: steil
4 id (Nom. und Akk. Sg.) n.: dies, dieses   5 Basilica Iūlia: die „Basilica Iulia" (eine unter C. Iulius Caesar gebaute Markthalle)   6 aedificātum est: es wurde gebaut
7 hodiernus, a, um: heutig   8 aguntur: sie werden aufgeführt   9 spectāvimus: wir haben betrachtet.

1. Suchen Sie die erwähnten Gebäude und Plätze auf den Abbildungen S. 43 und S. 46.
2. Welche „Bauherrn" werden erwähnt? Was veranlasste sie, in Rom zu bauen?

Forum Romanum in der späten Kaiserzeit. Moderne Rekonstruktion.

1 Tempel des Iuppiter
2 Tempel der Iuno sowie Burg und Münze
3 Staatsarchiv
4 Tempel des Saturn und Staatsschatz
5 Tempel des vergöttlichten Kaisers Vespasian (6–79 n. Chr.)
6 Tempel der staatlichen Eintracht *(Templum Concordiae)*
7 Kerker *(Carcer)*
8 Rathaus *(Curia)*
9 Rednertribüne
10 Markt- und Gerichtshalle *(Basilica Aemilia)*
11 Markt- und Gerichtshalle *(Basilica Iulia)*
12 Tempel des Castor und Pollux
13 Vestatempel mit dem ewigen Feuer sowie Haus der Vestapriesterinnen
14 Tempel des vergöttlichten Caesar (100–44 v. Chr.)
15 ehemaliges Königshaus, nach der Vertreibung der Könige Haus des Oberpriesters
16 Forum des Caesar
17 Kaiserforen

Lektion 7

Der Stamm des Verbs *īre* ist i- vor Konsonanten und e- vor Vokalen.

	Sg.	Pl.		
Präsens	eō	īmus	Imperativ	ī!
	īs	ītis		īte!
	it	eunt		

Die Neutra der o- und der kons. Deklination

o-Deklination

	Sg.	Pl.
Nom.	for-um	for-a
Gen.	for-ī	for-ōrum
Dat.	for-ō	for-īs
Akk.	for-um	for-a
Abl.	for-ō	for-īs

kons. Deklination

Nom.	tempus	tempor-a	nōmen	nōmin-a
Gen.	tempor-is	tempor-um	nōmin-is	nōmin-um
Dat.	tempor-ī	tempor-ibus	nōmin-ī	nōmin-ibus
Akk.	tempus	tempor-a	nōmen	nōmin-a
Abl.	tempor-e	tempor-ibus	nōmin-e	nōmin-ibus

Für alle Neutra gilt: 1. Nominativ und Akkusativ sind gleich. 2. Der Plural hat im Nominativ und Akkusativ den Wortausgang -a.

Dativus finalis

... mihi gaudiō est. („... ist mir zur Freude.") Wir übersetzen: ... bringt mir, macht mir Freude.
In forum īre mihi gaudiō est. Aufs Forum zu gehen macht mir Freude. Via amīcīs magnō labōrī est. Der Weg macht den Freunden große Mühe.

Der dativus finalis gibt den Zweck oder die Wirkung an.

> **Genitivus obiectivus**
>
> memoria antīquōrum temporum – die Erinnerung an alte Zeiten
> spēs salūtis – die Hoffnung auf Rettung
>
> Der genitivus obiectivus gibt an, worauf eine Empfindung oder eine Handlung gerichtet ist. Er wird mit Hilfe einer Präposition übersetzt.

B 1 operibus: *Der Nom. Sg. dazu lautet „opus, operis n. Werk; Arbeit". Nennen Sie ebenso den Nom. Sg.:*

morbīs – tempora – cēnae – servō – templō – diē – theātrōrum – vītam – deōrum – temporum – cōnsulum – diērum – rēbus – poētās – salūtī – mūrōs – gaudium – oppidīs – rēgis – tabula – nōmina – cōnsulis – nōminis – templīs – fora – hōrā – speī – hominum.

B 2 antīquīs temporibus *ist adverbiale Bestimmung im Ablativ auf die Frage „Wann?" = „in alten Zeiten". Bestimmen Sie ebenso die Verwendung der Kasus der kursiv gedruckten Wörter und übersetzen Sie:*

templa *deōrum* – gaudium *fabulārum antīquārum* – salūs *incolārum* – *pīrātae mihi timōrī* sunt – *multōs diēs* absunt – exīmus *viā parvā* – memoria *temporum antīquōrum* – medicus Lūciō aegrōtō *salūtī* est.

B 3 *Bestimmen und übersetzen Sie die Formen:*

exeō – inīmus – exīs – adeunt – abī – exītis – exīte – ineō – inīs – adit.

B 4 *Deklinieren Sie im Sg. und Pl.:*

magnum opus – tempus antīquum – rēs pūblica.

B 5 *Schreiben Sie ab und setzen Sie dabei zu den Substantiven*

rēgi – homō – viās – nōminī – salūs – poētārum – opus – rērum – temporis – theātra – temporī – cōnsulis – poētās – gaudia – operum – oppidīs – incolae – cūria

nach **KNG**-*Kongruenz und Sinn passende Adjektive aus folgender Liste (es bleiben Adjektive übrig):*

multa – multōs – parva – bonus – parvō – bonum – bonō – magnum – multōrum – multīs – īgnōtus – magnārum – magnum – īgnōtōs – nova – magna – clāra – antīquae – magnus – pūblicārum – bonī – magnī – īgnōtī.

Lektion 7

Das antike Rom in der Kaiserzeit

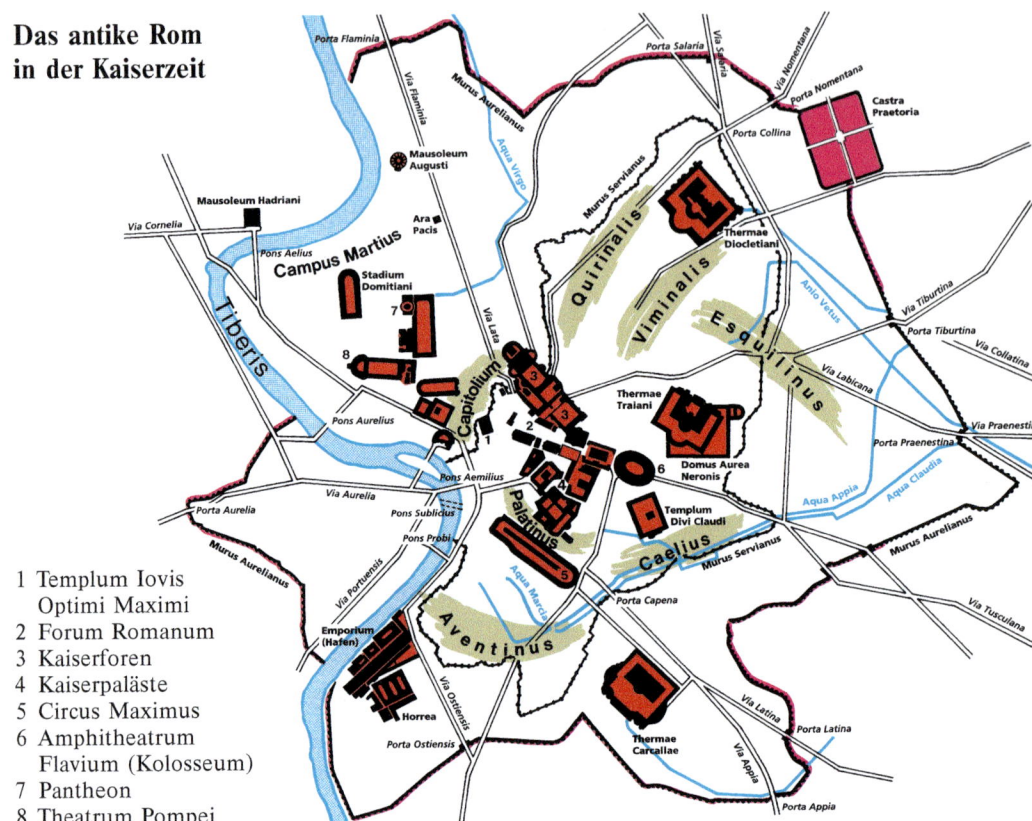

1 Templum Iovis Optimi Maximi
2 Forum Romanum
3 Kaiserforen
4 Kaiserpaläste
5 Circus Maximus
6 Amphitheatrum Flavium (Kolosseum)
7 Pantheon
8 Theatrum Pompei

C* Wo tagte der Senat?

In foro Marcus amicis dicit: „Ecce curia antiqua. In curiam consules saepe senatores vocant et de re publica consulunt. Curiam parvum aedificium esse videtis. Senatoribus cunctis in curia locus non est. Itaque senatores in templa aliaque aedificia fori ire debent, cum[1] consul senatores de magnis rebus consulere cupit et multi senatores de re publica orare vel oratores audire cupiunt. Saepe senatores in templum Concordiae[2] vel in templum Iovis Optimi Maximi[3] eunt. Populus ante templum convenit, nam etiam cives[4] Romani oratores audire cupiunt."

1 cum: wenn   2 templum Concordiae: Tempel der Göttin Concordia (= Tempel der Eintracht; auf dem Forum Romanum)   3 templum Iovis Optimi Maximi: Tempel des Iupiter Optimus Maximus (Iovis ist Genitiv zu *Iupiter*; auf dem Kapitolshügel)   4 cīvēs (Nom. Pl.) m.: Bürger

Suchen Sie die erwähnten Gebäude des Forums auf Seite 43.

Lektion 8

(Wegen einiger zusätzlich benötigter Vokabelangaben zu Text A wird empfohlen, den S-Text dieser Lektion vorher zu bearbeiten.)

A Ein blutiges Volksvergnügen

Tiberius, quī lūdōs gladiātōriōs valdē amat, cum Lūciō in amphitheātrum it. Nam hodiē imperātor lūdōs dat.
Tiberius Lūcium interrogat: „Vidēsne bēstiās, quae ex Africā sunt?
5 Spectā ursum[1], quōcum hodiē leō pūgnat. Vidē! Gladiātōrēs veniunt!"
Spectātōrēs virōs, quī magnā et pulchrā pompā[2] in arēnam intrant, clāmōre salūtant. Tum imperātor sīgnum pūgnae dat.
Duō gladiātōrēs, quibus mortifera[3] arma sunt, prīmī in arēnā
10 pūgnant: Thrāx et rētiārius. Thrāx gladiō cum rētiāriō pūgnat, cui rēte et fuscina arma sunt. Spectātōrēs, quōrum numerus magnus est, virōs magnō clāmōre ad pūgnam incitant.

1 ursus, ī m.: Bär 2 pompa, ae f.: Aufmarsch 3 mortifer, -fera, -um: tödlich

Öllampe aus Terrakotta, auf der zwei Gladiatoren zu sehen sind. Einer liegt am Boden.

47

Lektion 8

Tandem rētiārius Thrācem, cuius gladius frāctus est[4], rēte involvit. Vir miser victōris clēmentiam implōrat. Spectātōrēs imperātōrem
15 virum miserum mittere iubent, nam magnā virtūte pūgnāvit[5].
Tum aliī gladiātōrēs cum bēstiīs pūgnant. Virī bēstiās, quae ē portīs carceris prōvolant[6], sagittīs[7] caedunt.
Tandem leō et ursus[1] in arēnam currunt. Bēstiae, quās duō servī ad pūgnam incitant, diū pūgnant. Leō vincit; servī ursum[1], quī multīs
20 vulneribus cōnfectus[8] est, ex arēnā trahunt.
Tiberius Lūcium interrogat: „Dēlectantne tē lūdī, amīce?" Respondet Lūcius: „Minimē dēlectant. Egō spectācula, quae vidēmus, nōn pulchra, sed inhūmāna esse putō. Glōria, quam illī[9] virī miserī petunt, glōria mala est. Egō quidem dīcō: Quī homō amphitheātrum init,
25 bēstia ex amphitheātrō exit."

4 (gladius) frāctus est: es zerbrach, es ist zerbrochen   5 pūgnāvit: er hat gekämpft
6 prōvolāre: hervorstürmen   7 sagitta, ae f.: Pfeil   8 cōnfectus: geschwächt
9 illī (Nom. Pl.) m.: jene

1. Lesen Sie A und beschreiben Sie, bevor Sie übersetzen, wie das Gladiatorenspiel abläuft.
2. Woran erkennt man Tiberius als „Arena-Fan"?
3. Mit welchen sprachlichen Mitteln formuliert Lucius seine Kritik?

Funktionen des Relativsatzes:

Der Relativsatz füllt meistens die Satzstelle Attribut.

    Virī, quī arēnam intrant, ā spectātōribus salūtantur.

Der Relativsatz kann auch die Satzstelle Subjekt füllen:

    Quī homō amphitheātrum init, bēstia exit.
    Wer als Mensch ...

Das Relativpronomen stimmt mit seinem Beziehungswort in Numerus und Genus überein (NG-Kongruenz).

Virī, quōs spectātōrēs salūtant ... *Bēstia, quam* gladiātor caedit ...

Der Kasus des Relativpronomens muss (außer im Genitiv) vom Prädikat des Relativsatzes her erfragt werden.

Das Relativpronomen

	m.	f.	n.			
Sg.	quī	quae	quod	der	die	das
	cuius	cuius	cuius	dessen	deren	dessen
	cui	cui	cui	dem	der	dem
	quem	quam	quod	den	die	das
	quō	quā	quō (z.B.)	durch den	durch die	wodurch
Pl.	quī	quae	quae	die		
	quōrum	quārum	quōrum	deren		
	quibus	quibus	quibus	denen		
	quōs	quās	quae	die		
	quibus	quibus	quibus	(z. B.) durch die		

In Verbindung mit *cum*: quōcum, quācum, quibuscum

Das Prädikativum   Duo gladiātōrēs *prīmī pūgnant*.

Prīmī ist in diesem Satz Prädikativum. Das Prädikativum steht grammatisch in KNG-Kongruenz mit seinem Beziehungswort, einem substantivischen Satzglied. Inhaltlich bezieht es sich zugleich auch auf das Prädikat des Satzes, ähnlich einer adverbialen Bestimmung. Das Prädikativum bezeichnet eine Eigenschaft, eine Stimmung oder andere Begleitumstände, die nur für die Dauer der vom Verb bezeichneten Handlung von Bedeutung sind. (Die beiden Gladiatoren sind nicht immer „die Ersten", sondern sie kämpfen an diesem Tag „als Erste"/„zuerst".) Man übersetzt das Prädikativum im Allgemeinen mit „als" oder wie ein Adverb: Zwei Gladiatoren kämpfen als Erste. – Zwei Gladiatoren kämpfen zuerst.

Auch Substantive können als Prädikativum verwendet werden: Quī *homō* amphitheātrum init, *bēstia* ex amphitheātrō exit. – Wer *als* Mensch...

Lektion 8

Um Aussagen oder Wörter hervorzuheben, stellten die römischen Redner und Schriftsteller sie oft als Gegensatzpaare betont gegenüber.

Spectacula non *pulchra*, sed *inhumana* sunt.
Qui *homo* amphitheatrum *init, bestia* ... *exit.*

Eine solche Gegenüberstellung nennt man Antithese.

o-Deklination auf -r

Adjektive
Nom. pulcher pulchr-a pulchr-um   miser   miser-a   miser-um
Gen. pulchr-ī pulchr-ae pulchr-ī   miser-ī miser-ae miser-ī
...   .

Substantive: Nom. vir
             Gen. vir-ī
             ...

B 1 *Gladiātor, quī* magnā virtūte pūgnat ...
Spectā *virōs, quī* in arēnam intrant!
Stellen Sie entsprechend alle Relativpronomina und deren Beziehungswort im Text A fest.

B 2 *Schreiben Sie ab, ergänzen Sie dabei mit passenden Relativsätzen aus der Liste unten und übersetzen Sie (es bleiben keine übrig):*

1. Bēstiae, ~~, ex Āfricā veniunt.
2. Tiberius clāmōrem, ~~, audit.
3. Imperātor sīgnum pūgnae, ~~, dat.
4. Lūdī, ~~, Lūciō nōn placent.
5. Virō miserō, ~~, multa vulnera sunt.
7. Leō, ~~, bēstia magna et pulchra est.

quī hominibus gaudiō sunt – quī cum bēstiā pūgnat – quō spectātōrēs gladiātōrēs salūtant – quae spectātōribus placet – quōcum ursus[1] pūgnat – quōrum virtūs magna est – quae in arēnam currunt.

1 ursus, ī m.: Bär

Lektion 8

B 3 gladius – gladiātor; aedificāre – aedificium

Stellen Sie entsprechend Wortableitungen oder Zusammenhänge her zu:

pūgna – virtūs – amīcus – gaudium – clāmāre – labor – ōrare – timor – spectāre – salūs.

Erschließen Sie die Bedeutung von:

vēnditor – vīsitātor – fābulātor – amātor – līberātor.

B 4 *Bestimmen Sie folgende Formen von Substantiven, Adjektiven, Pronomina und Verben mit den Ausgängen:*

-**i**: virtūtī – antīquī – miserī – abī – theātrī – reī – virī – leōnī – audī – salūtī – cui – ī – diēī – pulchrī – quī – dominī;

-**ae**: bēstiae – miserae – quae – amīcae – pulchrae;

-**a**: vīlla – pūgna – pirāta – vulnera – arma – importā – pulchrā – porta – quā – spectācula – misera – spectā – salūtā.

B 5 *Nennen Sie zu den Substantiven den Nom. Sg. und zu den Adjektiven den Nom. Sg. m., f., n.:*

vulneribus – virtūtēs – virōs – viīs – tempora – vīta – theātrīs – diēī – spectātōris – spectāculīs – salūtī – senātōrī – virī – reī – pulchrō – miserō – virtūte – morbīs – rēgum – lectum – īgnōtum – gaudium – diērum – spē – forīs – fābulīs – dīvitiīs – armīs.

B 6 *Die Anfangsbuchstaben aller Genitive in dieser „verschlüsselten Botschaft" ergeben aneinander gereiht einen schrecklichen Ausspruch aus dem Munde eines römischen Richters:*

libenter – paramus – ludos – amphitheatrorum – diei – nomina – pulchra – nonam – ignotum – pugnam – laboris – aedificio – rem – publica – equorum – agricolas – vigilant – morbum – operis – pulchrum – valde – luditis – res – nominis – spem – non – dant – equi – multas – spei – nomina – habemus.

S **Gladiatorenspiele** (*ludi gladiatorii*) waren fast im ganzen Römischen Reich ein Volksvergnügen. Kriegsgefangene, Sklaven, verurteilte Verbrecher, aber auch Freiwillige waren Mitglieder der Gladiatorentrupps, die in Kasernen für ihr Auftreten in der Arena trainiert wurden. Sie kämpften auf Leben und Tod gegeneinander; Schiedsrichter trieben sie mit Peitschenhieben an. War ein Gladiator schwer verletzt und kampfunfähig, entschied der Beamte, der die Spiele leitete, durch Zeichen mit dem Daumen, ob der Verletzte am

Lektion 8

Teil eines Mosaiks aus Tusculum, auf dem verschiedene Arten des Gladiatorenkampfes zu sehen sind.

Leben bleiben oder ob der siegreiche Gegner ihn töten sollte. Beim Kampf unterschiedlich bewaffneter Gladiatoren, die besondere Bezeichnungen trugen, kämpfte z. B. ein „Thraker" (*Thrax,* Gen. *Thracis*) mit bloßem Oberkörper, jedoch durch Helm, Schild, Arm- und Beinschienen geschützt, gegen einen nur an der linken Schulter gepanzerten „Netzkämpfer" (*retiarius*). Dessen Waffen waren nur ein Fischernetz (*rete, retis* n.), in das er den durch seine schwere Rüstung behinderten Gegner zu verwickeln (*involvere*) versuchte, und ein Dreizack (*fuscina, ae* f.), mit dem er ihm dann den Todesstoß versetzen konnte. Beliebt waren auch Kämpfe von Gladiatoren gegen wilde Tiere; oft vergnügten sich die Zuschauer an Kämpfen von Tieren untereinander. Verbrecher konnten von Gerichten *ad bestias*, zum Tode bei Tierhetzen, verurteilt werden. Bei den Christenverfolgungen starben auch viele Christen als Märtyrer in der Arena. An der Grausamkeit der Gladiatorenspiele nahmen nur wenige Römer Anstoß. Erst gegen Ende des 5. Jahrhunderts n. Chr. wurden sie von christlichen Kaisern endgültig abgeschafft.

9

C. Iūlius Caesar (100–44 v. Chr.) hatte mit der Eroberung Galliens die Rheingrenze erreicht. Sein Nachfolger Octāviānus, der später den Beinamen Augustus erhielt, sicherte die Rheingrenze durch Kastelle und Militärsiedlungen. Der Versuch, auch das Vorfeld östlich des Rheins durch Eroberungen zu sichern, scheiterte jedoch.

A 1 Eine Schreckensnachricht aus Germanien

Lūcius: „Nōnne audīvistī, Mārce, nūntium malum, quem mercātōrēs ē Germāniā apportāvērunt?"

Mārcus: „Audīvī, sed rēs certās nōn cognōvī. Iam rūmor[1] nōbīs magnō terrōrī fuit."

Lūcius: „Germānī trēs[2] legiōnēs Rōmānās magnā pūgnā dēlēvērunt, paucī mīlitēs sē fugā servāvērunt."

Gāius: „Egō dīcō: Augustus reī pūblicae nōn bene cōnsuluit et imperium Rōmānum male ā Germānīs dēfendit."

Lūcius: „Ineptē[3] dīcis, Gāī. Augustus fīnēs imperiī multīs legiōnibus bene dēfendit. Egō mīles sub Tiberiō Caesare[4] in Germāniā fuī. Castella[5] multa ad Rhēnum posuimus."

Gāius: „Pūgnāvistīne cum Germānīs? Pūgnīsne interfuistī?"

Lūcius: „Interfuī. Germānōs multīs pūgnīs superāvimus."

Gāius: „Tē mīlitem bonum fuisse nōn īgnōrō, Lūcī; sed vōs interrogō: Nōnne spectāvistis gladiātōrēs Germānōs, quī nūper[6] in arēnā pūgnāvērunt?"

Mārcus: „Ita. Servī Germānī, quōs spectāvimus, magnā virtūte pūgnāvērunt. Itaque metuō virtūtem Germānōrum."

1 rūmor, ōris m.: Gerücht   2 trēs (Akk. Pl.) f.: drei   3 ineptē dīcis: du redest Unsinn   4 Tiberius Caesar: Tiberius Caesar (Adoptivsohn und Nachfolger des Augustus)   5 castellum, ī n.: Festung; Kastell   6 nūper (Adv.): neulich

A 2 Ein Überlebender der Varusschlacht berichtet

Multīs diēbus post mīles, quī ē clāde Vāriānā[1] fugā sē servāvit, nārrat: „Arminius, dux Cheruscōrum[2] et amīcus populī Rōmānī, Vārō imperātōrī nūntiāvit paucās gentēs[3] Germānās contrā populum Rōmānum coniūrāvisse. Vārus statim cum legiōnibus castrīs exiit et ad gentēs[3] īnfēstās[4] contendit. Arminius nōbīs iter mōnstrāvit.

Lektion 9

Gedenkstein für den Centurio M. Caelius, gefallen 9 n. Chr. auf dem Varusfeldzug.

Magnō labōre per silvās dēnsās iimus, castra in palūdibus⁵ posuimus. Multōs mīlitēs Rōmānōs silvās, imbrēs⁶, palūdēs⁵ magis quam Germānōs metuisse putō. Subitō Germānī īnfēstīs⁴ armīs ē silvīs dēnsīs provolāvērunt⁷.
Sērō⁸ Vārus dux malam Arminiī fidem cognōvit. Mīlitēs ducēsque sē fortiter dēfendērunt, sed paucī ē clāde Vāriānā¹ superfuērunt et ad Rhēnum rediērunt."

1 clādēs Vāriāna: Varusschlacht (Niederlage des röm. Feldherrn Varus mit drei Legionen im Teutoburger Wald 9 n. Chr.) 2 Cheruscī, ōrum m.: die Cherusker (ein Germanenstamm) 3 gentēs (Akk. Pl.) f.: Stämme 4 īnfēstus, a, um: feindlich; kampfbereit 5 palūdēs (Akk. Pl.) f.: Sümpfe 6 imbrēs (Akk. Pl.) m.: Regenfälle 7 provolāre: hervorstürmen 8 sērō (Adv.): zu spät

1. *Charakterisieren Sie die drei Gesprächspartner in* A1.
2. *Was unterscheidet den Bericht des Soldaten in* A2 *von einer üblichen Darstellung im Geschichtsbuch?*
3. *Womit wird in diesem Bericht die Spannung bis zur Katastrophe gesteigert?*

Lektion 9

Die Personalendungen des Perfekts:

Sg. servāv-ī   Pl. servāv-imus
    servāv-istī   servāv-istis
    servāv-it   servāv-ērunt

Infinitiv: servāv-isse

Perfektkennzeichen

v-Perfekt
servāre – servāvī   so Verben der ā- und der ī-Konjugation,
audīre – audīvī   sofern im Vokabelteil nichts anderes
                           vermerkt ist

u-Perfekt
dēbēre – dēbuī   so Verben der ē-Konjugation, sofern
                           nichts anderes vermerkt ist

Stammperfekt
dēfendere – dēfendī   Einige Verben behalten den
                           Präsensstamm im Perfekt bei.

esse hat die Perfektform *fuī*; *īre* hat die Perfektform *iī*.
Beachte: īstī = iistī; īstis = iistis; īsse = iisse

Übersetzung des Perfekts

Imperator statim castrīs exiit et ad Germānōs contendit. Arminius iter mōnstrāvit. – Der Feldherr marschierte sofort aus dem Lager und eilte zu den Germanen. Arminius wies den Weg.

Das lateinische Perfekt bezeichnet in der Regel einmalige Geschehnisse der Vergangenheit, meist als eine Kette von Einzelhandlungen.
Zur Übersetzung verwenden wir das deutsche Präteritum.

Nōnne audīvistī ... ? Audīvī. – Hast du nicht gehört? Ja, ich habe gehört.

In einem Text, der ein Gespräch wiedergibt, verwenden wir zur Übersetzung des Perfekts meist das deutsche Perfekt.

Lektion 9

Infinitiv Perfekt

Mīles Germānōs contrā populum Rōmānum *coniūrāvisse* nūntiat. Ein Soldat meldet, dass sich die Germanen ... *verschworen haben*.

Der Infinitiv Perfekt im AcI bezeichnet die Vorzeitigkeit der abhängigen Aussage: Die Verschwörung fand *vor* der Meldung statt.

Ablativus mensurae (mēnsura : Maß)
multīs diēbus post – nach vielen Tagen/viele Tage später

Der Ablativ gibt bei vergleichenden Ausdrücken die Strecke, die Zeit, die Größe ... an, um wie viel etwas länger, später, größer ... ist.

Romani silvas, imbres, paludes ... metuebant.

Um eine Häufung von Ereignissen zu betonen, reihten die römischen Redner und Schriftsteller mehrere Substantive oder Verben ohne Verbindungswörter nebeneinander.

Diese unverbundene Nebeneinanderstellung nennt man Asyndeton.

B 1 Lūcius Rōmānōs castra multa in Germāniā posuisse nārrāvit. – Mīles Germānōs appropinquāre imperātōrī nūntiāvit.

Übersetzen Sie und erklären Sie, wie die Infinitive zeitlich zum Prädikat liegen: Welcher Infinitiv drückt Gleichzeitigkeit (GZ) *und welcher* Vorzeitigkeit (VZ) *zum Prädikat aus?*

Weitere Beispiele:

Spectātōrēs gladiātōrēs fortiter pūgnāre gaudent. – Tiberius Thrācem magnā virtūte pūgnāvisse nārrāvit. – Lūcius numerum spectātōrum magnum fuisse dīcit. – Mārcus Syrum gladiātōrem victōrem fuisse gaudet.

*B 2 Verwandeln Sie folgende Sätze in abhängige Aussagen (AcI):

1. Lūcius sub Tiberiō Caesare ad Rhēnum pūgnāvit. – Scīmus.
2. Augustus bene reī pūblicae cōnsuluit. – Lūcius dīcit.
3. Cōnsulēs Asiam prōvinciam servāvērunt. – Ōrātor dīcit.
4. Amīcī ē forō iam exiērunt. – Mārcus īgnōrat.

B 3 *Nennen Sie die Infinitive Präsens und Perfekt zu:*

nāvigāvit – metuistis – scīmus – dēfendimus – placuit – vīgilāvit – vīsitāvērunt – timuistī – metuī – abīstī – adsunt – posuistis – exīstis – creāvimus – dēbuimus – iī – adfuistī.

B 4 *Bestimmen Sie die Formen folgender Verben und Nomina:*

(1) laudā – vīcīne – metue – amāre – dēfendī – dēfendit – metuimus – salūte – fidē – salūtāvī – implōrāvimus – parāvī – gaudeō – homō – invītō – eō – iī – exīsse – capite – īsse – pūgnā – pūgnō – eunt – iērunt – nūntiō – nūntiāvērunt – inīsse.

(2) vēndere – imperātōre – caede – opere – itinera – pulchra – nōmina – pūgna – poētīs – temporis – vincitis – sīgnīs – tertiō – vulneribus – nōminī – speī – lūdō – leō – certō – dūcem – itineribus – tempus – diēbus – imperia – causā – surgimus – vīcōrum.

S **Das römische Germanien.** Der Versuch, die Grenze des Imperium Romanum über den Rhein hinaus vorzuschieben, wurde nach der Varusschlacht 9 n. Chr. aufgegeben. Danach beschränkten sich die römischen Kaiser auf die Sicherung der Grenze an Rhein und Donau. Das Gebiet zwischen diesen Flüssen wurde von einer Grenzbefestigung (*limes*) abgeriegelt: Ein mit Holzpfählen befestigter Wall oder eine Mauer, durch Türme aus Stein gesichert, verliefen von Regensburg an der Donau bis zum Rhein bei Remagen. Zusammen mit den dauernd am Rhein stationierten Legionen sicherte der Limes die Grenze.
Das Gebiet der heutigen Bundesländer Baden-Württemberg, Rheinland-Pfalz, Saarland und das linksrheinische Nordrhein-Westfalen gehörten als Provinzen *Germania inferior* und *Germania superior* zum Römischen Reich. Das heutige Bayern südlich der Donau hieß als römische Provinz *Raetia*; deren Hauptort war Augsburg – *Augusta Vindelicorum*. Städte wie Köln (*Colonia Claudia Ara Agrippinensium*), Mainz (*Mogontiacum*) und Regensburg (*Regina Castra*) sind aus römischen Militärlagern hervorgegangen. In Köln und in Regensburg ist die rechteckige Form des Römerlagers noch heute im Straßenverlauf der Altstädte zu erkennen. Auch die mit über 2000 Jahren älteste Stadt Deutschlands ist eine Gründung der Römer aus der Zeit des Kaisers Augustus: Trier – *Colonia Augusta Treverorum*.
Mit den römischen Legionen kamen auch die lateinische Sprache, römisches Recht, römische Verwaltung, römischer Straßenbau und nicht zuletzt die verschiedenen Religionen des Römerreichs in das Rheinland und nach Süddeutschland. In dem drei Jahrhunderte lang von den Römern beherrschten, von römischer Macht aber auch geschützten Gebiet konnten sich römische Kultur, Baukunst, Landwirtschaft, z. B. der Wein- und Obstanbau, ausbreiten. Leistungen des römischen Handwerks – Gläser, Keramik, Schmiedekunstarbeiten – können wir in unseren Museen bewundern. Und bis heute werden immer wieder neue Funde gemacht. In Weißenburg in Bayern

entdeckte man 1979 bei der Anlage eines Spargelbeets nicht weniger als 156 Stücke eines Römerschatzes, der im 3. Jh. n. Chr. vergraben worden war. In Mainz stieß man im Winter 1981/82 bei Bauarbeiten in der Altstadt auf große Teile von römischen Schiffen aus dem 4. Jh. n. Chr.; Wrackreste und restaurierte Römerschiffe sind heute im Mainzer Museum für Antike Schiffahrt ausgestellt (Abb. S. 100).

Das Gebiet hinter dem *limes* wurde nach heftigen Angriffen der germanischen Alamannen gegen 250 n. Chr. von den Römern geräumt, die Rhein- und Donaugrenze aber noch ein Jahrhundert lang verteidigt. Erst mit Beginn der „Großen Völkerwanderung" um 376 n. Chr. endete die Römerherrschaft in Deutschland.

Weihgabe aus Silber an die Göttin Victoria. Weißenburger Schatzfund.
Unten: Germanien in römischer Zeit.

Lektion 10

Von Romulus berichtet die römische Sage: Als Sohn des Gottes Mars und der Priesterin Ilia geboren, wurde er mit seinem Zwillingsbruder Remus am Tiberufer ausgesetzt und von einer Wölfin gesäugt. Später übernahm er die Königsherrschaft in Latium, gründete 753 v. Chr. Rom und wurde der erste der sieben sagenhaften Könige Roms.

A 1 Das Ende des Romulus

Antīquīs temporibus rēgēs cīvitātem Rōmānam regēbant. Rōmulus, conditor[1] urbis Rōmae et prīmus Rōmānōrum rēx, urbem novam et lībertātem cīvium ab hostibus semper dēfendēbat imperiumque populī Rōmānī augēbat. Quem Rōmānī semper magnō in honōre habēbant. Aliquandō rēx cōpiās Rōmānās recēnsēre[2] cupīvit et cīvēs Rōmānōs in Campum Mārtium vocāvit. Multās hōrās in tribūnālī[3] sedēbat, ē quō cōpiās recēnsēbat[2]. Subitō magna tempestās appropinquāvit, nimbus[4] dēnsus rēgem occultāvit. Deinde Rōmulus in terrīs nōn iam fuit.

Diū cīvēs Rōmānī in Campō Mārtiō stābant et tacēbant. Tandem mīlitēs senātōrēsque magnō cum timōre domum iērunt. In itinere alius alium iterum iterumque interrogābat: „Nōnne etiam tū in Campō Mārtiō aderās?" „Aderam; tōtum diem prope tribūnal[3] stābam." – „Quid dīcis? Num deī Rōmulum, fīlium Mārtis deī et ducem nostrum clārum, ē terrā sustulērunt[5]?" – „Egō quidem patrēs Rōmulum necāvisse putō. Nōnne rēgem nostrum patribus invidiae esse saepe audiēbāmus?"

A 2 Eine Botschaft aus dem Jenseits

Paucīs diēbus post Proculus Iūlius senātor in cōntiōne nārrāvit: „Prīmā hōrā diēī per Campum Mārtium ībam et dē Rōmulō, rēge nostrō, cum dolōre cōgitābam. Quī subitō mihi appāruit mēque vocāvit: ‚Nūntiā Rōmānīs: Deī Rōmam meam caput orbis terrārum esse et cūnctīs populīs lēgēs dare volunt[6].' Diū stābam, metuēbam. Tum Rōmulus iterum sublīmis[7] abiit." Quō ex tempore Rōmānī memoriam Rōmulī, patris patriae, semper sacram habēbant.

1 conditor, ōris m.: Gründer   2 recēnsēre: mustern   3 tribūnal, tribūnālis n.: Feldherrnsitz   4 nimbus, ī m.: Wolke   5 sustulērunt: sie haben entrückt   6 volunt: sie wollen   7 sublīmis: „in die Höhe"

Lektion 10

Die Romulussage wird als geschichtliches Ereignis von dem römischen Historiker Livius (59 v. Chr. – 17 n. Chr.) berichtet. Kaiser Augustus beauftragte Künstler, Schriftsteller und Dichter, die Größe und Macht des Römischen Reiches zu verherrlichen und die Weltherrschaft Roms zu rechtfertigen (s. auch S-Text zu Lektion 20, S. 117–118 ff.). Welche Stellen aus A1 und A2 machen das deutlich?

Semantische Funktionen des Imperfekts und des Perfekts

Das lateinische Imperfekt bezeichnet Zustände, die in der Vergangenheit andauern, oder Handlungen, die in der Vergangenheit andauern, wiederholt oder versucht werden. Diese Zustände/Handlungen sind also nicht abgeschlossen; sie können durch Adverbien wie *semper, saepe, diu* oder durch vergleichbare Ausdrücke wie *totum diem, multas horas* genauer bestimmt werden. Übersetzt wird mit dem Präteritum.

Das Perfekt dagegen bezeichnet eine einmalige, abgeschlossene Handlung. Es ist das Erzähltempus der Vergangenheit.

In einem Satzgefüge der Vergangenheit bezeichnet demnach das Imperfekt als Hintergrundtempus das gerade andauernde Geschehen, den andauernden Zustand, das Perfekt die eintretende Vordergrund- oder Haupthandlung.

Proculus Iulius per Campum Martium ibat, de Romulo cum dolore cogitabat. Subito Romulus apparuit.

Die Formen des Imperfekts sind			(esse)
vocā-ba-m	dēfend-ē-ba-m	capi-ē-ba-m	eram
vocā-bā-s	dēfend-ē-bā-s	capi-ē-bā-s	erās
vocā-ba-t	usw.	usw.	erat
vocā-bā-mus	audi-ē-bam		erāmus
vocā-bā-tis	audi-ē-bā-s		erātis
vocā-ba-nt	usw.		erant

Das Kennzeichen des Imperfekts ist -ba- vor der Personalendung (sie lautet in der 1. Pers. Sg. -m; vgl. su-m). Verben der konsonantischen Konjugation (wie dēfendere), der gemischten Konjugation (wie capere) und der ī-Konjugation (wie audīre) setzen den Bindevokal -ē- zwischen Stamm und Imperfektkennzeichen.
Das Imperfekt von *īre* lautet *ībam*.

Die römische Wölfin. Fußbodenmosaik im Dom Santa Maria in Siena.

Wenn ein Relativpronomen einen Hauptsatz einleitet, übersetzen wir es mit einem Demonstrativpronomen (relativischer Anschluss).

Rōmulus... augēbat. *Quem* Rōmānī semper in honōre habēbant. *Diesen/Ihn* hielten die Römer immer in Ehren.

... dē Rōmulō cōgitābam. *Quī* subitō mihi appāruit. *Dieser/Der* erschien mir plötzlich.

Die Substantive, deren Gen. Pl. die Endung -ium hat, die aber sonst nach der konsonantischen Deklination dekliniert werden, bilden die gemischte Deklination.

Zur gemischten Deklination gehören:

cīvis	Gen. Sg.	cīv-is	Gen. Pl. cīv-ium
hostis	Gen. Sg.	host-is	Gen. Pl. host-ium
urbs	Gen. Sg.	urb-is	Gen. Pl. urb-ium

B 1 *Begründen Sie in* A1 *die Wahl von Imperfekt und Perfekt.*

Lektion 10

B 2 *Bestimmen Sie die Verbformen:*

supereram – rediī – posuistis – pōnēbās – petīvērunt – licēbat – vigīlāvistī – dēfendistis – incitābāmus – dēerant – vincis – portābam – mōnstrāvistī – clāmātis – clāmābātis – respondī – respondē – dābāmus – eram – sum – habuistis – iniimus – inīmus – stābam – cōnsīdimus – capiēbam.

B 3 *Nennen Sie bei Nomina den Nom. Sg., bei Verben den Inf. Präs. zu:*

leōnī – quī – coniūrāvī – diēī – cibī – theātrī – posuī – legiōnī – gladiī – contendī – civī – rēgī – fideī – rediī – carcerī – cognōvī – cupīvī – vulnerī – gaudiī – dēlēvī – scīvī – metuī – imperiī – speī – ducī.

B 4 *Die „kleinen Wörter" vergisst man leicht – oder?*

nam – nunc – sed – tum – per – iam – num – ante – diū – ita – interdum – nōn iam – prope – quid – cūr – aut – circā – quis – dīc – ecce – itaque – post – sē – sub – vel – aliquis.

B 5 *Schreiben Sie ab und ordnen Sie dabei den Substantiven*

ōrātōrīs – ducem – honōribus – castrōrum – poētae – diem – vulnera – legiōnibus – cūria – lēgēs – nōmen – opere – patrum – patrem – virtūte – rēs – leōnī – nōmina

nach KNG passende Adjektive aus der folgenden Liste zu (es bleiben Adjektive übrig):

nostrōrum – miserī – magnīs – novīs – aegrōtō – novās – īgnōtī – īgnōtum – bonō – multa – alium – cūnctārum – laetum – clāra – parvum – alium – cūnctōrum – laetum – novae – pulchrum – clārō – nova – clāra – optimum – parvam.

C * **Von der Königsherrschaft zur Republik**

Post Romulum, conditorem[1] urbis Romae et patrem patriae, alii reges rem publicam Romanam regebant. Numa Pompilius cultum[2] deo-

rum instituit³ multaque templa in urbe aedificavit. Ancus Marcius
etiam Latinos⁴, qui vicini populi Romani erant, regebat. Sed alii
populi urbem Romam virtutemque Romanorum cum invidia specta-
bant. Itaque amici et hostes Romanis non deerant. Servium Tullium
regem murum primum circa Romam aedificavisse Romani putabant.
Populus Tarquinium Superbum, regem ultimum⁵, quem propter
superbiam⁶ timebat, ex urbe pepulit⁷ et ita rem publicam liberavit.
Libertatem novam Romani diu servabant et defendebant.

1 conditor, ōris, m.: Gründer   2 cultum (Akk. Sg.) m.: Kult   3 īnstituit: er, sie, es ordnete   4 Latīnī, ōrum m.: die Latiner (Nachbarvolk der Römer)   5 ultimus, a, um: der letzte   6 propter superbiam: wegen seines Übermutes   7 pepulit: er, sie, es vertrieb

S **Die römischen Könige.** Die römischen Geschichtsschreiber berichten, dass nach dem sagenhaften Gründer der Stadt noch sechs weitere Könige Rom regiert haben. Wenn diese nach heutigen Erkenntnissen auch keine historischen Gestalten waren, so spiegelt sich doch in ihnen und ihren Taten die Entwicklung des römischen Staates und der politischen, religiösen und kulturellen Einrichtungen (*institutiones*) wider. Die ersten Könige stellen zugleich exemplarische Herrschergestalten dar.
War *Romulus* der „Gründerkönig", so steht *Numa Pompilius*, sein Nachfolger, für den Typ des „Priesterkönigs". Er soll das Religionswesen geordnet, den Ablauf kultischer Handlungen geregelt und Priesterämter hinzugefügt haben. Die Vestalinnen habe er mit dem Dienst am immer brennenden Staatsfeuer im Tempel der Göttin *Vesta* auf dem Forum beauftragt.
Tullus Hostilius galt als der „Kriegerkönig". Unter ihm errang Rom, so heißt es, die Vormachtstellung unter den Nachbarvölkern. Von *Ancus Marcius*, dem vierten König, berichtet die Sage, dass er die Macht Roms weiter stärkte, die Stadt und ihren Einflussbereich vergrößerte und Roms Hafen Ostia an der Tibermündung anlegte. Sein Nachfolger *Tarquinius Priscus* soll die sumpfigen Gebiete der Stadt entwässert und auch den unterirdischen Abwasserkanal, die *cloaca maxima*, angelegt haben. Er soll auch zum ersten Mal die *ludi Romani* oder *magni* veranstaltet haben, feierliche Spiele, die Jahr für Jahr in Rom stattfanden.
Auf *Servius Tullius*, den sechsten König, führte man den *census* zurück: die Einteilung aller römischen Bürger in sechs Vermögensklassen, nach denen sich neben dem Stimmrecht auch die Zugehörigkeit zu den einzelnen Truppengattungen im Kriegsdienst richtete. Auch die sogenannte Servianische Mauer, die in der römischen Altstadt stellenweise noch heute zu sehen ist, wurde Servius Tullius zugeschrieben. Diese erste Befestigung Roms stammt jedoch, wie Forschungen ergeben haben, erst aus der Mitte des 4. Jahrhunderts v. Chr.
Der letzte König war *Tarquinius Superbus*, ein Etrusker. Er war tyrannisch und gewalttätig und wurde deshalb schließlich aus Rom vertrieben. Von da an standen zwei Konsuln an der Spitze der *res publica*. Die Bezeichnung *rex* (König) behielt in Rom für immer einen negativen Beiklang.

Lektion 11

In schwierigen Rechtsfällen wurden erfahrene Juristen (*iuris prudentes, iuris consulti*) um Gutachten gebeten. Ihre Antworten wurden als Richtschnur für spätere Fälle gesammelt und in die Sammlung von Gesetzen und anderen Rechtstexten aufgenommen, die Kaiser Iustinianus 533 n. Chr. veröffentlichte.

A   Eine fahrlässige Körperverletzung mit Todesfolge

Et iuvenes et viri Romani saepe cum gaudio pila ludebant. Etiam in viis locisque publicis interdum pilas iactabant, quamquam ibi laborabant fabri et erat magna copia hominum.
5 Aliquando tonsor[1], quod tempestas bona erat, ex consuetudine fabrorum loco publico sellam[2] habuit. Acuto cultello[3] servum radebat[3]. Sed iuvenes nonnulli, qui ibi pila ludebant, tonsorem[1] non animadverterunt, quod locus plenus hominum erat.
Ludebant, gaudebant, nihil mali exspectabant, cum subito pila ad
10 manum tonsoris[1] volavit. Praecisa est gula[5] servi et dominus iuvenes, postquam eos[6] in iudicium vocavit, de morte servi accusavit. Quamquam iudicium ignoramus, tamen causam cognovimus, quod nonnulli iuris consulti de ea[7] responderunt.
Alii: In tonsore[1] est culpa, si ibi radebat[3], ubi ex consuetudine iuve-
15 nes ludebant. Alii contra: Pars culpae etiam in servo est, quod scire debebat locum, ubi tonsor[1] radebat[3], plenum periculi esse.
Interrogatis: In quo culpa est? Quem iudex punivit? Quis domino servi damnum restituere[8] debuit? An nemo domino servi pecuniam debuit, quod neque tonsor[1] neque iuvenes, sed mala fortuna rem
20 delevit? – Rem? – Ita. Nam Romani servos pro rebus habebant. Ita ius erat, ita leges Romanae iubebant.

1 tonsor, oris m. Friseur   2 sella, ae f.: Rasierstuhl   3 acuto cultello radere: mit scharfem Messer rasieren   4 manum (Akk. Sg.) f.: Hand   5 praecisa est gula servi: „Die Kehle des Sklaven wurde durchschnitten"   6 eos (Akk. Pl.) m.: sie   7 de ea: über diesen (Fall)   8 damnum restituere: den Schaden ersetzen

1. Stellen Sie den „Tatbestand" kurz mit eigenen Worten dar.
2. Worum geht es bei den rechtlichen Auseinandersetzungen?
3. Ist die Überschrift von A nach römischer Rechtsauffassung richtig?

Lektion 11

Friseurszene mit Sklaven. Terrakotta aus Tanagra.

Semantik adverbialer Gliedsätze

Adverbiale Gliedsätze werden im Deutschen durch Konjunktionen wie *weil, obwohl, nachdem* eingeleitet. Zwischen einem adverbialen Gliedsatz und dem Hauptsatz besteht ein Sinnzusammenhang. Ein Gliedsatz mit der

Konjunktion		antwortet auf die Frage	gibt an	seine Semantik ist
postquam	nachdem	wann?	Zeit	temporal
cum	als	wann?	Zeit	temporal
quod	weil, da	warum?	Grund	kausal
quamquam	obwohl	welchem Umstand zum Trotz?	Zugeständnis	konzessiv
si	wenn	unter welcher Bedingung?	Bedingung	konditional

postquam steht in der Bedeutung *nachdem* immer mit dem Perfekt; das deutsche *nachdem* erfordert das Plusquamperfekt, wenn der Hauptsatz in einem Vergangenheitstempus steht.

Lektion 11

Genitivus partitivus

Der Genitiv bezeichnet auch das Ganze, von dem ein Teil herausgehoben wird (genitivus partitivus). Frage: wovon?
pars culpae – ein Teil der Schuld

Der gen. part. steht vor allem bei Begriffen, die eine Menge bezeichnen:

copia hominum – eine Menge Menschen; plenus periculi – voller Gefahr; auch: nihil mali – nichts Böses

---

B 1 *Schreiben Sie ab und setzen Sie, bevor Sie übersetzen, eine oder mehrere passende Konjunktionen ein und begründen Sie Ihre Wahl (mögliche Konjunktionen sind in Klammern angegeben):*

1. Romani Germanos non timent, ~~~ multa castra ad Rhenum aedificaverunt. (quod, postquam, quamquam)
2. Culpa in tonsore[1] non est, ~~~ loco periculi pleno virum radebat[2]. (si, quamquam, quod)
3. Iuvenes loco publico ludebant, ~~~ tonsorem[1] animadverterunt. (quod, quamquam, postquam)
4. Lucius ludos gladiatorum non amat, ~~~ homines ibi de vita pugnant. (quod, quamquam, si)
5. Opus poetae hominibus placet, ~~~ de rebus antiquis agit. (quod, quamquam, si)

1 tonsor, oris m.: Friseur   2 radere: rasieren

B 2 *Schreiben Sie ab und ordnen Sie den Hauptsätzen*

1. Romulus senatoribus invidiae erat, ~~~ .
2. Romulus urbi Romae magnam gloriam paravit, ~~~ .
3. Dolor Proculi magnus erat, ~~~ .
4. In iuvenibus culpa non erat, ~~~ .
5. Iudex tonsorem[1] non punivit, ~~~ .

alle nach Form und Inhalt passenden Gliedsätze aus der folgenden Liste zu:

quod laeti ludebant – quod magno in honore erat – si tonsor[1] loco publico radebat[2] – quod Romulus aberat – quamquam dominus iuvenes accusavit – quod filius Martis erat – quod servus in sella[3] sedebat –

quamquam Romulus in foro apparuit – quod diu regebat – quamquam imperium augebat – quod urbem semper ab hostibus defendebat – quamquam loco publico radebat².

1 tonsor, oris m.: Friseur   2 radere: rasieren   3 sella, ae f.: Rasierstuhl

B 3 *Bestimmen Sie folgende Wortformen und geben Sie jeweils die Grundform an (Beispiele:* animadvertisti: 2. Pers. Sg. Perf. von animadvertere – bemerken; consuetudini: Dat. Sg. von consuetudo, consuetudinis f. – Gewohnheit):

spectacula – spectate – urbes – punivimus – portabatis – lege – intereram – gloriae – fuga – honorem – contendebam – certi – ponitis – capita – templis – statis – signis – pugnavimus – surgitis.

B 4 *Die Anfangsbuchstaben aller Wörter, deren Form Nominativ Plural sein kann, ergeben aneinander gereiht eine Formel, die im heutigen Rom an hohen Feiertagen verwendet wird:*

legioni – urbes – magnas – et – numeros – hostibus – regesque – dolorem – bono – bestiae – iudici – iura – dicunt – diem – equi – aulas – tempestates – gaudent – orbes – nonnullos – occultant – nuntio – res – magnas – bestiae – consulem – magno – clamore – itinera – salutant.

C * Die entwendete Laterne

Quod via obscura¹ erat, tabernarius² prope portam tabernae² ex consuetudine lucernam³ ponebat. Quam aliquando iuvenis, postquam e taberna² exiit, secum portavit.
5 Tabernarius², qui rem animadvertit, iuvenem retinebat⁴. Qui tabernarium² flagello percutere coepit⁵. Qua ex re rixa maior facta est⁶, in qua tabernarius² oculum iuvenis effodit⁷. Res in iudicium venit. Iudex iuris consultum⁸ de causa consuluit.
Iuris consultus⁸ ita respondit: In tabernario² culpa non est, si oculum
10 iuvenis effodit⁷, postquam flagello percussus est⁵. Si autem data opera⁹ oculum prius¹⁰ effodit, in tabernario² culpa est.

1 obscurus, a, um: dunkel   2 tabernarius, i m.: Gastwirt; taberna, ae f.: Schenke   3 lucerna, ae f.: Laterne   4 retinere: festhalten   5 flagello percutere coepit: er begann, mit einer Peitsche zu schlagen; flagello percussus: von der Peitsche getroffen   6 rixa maior facta est: es entstand eine größere Schlägerei   7 oculum effodit: er schlug ein Auge aus   8 iuris consultus, i m.: Jurist, Gutachter   9 data opera: mit Absicht   10 prius (Adv.): vorher

Lektion 11

Bronzeplakette, wie manche Sklaven sie ständig um den Hals trugen. Die Inschrift lautet: „Ich, Asellus, Sklave des Praeiectus, eines Beamten im Amt für Getreideversorgung, habe mich aus dem Bezirk innerhalb der Mauern entfernt. Halte mich fest, da ich entflohen bin. Führe mich zurück zum Tempel der Flora bei den Friseuren."
3.-4. Jh. n. Chr.

S Sklaven. Nach römischem Recht waren Sklaven Eigentum ihres Herrn. Er konnte über sie wie über eine Sache verfügen, sie behandeln, wie es ihm gefiel, sie bestrafen, sie verkaufen. Zu Sklaven wurden Männer, Frauen und Kinder durch Kriegsgefangenschaft oder weil sie geraubt worden waren, in älterer Zeit auch, wenn sie Schulden nicht bezahlen konnten; die von Sklavinnen geborenen Kinder waren ebenfalls Eigentum des Herrn.
Sklaven wurden zu allen Arbeiten eingesetzt. In der Landwirtschaft arbeiteten sie auf dem Feld und als Viehhirten, in der Stadt bedienten sie die Herrschaft, waren sie Hausverwalter, Köche, Sänftenträger; gebildete Sklaven waren Vorleser, Musiker, Sekretäre und Hauslehrer. Viele arbeiteten in Handwerksbetrieben. Manche Unternehmer ließen Sklaven zu Handwerkern ausbilden, um sie in eigenen Betrieben zu beschäftigen oder an andere zu vermieten. Manchmal schloss ein Herr mit einem ausgebildeten Sklaven einen Vertrag: Er überließ ihm die selbstständige Führung eines Handwerksbetriebes gegen Zahlung eines festen Betrages. Was der Sklave darüber hinaus erwirtschaftete, durfte er als Sklaveneigentum (*peculium*) behalten. Wenn ein römischer Bürger einen Sklaven freiließ, bekam dieser das römische Bürgerrecht. Die Freigelassenen (*liberti*) erhielten den Namen ihres ehemaligen Herrn und hatten ihm gegenüber bestimmte Verpflichtungen. Die Mehrzahl der Sklaven, vor allem solche, die auf großen Landgütern (*latifundia*), in Bergwerken oder Steinbrüchen arbeiten mussten, hatte ein schweres Schicksal und kaum Aussicht, jemals die Freiheit zu erlangen. Wenn sie zu fliehen versuchten und erst recht, wenn sie sich gegen ihre Unfreiheit erhoben, wurden sie unbarmherzig bestraft. Bewaffnete Sklavenaufstände wie z. B. der berühmte Spartakusaufstand 73 v. Chr. wurden durch Militäreinsatz niedergeschlagen. Der Niederlage folgten Massenhinrichtungen.

12

A 1 Christen vor dem Richter

Tertio p. Chr. n. saeculo imperator Romanus et a civibus et ab incolis provinciarum ut deus colebatur et timebatur. Sed Christiani, quod deo magis quam imperatori parebant, hominem ut deum colere negabant. Itaque multi Christiani a militibus capiebantur et in iudicium trahebantur.

In Actis martyrum[1] legimus: Christiani in iudicium trahuntur et ab iudice interrogantur: „Accusamini, quod Christiani et hostes imperii Romani estis. Nemo ad iudicem ducitur, si legibus paret imperatoremque, dominum nostrum, ut deum colit. Nunc autem clementia Caesaris finem habet, quod Caesar a vobis non colitur. Iubeo vos ad mortem duci. Nonne terremini periculo mortis? Et tu, qui sacerdos huius[2] religionis esse videris, responde: Nonne terreris periculo mortis, si iam in arenam duceris et a bestiis necaris?"

1 Acta martyrum: Märtyrerakten (Die Aufzeichnungen mancher Gerichtsverhandlungen gegen die Christen sind erhalten, weil sie später von den Christen als Beispiel für die Standhaftigkeit der Märtyrer veröffentlicht wurden.)   2 huius (Gen. Sg.): dieser

Katakombe von S. Gennaro, Neapel.

Lektion 12

Mosaikinschrift: „Märtyrer, heilige, gute, selige, helft dem Quiriacus!" Katakombe des Pamphilus, Rom.

A 2 „Wir Christen fürchten nur Gott"

Sacerdos senex pro amicis respondet: „Nos Christiani verbis tuis non terremur. Nam a nobis non timetur dominus nisi Deus, qui est in caelis. Morte neque terremur neque cogimur, quod vitam nostram morte non finiri scimus."

Iudex: „Vitam morte finiri constat. Vos Christiani stulti esse videmini, nam deus vester vos a bestiis non servabit[3]. Caesar autem cunctis semper ignoscit, si ad bonam mentem redeunt et per genium[4] imperatoris iurant. In terris nullus est deus nisi Caesar, imperator noster, quem timere debetis."

Tum senex: „Caesari honorem, timorem Deo. Non moveor verbis tuis, iudex. Nam audior a Deo, qui est in caelis neque oculis videri potest. Christiani post mortem in caelos ad vitam aeternam ducuntur, itaque etiam ego a Deo in caelos ducor. Tu, iudex, statim duc nos in arenam! Deo gratias agimus, quod hodie in caelis erimus[5]."

[3] servabit (von servare): er, sie, es wird retten   [4] genius, i m.: Schutzgeist   [5] erimus (von esse): wir werden sein

1. *Stellen Sie die Argumente des Richters denen des Priesters gegenüber.*
2. *Worin bestand der „Ungehorsam" der Christen?*
3. *In welchen Worten wird der Standpunkt der Christen gegenüber dem römischen Staat zusammengefasst?*

Aktiv (von *agere*- tun) und Passiv (von *pati*- dulden, erleiden) sind die Handlungsformen des Verbs. Handlungsform: genus verbi.

Wenn das Subjekt Träger der Handlung, „Täter", ist, steht das Prädikat im Aktiv. Ist das Subjekt erleidend, duldend von der Handlung betroffen, steht das Prädikat im Passiv.

Christiani Deum timent et colunt. – Die Christen fürchten und verehren Gott. Christiani ad iudicem ducuntur. – Die Christen werden vor den Richter geführt.

		Passiv	
Personalendungen:		Infinitive (Präsens):	
-(o)r	-mur	ā-Konj.	laudā-rī
-ris	-minī	ē-Konj.	dēlē-rī
-tur	-ntur	ī-Konj.	audī-rī
		kons. Konj.	col-ī
		gemischte Konj.	capī

Um eine Aussage hervorzuheben, stellten die römischen Redner und Schriftsteller oft die Worte in eine auffällige Reihenfolge. In dem Satz *Caesari honorem, timorem Deo* (ergänze: *debemus*) stehen die Dativobjekte und die Akkusativobjekte nach dem Schema a b b a . Schreibt man untereinander

$$\begin{matrix} a & b \\ b & a \end{matrix},$$

so lassen sich die gleichen Satzglieder durch ein Kreuz verbinden. Nach dem griechischen Buchstaben chi (X) nennt man dieses Stilmittel Chiasmus.

3 1 *Vergleichen Sie:*

Iudex Christianos interrogabat. – Christiani ab iudice interrogabantur.
Bestimmen Sie die Satzglieder in beiden Sätzen. Was geschieht mit dem Subjekt der aktiven Aussage bei der Umwandlung ins Passiv? Was geschieht mit dem Akkusativobjekt?

Bestimmen Sie die Satzglieder und verwandeln Sie die passive Aussage ins Aktiv:

1. Christus a multis civibus Romanis colebatur.
2. Christiani a militibus Romanis capiebantur et in iudicium ducebantur.
3. Imperator Romanus a Christianis non timebatur.
4. Proculus senator a Romulo vocabatur.
5. Victores a civibus salutabantur.

Lektion 12

B 2 Subito terra movetur. „Plötzlich wird die Erde bewegt."

Überlegen Sie bei folgenden Sätzen, welche Möglichkeiten das Deutsche bietet, wenn beim Passiv kein Urheber („von wem?") genannt wird oder wenn er unbekannt ist:

1. Verbis minacibus[1] non terremur.
2. „Domum venite! Vocamur."
3. *Zwei Kinder haben sich versteckt.* „Tace! Audimur!"
4. „Num vita hominis morte finitur?" – Ignoratur.
5. Multis in viis locisque publicis pila ludebatur.

1 minacibus (Abl. Pl.): drohenden

B 3 *Schreiben Sie ab und ergänzen Sie dann in den Sätzen*

1. Periculum mortis Christianos non ~~~ .
2. Iudex Christianos ad mortem ~~~ iubet.
3. Caesar a cunctis hominibus ~~~ debet.
4. Imperatores a civibus Romanis ~~~ .
5. In imperio Romano multi dei ~~~ .
6. „~~~ , quod hostis imperii Romani es!"
7. „~~~ , quod libertatem bene defendistis."
8. Imperator statim bestias in arenam ~~~ iubet.

Verben aus der folgenden Liste (es bleiben Verben übrig):

timeri – timere – colebantur – ducere – terremini – duci – ducuntur – accusamini – agi – laudamini – accusas – accusaris – terrebat – timebantur.

B 4 *Bestimmen Sie die Formen:*

terror – terreor – terris – terreris – tacere – mitteris – mittere – miseris – ludis – cibis – monstratur – liberatur – liberaris – libertatis – liberatis – labor – interrogor – dolor – accusatur – amaris – optimis – amicis – iuvenis – convenitis – iuris – iudicis – invitatis – tabulis – imperatoris – curris.

C Das geht dich an!

Nam tua res agitur, paries cum proximus ardet.

sagt der römische Dichter Horaz (64–8 v. Chr.) Die zweite Hälfte des Verses lautet, frei übersetzt: „..., wenn es in der Wohnung deines Nachbarn brennt."

Lektion 12

Kolosseum (Flavium amphitheatrum) in Rom. Das Kreuz erinnert daran, dass Christen im Kolosseum den Märtyrertod erlitten, meist als Opfer von Tierhetzen.

Die Christen und Rom. Im Osten des Römischen Reiches verbreitete sich das Christentum zuerst. Frühchristliche Gemeinden entstanden vor allem in den großen Städten wie z. B. in den Hafenstädten Korinth und Thessaloniki. Auch im Westen – beispielsweise in Rom – entstanden bald Gemeinden. Die Gemeinden waren klein, aber zahlreich, und bald schon entwickelte sich in ihnen und zwischen ihnen eine feste Ordnung mit verschiedenen Ämtern: Es gab den *episcopus* (Bischof, Aufseher), den *presbyteros* (Ältesten; daher kommt unser Wort „Priester") und den *diakonos* (Diener; daher kommt unser Wort „Diakon"). Man beriet untereinander über den rechten Glauben und das Zusammenleben innerhalb der Gemeinde. Auch Frauen gehörten aktiv zur Gemeinde, was bei anderen religiösen Gemeinschaften nicht selbstverständlich war.

Die Christen lebten im Alltag nach den Zehn Geboten und den Idealen der Bergpredigt, sie traten füreinander ein und sorgten für die Armen, die Witwen und Waisen der Gemeinde. Das machte den neuen Glauben für sozial

Lektion 12

Schwache attraktiv. Aber es gab durchaus auch Anhänger aus der Oberschicht; das Christentum als Erlösungsreligion versprach nämlich die menschliche Seele von Schuld zu befreien; es gab Antwort auf die Frage, was den Menschen nach seinem Tod erwartete, und machte ihm Hoffnung auf ein ewiges Leben im Angesicht Gottes. Weder andere Religionen noch die philosophischen Denkgebäude, mit denen die Gebildeten sich beschäftigten, versprachen etwas Ähnliches.

Obwohl die Anhänger des neuen Glaubens immer zahlreicher wurden, blieben sie in der antiken Gesellschaft doch eine Minderheit von Außenseitern. Allein schon die regelmäßige Feier des Sonntags stand im Widerspruch zum Feiertagskalender der anderen. Missverständnisse und Anfeindungen blieben nicht aus: So wurde zum Beispiel das Abendmahl als blutiges Menschenopfer denunziert. Auch als Sündenbock eignete sich die christliche „Sekte": Der Brand Roms löste die erste Christenverfolgung unter Nero (Mitte des 1. Jahrhunderts) aus.

Dass die Christen mehr und mehr mit der Staatsgewalt in Konflikt gerieten, lag an der Entwicklung der römischen Herrschaftsform. Aus dem *Prinzipat* des Augustus (*princeps* = erster Mann unter vielen) wurde immer stärker ein *Dominat* (*dominus* = Herr), in dem der Kaiser als ein Wesen von übermenschlicher Weisheit und Kraft galt. Der Kaiserkult wurde zur staatstragenden Religion und verlangte von den Untertanen Verehrung des Herrschers als gottähnliches Wesen neben den zahlreichen anderen Göttern. Als der römische Staat schließlich in wirtschaftliche und soziale Krisen geriet und zudem von außen bedroht wurde, versuchte man, durch verstärkte Kontrolle aller Lebensbereiche Stabilität zu schaffen. Von jedem Staatsbürger wurde nun verlangt, dass er dem *genius* (= Geist) des Kaisers an dessen Geburtstag zum Zeichen der Loyalität und Ergebenheit die *supplicatio* (= Gebet und Opfer) leistete. Die Verehrung der römischen Götter war für die Christen, die nur den einen christlichen Gott als Herrscher, Schöpfer und Weltenlenker anerkannten, ausgeschlossen. Dies stempelte sie zu Staatsfeinden, die zum Tode verurteilt wurden. Viele Christen erlitten das Martyrium sogar freudig; es gibt zahlreiche Legenden über ihr Schicksal; noch heute werden Märtyrer als Heilige verehrt.

Die letzten großen Verfolgungen gab es unter den Kaisern Diokletian und Galerius (303–311 n. Chr.), danach wendete sich das Blatt. Konstantin der Große schätzte die schnelle Ausbreitung und die Anziehungskraft des christlichen Glaubens richtig ein und wollte klugerweise nicht gegen die Christen, sondern mit ihnen die Einheit des Reiches sichern. Bereits 312 n. Chr. sah er der Legende nach vor einer entscheidenden Schlacht ein Kreuzzeichen am Himmel, das die Inschrift trug: *In hoc signo vinces* (In diesem Zeichen wirst du siegen)! Er ließ seine Soldaten Kreuze auf ihre Schilde malen – und siegte. Seit dem Mailänder Toleranzedikt von 313 n. Chr. wurde der christliche Glaube geduldet, auch wenn Kaiser Konstantin selbst sich erst kurz vor seinem Tod (337 n. Chr.) taufen ließ. Unter Kaiser Theodosius wurde das Christentum dann zur alleinigen Staatsreligion erklärt: 391/392 wurden alle heidnischen Kulte verboten, alle Tempel wurden geschlossen.

Lektion 13

Während die Erzählungen von der Gründung Roms und von den frühen römischen Königen als Sagen angesehen werden, sind die Vertreibung des letzten etruskischen (*Etruscus*) Stadtherrn von Rom *Tarquinius* und die Einführung der Republik gegen 510 v. Chr. historische Ereignisse. Die Römer mussten bald ihre neu gewonnene Freiheit gegen die etruskischen Verbündeten des Tarquinius verteidigen. Das spiegelt die (in Einzelheiten legendäre) Geschichte des Abwehrkampfes gegen *Lars Porsenna* wider. Porsenna war König von *Clusium*, einer etruskischen Stadt im Norden von Rom. (*Clusini*: Einwohner von Clusium)

A 1 Rom in Bedrängnis

Postquam Romani Tarquinium regem ex urbe pepulerunt[1], Porsenna, rex Clusinorum, qui amicus Tarquinii erat, magno cum exercitu Etruscorum urbem Romam petivit. Ubi exercitus Porsennae urbi appropinquavit, Romani valde territi sunt. Agricolae metu hostium in urbem fugerunt[2]; portae urbis a primo hostium impetu magno labore defensae sunt; urbs paene expugnata est; pons, qui in flumine Tiberi[3] erat, iussu magistratuum deletus est. Tantus fuit metus et senatus et populi Romani.

Postquam castra Etruscorum ad Tiberim[3] posita sunt, exercitus Porsennae urbem obsidebat. Tandem senatus, quod cives magna inopia frumenti vexari videbat, magistratus nonnullos ad regem misit[4] pacemque petivit.

Porsenna magistratibus respondit: „Paratus sum cum exercitu Etruscorum abire, si multos iuvenes multasque virgines nobiles[5] obsides datis. Quod senatui vestro nuntiate!" Iussu senatus magistratus pacem fecerunt[6].

1 pepulerunt: hier: sie hatten vertrieben   2 fugerunt: sie flohen   3 Tiberis (Akk. Tiberim, Abl. Tiberi) m.: Tiber   4 misit: er schickte   5 nobiles (Akk. Pl. m. u. f.): adlige   6 pacem fecerunt: sie schlossen Frieden

Lektion 13

Etruskischer Frauenkopf
vom Deckel
einer Aschenurne.

A 2 Eine mutige Frau

Erat inter obsides, quae in castris Porsennae tenebantur, Cloelia, virgo nobili[1] genere nata. Quae milites Etruscos frustravit[2] et multas obsides clam e castris hostium eduxit[3]. Virgines inter tela hostium flumen tranaverunt[4] et in urbe propinquis restitutae sunt.
Ubi nuntiatum est obsides a Cloelia e manibus Etruscorum liberatas esse, Porsenna statim Cloeliam obsidem reposcit[5]. Quae, postquam sine metu in castra hostium rediit, a rege non modo propter virtutem honorata laudataque, sed etiam Romam remissa est[6]. Senatus autem novam in femina virtutem novo genere honoris ornavit: Statua equestris[7] in foro posita est, in equo sedebat virgo.

1 nobili (Abl. Sg.) adlig   2 frustravit: sie täuschte   3 eduxit: sie führte heraus   4 tranaverunt: sie durchschwammen   5 reposcit: er forderte zurück   6 remissa est: sie wurde zurückgeschickt   7 equestris (Nom. Sg.) f. Reiter-

1. Mit welchen sprachlichen Mitteln wird in A1, Zeile 4-9 die sich steigernde Gefahr dargestellt? Welches Tempus wird dazu verwendet?
2. Was soll durch das Imperfekt obsidebat (A1, Zeile 11) und videbat (A1, Zeile 12) ausgedrückt werden?
3. Die Geschichte, die in A1 und A2 erzählt wird, beruht auf dem Bericht eines römischen Geschichtsschreibers. Wie stellt er den Feind Porsenna dar?

Die u-Deklination

	Sg.	Pl.
Nom.	exercit-us	exercit-ūs
Gen.	exercit-ūs	exercit-uum
Dat.	exercit-uī	exercit-ibus
Akk.	exercit-um	exercit-ūs
Abl.	exercit-ū	exercit-ibus

Die Substantive der u-Dekl. sind meist maskulin.

Das Perfekt Passiv wird zusammengesetzt aus dem Partizip Perfekt Passiv, z. B. laudātus, laudāta, laudātum, und einer Präsensform von *esse*. Das **P**artizip **P**erfekt **P**assiv (PPP) wird wie ein Adjektiv der ā- und o-Deklination dekliniert und steht wie ein Adjektiv in KNG-Kongruenz mit seinem Beziehungswort.

Mārcus ā patre laudātus est. Mīlitēs ab imperātōre laudātī sunt. Cloelia ā cīvibus laudāta est. Virginēs ā Cloeliā līberātae sunt. Templum ā Rōmānīs aedificātum est.
Castra ā mīlitibus dēfēnsa sunt.

Der Infinitiv Perfekt Passiv wird zusammengesetzt aus einer Nominativ- oder Akkusativform des PPP und *esse*. Am häufigsten tritt er im AcI auf.

Rēgī nūntiātur { pontem dēlētum esse.
virginēs līberātās esse.

Bildung des PPP

ā-Konjugation	laudāre	–	laudā-t-us, -a, -um
ē-Konjugation	terrēre	–	terri-t-us, -a, -um
ī-Konjugation	audīre	–	audī-t-us, -a, -um

sofern im Vokabelteil nichts anderes vermerkt ist.

Ablativus causae

Agricolae *metu* hostium in urbem fugerunt. – Die Bauern flüchteten aus Furcht vor den Feinden in die Stadt.

Der ablativus causae gibt einen Grund an.

Lektion 13

> Infinitiv Präs., 1. Pers. Sg. Präs., 1. Pers. Sg. Perf. und PPP sind die Stammformen des Verbs, weil sich aus ihnen alle anderen Formen ableiten lassen.
>
> Beispiel: dēfendere, dēfendō, dēfendī, dēfēnsum
>
> Das PPP wird dabei stets mit der Endung -um angegeben.

B 1 *Schreiben Sie die folgenden Sätze ab*

1. Multi milites in muro ~~~ sunt.
2. Pons, qui in flumine erat, ab Etruscis ~~~ non est.
3. Urbs ab hostibus paene ~~~ est.
4. Propinqui obsides ~~~ esse gaudebant.
5. Miles exercitum Romanum inopia frumenti ~~~ esse narrat.
6. Legimus statuam virginis in foro ~~~ esse.
7. Porsenna magistratibus: „Vos ab exercitu nostro ~~~ estis."
8. Ubi exercitus abiit, cives clamaverunt: „Gaudemus, quod periculo ~~~ sumus."
9. Cloelia: „A Porsenna rege ~~~ et ~~~ sum."
10. In senatum nuntiatur consules novos in Campo Martio ~~~ esse.

und fügen Sie dabei aus der folgenden Liste die passenden PPP ein (es bleiben Partizipien übrig):

laudatum – restitutae – positi – creati – deleti – laudata – deletos – creatus – superati – liberati – restitutas – expugnatus – creatos – vexatum – territus – liberatus – honoratas – honorata – expugnata – positam.

B 2 *Ordnen Sie die Verbformen:*

adibamus – caeditur – comparabatis – trahebamini – adfuerunt – contenditis – ornatus est – manebant – luditur – contendunt – colligebas – nuntiatae sunt – circumdatur – timuistis – cupiebas – quaereris – ineunt – invitati sumus – colitur – cognoverunt – exii – ponebatur – invitabamini

in die Spalten ein (manche Verben müssen in mehrere Spalten eingeordnet werden).

Passiv	Imperfekt	Aktiv	Perfekt	2. Pers. Sg.

Lektion 13

B 3 *Bestimmen Sie die Formen:*

finitis – finis – finitus – finivimus – finimus – finivisti – finiti – delemus – deletus – petitur – petitus – petivi – petitos – impetui – monitus – senatus – circumdatus – magistratum – magistratuum – civitatum.

C* Ein entschiedener Gegner der Frauenrechte

Während der schweren Zeiten des 2. Punischen Krieges (218–201 v. Chr.) hatten die Römer den Frauen durch ein Gesetz verboten, Goldschmuck und teure farbige Kleider zu tragen. Nach dem Krieg verlangten die Frauen die Aufhebung dieses Gesetzes. Sie gingen sogar zu einer Demonstration auf die Straße und besetzten die Zugänge zum Forum, als über Aufhebung oder Beibehaltung des Gesetzes abgestimmt werden sollte. Der Senator M. Porcius Cato hielt daraufhin eine Rede, in der er u. a. Folgendes sagte:

„Patres nostri feminas nullam rem privatam[1] vel publicam sine tutore[2] agere, sed semper in manu[3] patrum virorumque esse voluerunt[4]. Nostris autem temporibus feminas etiam rem publicam capere et foro contionibusque immisceri[5] videmus. Itaque date tandem frenos[6] naturae indomitae[7] feminarum!"

_{1 privatus, a, um: privat   2 tutor, oris m.: Vormund   3 manus: hier: Vormundschaft   4 voluerunt: sie wollten   5 immisceri: sich einmischen   6 frenos dare: „die Zügel locker lassen"; „freien Lauf lassen"   7 indomitus, a, um: ungezügelt}

Wie könnte der letzte Satz gemeint sein? Versuchen Sie (auf Deutsch), den Gedankengang im Sinne Catos weiterzuführen.

S   Die römische Frau. In einigen älteren Mittelmeerkulturen haben Frauen eine führende und herrschende Stellung eingenommen (*Matriarchat*), in Rom dagegen standen Familie und Gesellschaft unter der Herrschaft des Mannes (*Patriarchat*). Frauen unterstanden, ebenso wie Kinder und Sklaven, der Gerichtsbarkeit des *pater familias*; wenn sie ihre Rechte vor einem Gericht geltend machen wollten, trat ein Vormund, meist der Vater oder der Ehemann, für sie ein. Das Vermögen der verheirateten Frau verwaltete der Ehemann. Ein Mädchen war nach dem Gesetz schon mit 12 Jahren heiratsfähig. Den Ehepartner bestimmten in der Regel die Eltern, meist unter wirtschaftlichen Gesichtspunkten, ohne das Mädchen nach seinem Willen oder nach seiner Neigung zu fragen.
Als Ehefrau und für das Haus verantwortliche *domina* hatte die römische Frau eine angesehene Stellung in der Familie. Sie leitete den oft umfangreichen Wirtschaftsbetrieb des Hauses, beaufsichtigte die Arbeit der Sklavinnen und Sklaven und war vor allem für die Erziehung der Kinder verantwortlich. Römische Mädchen besuchten gemeinsam mit Jungen eine Grundschule, erhielten aber selten eine über Lesen, Schreiben, Rechnen und

Lektion 13

Bildnis einer jungen Frau auf einem Holzsarg (sog. Mumienporträt). Um 110 n. Chr.

Musik hinausgehende höhere Bildung. Ihr Lebenskreis war das Haus. Die folgende Grabinschrift zeigt, was die Römer an einer Frau besonders schätzten:

CASTA FUIT * DOMUM SERVAVIT * LANAM FECIT
Sie war dem Mann treu, versorgte das Haus, spann Wolle.

Erst gegen Ende des 1. Jahrhunderts v. Chr. lockerten sich die rechtlichen Einschränkungen, denen die römische Frau unterworfen war. Jetzt erhielten Frauen das Recht, selbstständig über ihr Privatvermögen zu verfügen und sich damit von Mann und Familie wirtschaftlich unabhängig zu machen.

14

Die Phönizier hatten von ihrem Stammland im heutigen Libanon aus eine Reihe von Siedlungen und Handelsstädten im westlichen Mittelmeer angelegt, von denen das im 8. Jh. v. Chr. gegründete *Carthago* (Gen. *Carthaginis*) am bedeutendsten war. Die *Poeni*, „Punier", wie die Römer die Karthager nannten, dehnten ihre Herrschaft auch auf Sizilien, *Sicilia*, aus.

A 1 Der junge Hannibal

Tertio a. Chr. n. saeculo Romani cum Poenis, qui Carthaginem, magnam Africae urbem, incolebant, de Sicilia bellum gesserunt. Quae insula frumento aliisque divitiis abundabat[1]. Romani, postquam Poenos vicerunt, hostes e Sicilia pepulerunt. Sicilia prima imperii Romani provincia facta est. Poeni magnas et divitiarum plenas terras sibi raptas esse cum dolore tolerabant. Itaque Hamilcar[2], dux Poenorum, magno cum exercitu in Hispaniam invasit, ubi novas terras imperio Poenorum addidit.

Aliquando Hamilcarem Hannibalem[3] filium suum, puerum novem annorum, secum in templum duxisse Titus Livius[4] narrat. Quo in templo puerum sacra[5] manu tangere iussit. Iuravit puer se hostem populi Romani esse semperque hostem fore[6]. Et gessit Hannibal[3] post patris mortem magnum et Romanis perniciosum[7] bellum.

1 abundare: Überfluss haben   2 Hamilcar, Hamilcaris: Hamilkar (karthagischer Feldherr)   3 Hannibal, Hannibalis: Hannibal (Sohn des Hamilkar)   4 Titus Livius: Titus Livius (röm. Geschichtsschreiber)   5 sacra (Pl. n.): Altar   6 fore: er werde sein   7 perniciosus, a, um: verderblich

Lektion 14

Hannibal. Porträtbüste.

A 2 Ein Römer schildert den Gegner Hannibal

Titus Livius⁴ in opere suo praeclaro de Hannibale³ narrat: Hannibal³, ubi post mortem patris ad exercitum venit, statim animos militum in se vertit. Nam milites Hamilcarem² iuvenem sibi redditum esse putaverunt: Eundem⁸ vultum, eandem⁸ vim in voce oculisque viderunt. Semper Hannibal³, quasi alter Hamilcar², se virum magnae audaciae praebebat. Nullo labore aut animus aut corpus vinci poterat⁹. Cum proelium committebatur, primus in proelium ibat, ultimus e proelio exibat. Sed tantas viri virtutes magna et mala vitia adaequabant¹⁰: inhumana crudelitas malaque perfidia.

8 eundem (Akk. Sg.) m.: dasselbe (Antlitz); eandem (Akk. Sg.) f.: dieselbe   9 poterat: er konnte   10 adaequabant: standen gegenüber

1. *Stellen Sie die nach Ansicht des Livius „guten" Eigenschaften Hannibals den „schlechten" gegenüber.*
2. *Ist diese Gegenüberstellung „unparteiisch"?*
3. *Welche Stilmittel können Sie entdecken?*

Neben dem -v-, dem -u- und dem Stammperfekt gibt es drei weitere Arten der Perfektbildung:

mit **s**: gerō, gessī; dūcō, dūxī (x = cs)

durch Dehnung des Stammvokals: veniō, vēnī

durch Verdoppelung (Reduplikation) der ersten Silbe:
pellō, **pe**pulī; ad-dō, ad-**di**dī

Das Reflexivpronomen hat die Formen:
Dat.: sibi, Akk.: sē, Abl.: sē. Es bezieht sich auf das Subjekt des Satzes; das gilt auch, wenn *sē* Subjektsakkusativ eines AcI ist.

Poenī Hamilcarem iuvenem *sibi* redditum esse putāvērunt. – Die Punier glaubten, *ihnen* sei der junge Hamilkar wiedergegeben.

Puer iūrat *sē* hostem Rōmānōrum esse. – Der Junge schwört, dass *er* ein Römerfeind sei.

Genitivus qualitatis

Der Genitiv als Attribut bezeichnet auch Eigenschaften (genitivus qualitatis):

vir magnae audāciae   ein Mann von großer Kühnheit
puer novem annōrum   ein Junge von neun Jahren

B 1 *Schreiben Sie das Reflexivpronomen und dessen Beziehungswort (Subjekt) heraus:*

1. Hannibal oculos animosque cunctorum militum in se versos esse non ignorabat.
2. Hannibal exercitum Romanum non longe[1] a se suoque exercitu abesse sciebat.
3. Cloelia obsides a se liberatas esse gaudebat.
4. Propinqui virgines sibi redditas esse gaudebant.
5. Porsenna Romanos Cloeliam ceterasque obsides sibi reddere iussit.
6. Tabernarius[2] se rixam[3] commisisse negavit.

1 longe (Adv.): weit   2 tabernarius, i m.: Gastwirt   3 rixa, ae f.: Streit

Lektion 14

B 2 *Bestimmen Sie die Verbformen und nennen Sie ihren Infinitiv Präs. Akt.:*

restitui – rapi – iussos – venimus – victa – visos – duxisti – verti – videt – pellitur – pulsi – addit – fecit – verte – venimus – facit – versi – pepulimus – addidit – vidit – factum – ducitis – ducti – pulsos – duxi – posuistis.

B 3 *Bestimmen Sie folgende Formen:*

vici – victori – vici – vicis – vincis – nuntii – nuntiavi – positi – posui – duci – ducti – negatis – negavistis – oppidis – plenis – adis – pontis – pecuniis – ignoscis – fabris – accusaris – virginis.

C* **Ein Heerführer missachtet die Warnungen der Götter**

Hannibal gelang es, mit einem Heer von Spanien aus über die Pyrenäen und Alpen nach Oberitalien einzudringen. Im Jahre 217 v. Chr. stellte sich ihm der Konsul *C. Flaminius* mit einem römischen Heer entgegen und wurde am Trasimenischen See vernichtend geschlagen. Eine Einzelheit vor der Niederlage am Trasimenischen See berichtet Livius:

Flaminius, quamquam consul alter cum altero exercitu iam in itinere erat, statim castra moveri, signa proferri[1], proelium committi iussit. Postquam nuntiatum est signa e terra convelli[2] non
5 posse[3], Flaminius clamavit: „Abite, stulti! Effodite[4] signa, si metus hostium manus vestras debilitat[5]!" Quod ubi factum est, milites, quamquam omen[6] metuebant, iter in proelium fecerunt. Quo in proelio paene cuncti ab hostibus caesi sunt. Fla-
10 minium consulem eques[7] ex exercitu Hannibalis lancea[8] cecidit.

1 proferre: vorwärts tragen   2 convellere: herausziehen
3 posse: können   4 effodere: ausgraben   5 debilitare: lähmen   6 omen, ominis n.: böses Vorzeichen   7 eques (Nom. Sg.) m.: Reiter   8 lancea, ae f.: Lanze

Römische Legionsfeldzeichen.

A 1 Ein sozialer Konflikt entsteht

Secundo a. Chr. n. saeculo Romani domini paene totius orbis terrarum erant. Quamquam eo tempore exercitus populi Romani in Asiam, Graeciam, Hispaniam invaserunt magistratusque Romani iis populis leges dabant, ea res non cunctis civibus proderat; domi multi agricolae in egestate inopiaque vivebant.
Eius rei multae afferebantur causae. Quarum una fuit, quod agricolae cum filiis multos annos procul ab Italia bella gerere debebant. Dum aberant, agri eorum non nisi male a feminis paucisque servis coli poterant. Alia causa fuit, quod senatores, postquam iis bellis, quae in Asia gerebantur, magnas divitias contulerunt multosque servos in domos praediaque[1] duxerunt, eos agros, qui ab agricolis miseris relinquebantur, coemerunt[2] et in latifundia redegerunt[3]. Ii agri non iam a civibus liberis, sed a servis colebantur. Quibus de causis multi agricolae liberi in egestatem inopiamque extremam pulsi sunt. Multi se Romam contulerunt, ubi fortunam miseram ferebant.

1 praedium, i n.: Landgut   2 coemerunt: sie kauften auf   3 in latifundia redigere: in Großgüter verwandeln

Ein Volkstribun interveniert.

Lektion 15

A 2 Doch Reformen werden vom Senat blutig unterdrückt

Tum Tiberius Gracchus[1], iuvenis nobili[2] genere natus, agricolis miseris auxilium ferre contendit. Apud plebem eius modi orationem habuit: „Bestiis, quae in silva vivunt, cubilia[3] sua sunt. Vos autem,
5 qui multis in proeliis pro patria pugnavistis, qui orbis terrarum domini vocamini, domos non habetis, sed cum familiis vestris in egestate vivitis et, postquam e domibus vestris pulsi estis, miseri per eas terras erratis, quae olim vestrae fuerunt.
Num ea ferre potestis, cives liberi? Cur desperatis et dicitis: ‚Nihil
10 facere possumus. Quid prodest auxilium a senatu implorare? Verba nihil prosunt. Nemo nobis auxilium fert.'? Audite me: Ego vobis auxilium ferre possum. Me tribunum plebis create!"
Et creaverunt Tiberium[1] tribunum plebis. Legem agrariam[4] tulit. Ea lege senatores partem agrorum suorum populo Romano reddere
15 coacti sunt. Cunctis autem modis repugnaverunt ei legi, postquam lata est. Denique senatores Tiberio[1] etiam vim attulerunt. Medio in foro eum multis cum amicis e medio sustulerunt.

1 Tiberius Gracchus: Tiberius (Sempronius) Gracchus (ermordet 133 v. Chr. Er versuchte als Volkstribun, durch eine Bodenreform den von Großgrundbesitzern enteigneten Bauern wieder eine Existenz zu schaffen).   2 nobili (Abl. Sg.): adlig
3 cubilia (n. Pl.): Lagerstätten   4 lex agraria: Ackergesetz (es sollte die Bauern wieder mit Land versorgen)

1. a) Mit welchen Argumenten versucht Ti. Gracchus in A2, Zeile 4-12, die Proletarier zu beeinflussen?
b) Welche Stilmittel verwendet er in seiner Rede?
2. Der Text A1 handelt von denselben Tatbeständen, die auch Ti. Gracchus in seiner Rede anspricht. Vergleichen Sie A1 und A2 (besonders Zeile 4-12) in Hinsicht auf Stil und Ausdruck. Um welche verschiedenen Textsorten handelt es sich bei A1 und A2?
3. In A1, Zeile 10-13, findet sich ein längerer Satz. Stellen Sie mit eigenen Worten die darin enthaltenen Aussagen zusammen. Gliedern Sie dann den Satz nach Satzgliedern.

Die Funktionen des Demonstrativpronomens is, ea, id

1. Es kann die Satzstelle Attribut einnehmen und auf ein Substantiv hinweisen oder es betonen/hervorheben.

>*Ea* lege senatores ... coacti sunt.
>Durch *das* Gesetz / Durch *dieses* Gesetz wurden die Senatoren gezwungen...

In dieser Funktion führt es auch (vorbereitend) auf einen erläuternden Relativsatz hin.

>Erratis per *eas* terras, *quae* olim vestrae fuerunt.
>Ihr irrt durch *die* Länder, *die* einst euch gehörten.

2. Als Stellvertreter (Proform) für ein Substantiv dient es als Personalpronomen der 3. Person.

>Senatores *eum* e medio sustulerunt.
>Die Senatoren räumten *ihn* aus dem Weg.

3. Der Genitiv von *is, ea, id* dient auch als nicht reflexives Possessivpronomen der 3. Person. „Nicht reflexiv" heißt es, weil es sich nicht auf das Subjekt des Satzes, in dem es steht, bezieht.

>Dum agricolae aberant, agri *eorum* a servis colebantur.
>Solange die Bauern abwesend waren, wurden *ihre/deren* Felder von Sklaven bearbeitet.

Das Possessivpronomen *suus* ist dagegen reflexiv und bezieht sich auf das Subjekt des Satzes, in dem es steht.

>Senatores partem agrorum *suorum* reddere coacti sunt. –
>Die Senatoren wurden gezwungen, einen Teil *ihrer* (eigenen) Felder zurückzugeben.

---

is, ea, id – dieser, diese, dies(es); der, die, das; er, sie es

		m.	f.	n.		m.	f.	n.
Sg.	Nom.	is	ea	id	Pl. iī	eae	ea
	Gen.	eius	eius	eius		eōrum	eārum	eōrum
	Dat.	eī	eī	eī		iīs (eīs)	iīs (eīs)	iīs (eīs)
	Akk.	eum	eam	id		eōs	eās	ea
	Abl.	eō	eā	eō		iīs (eīs)	iīs (eīs)	iīs (eīs)

Das Verb *ferre, ferō, tulī, lātum – tragen* hat im Präsens Aktiv die Formen: ferō, fers, fert, ferimus, fertis, ferunt,

im Präsens Passiv: feror, ferris, fertur, ferimur, feriminī, feruntur. Sonst wird es regelmäßig nach der kons. Konjugation konjugiert.

Lektion 15

> Das Verb *posse – können* setzt sich zusammen aus dem Stamm *pot-* und den Formen von *esse*. Vor einem s wandelt sich *pot* zu *pos-*.
> Also Präsens: possum, potes, potest, possumus, potestis, possunt.
> Imperfekt: poteram...   Perfekt: potuī...

> Das Verb *prōdesse, prōsum, prōfuī – nützen* setzt sich zusammen aus der Vorsilbe *prō* (vor -s) oder *prōd-* (vor Vokalen) und den Formen von *esse*. Präsens: prōsum, prōdes, prōdest, prōsumus, prōdestis, prōsunt.
> Imperfekt: prōderam...   Perfekt: prōfuī...

> Vos, *qui*... pro patria pugnavistis, *qui* orbis terrarum domini vocamini...
> Eine Hervorhebung eines Gedankens durch Wiederholung des gleichen Wortes am Anfang mehrerer Sätze oder Satzglieder nennt man Anapher.

B 1 *Ordnen Sie die Formen den Prädikaten der unten angegebenen Sätze zu (es bleiben keine übrig):*

afferte – sublatus est – fert – contulerunt – tulit – affers – conferte – tollere – sustulit – fero – sustulerunt.

1. Die Priester erhoben die Hände zum Himmel.
2. Vergleicht eure Felder mit denen der Reichen!
3. Die Volksversammlung erhob ein großes Geschrei.
4. Was meldest du uns Neues?
5. Schafft Wein herbei!
6. Die Soldaten trugen die Beute zusammen.
7. Der Tribun hat ein Gesetz vorgelegt.
8. Der Politiker wurde auf offener Straße ermordet.
9. Ich ertrage das nicht.
10. Der Kaiser bringt uns Hilfe.
11. Der Konsul hat der Legion befohlen vorzurücken (= die Zeichen zu erheben).

Lektion 15

B 2 *In den folgenden Sätzen wird zur Bezeichnung des Besitzers sowohl das reflexive Pronomen* suus *wie der Genitiv des Personalpronomens verwendet. Schreiben Sie jeweils, bevor Sie übersetzen, das Pronomen und den Besitzer heraus:*

1. Postquam multi agricolae agros suos reliquerunt, servi in agris eorum laborabant.
2. Cum Tiberius in contione orabat, verba eius animos civium movebant.
3. Postquam Tiberius legem agrariam[1] tulit, senatores ei eiusque legi repugnabant.
4. Tiberius autem se legemque suam rei publicae saluti esse dicebat.

1 agrarius, a, um: Acker-

B 3 *Schreiben Sie ab und füllen Sie, bevor Sie übersetzen, in den Sätzen*

1. Romani, ubi Siciliam expugnaverunt, ei provinciae leges ~~~ dederunt.
2. Hamilcar filium ~~~ in templum duxit.
3. Post mortem Hamilcaris milites Hannibalem, filium ~~~, imperatorem creaverunt.
4. Postquam multi agricolae agros ~~~ vendere coacti sunt, senatores agros ~~~ coemerunt[1].

1 coemerunt: sie kauften auf

die Lücken mit Pronomina aus der folgenden Liste (es bleiben keine übrig):

suas – eorum – eius – suum – suos.

B 4 *Wie man sich Vokabellernen erleichtern kann:*

Sie kennen bereits exire, exspectare; *woraus setzt sich* efferre *zusammen? Wie kommt das erste -f- zustande? Was bedeutet das Wort?*

Schließen Sie von inire, incolere, importare *auf* inferre.

Wenn transire *(hin)übergehen heißt, was heißt dann* transferre, transportare, transmittere?

Lektion 15

Münze aus dem
1. Jh. n. Chr.:
Concordia-Tempel auf dem
Forum Romanum.

S   **Soziale Probleme.** Wie in den meisten antiken Staaten bestand auch in Rom ein starker Gegensatz zwischen Arm und Reich. Nach der Vertreibung des letzten Königs standen sich in der Republik *Patrizier*, adlige Großgrundbesitzer, und *Plebejer*, selbstständige Kleinbauern, Handwerker und Bürger ohne Grundbesitz (*proletarii*), gegenüber. Vor allem die Verschuldung der Plebejer bei den reichen Großgrundbesitzern führte zu sozialen Spannungen. Nach dem Gesetz konnten ein zahlungsunfähiger Schuldner und seine Familie zu Sklaven des Gläubigers werden. Viele Generationen lang herrschte zwischen Patriziern und Plebejern politischer Streit mit immer wieder schweren Konflikten. In langen Kämpfen setzten die Plebejer schließlich Lösungen durch, die ihnen größeren Einfluss auf die Leitung des Staates gewährten: Sie erhielten Zugang zu den Staatsämtern und zum Senat. Und sie erreichten, dass der Senat die Amtsgewalt der von der Plebejerversammlung gewählten Volkstribunen (*tribuni plebis*) anerkannte. Der Einspruch eines Volkstribunen (*veto:* „Ich verbiete") konnte jeden Beschluss des Senats und jede Anordnung eines Beamten, die nach Meinung des Volkstribunen den Interessen des Volkes zuwiderlief, unwirksam machen. Die Person des Volkstribunen war unantastbar (*sacrosanctus*).
Es milderte die sozialen Spannungen für einige Generationen, dass die Plebejer so gewichtige politische Rechte errungen hatten, zumal sie außerdem Ackerland erhielten, das man in Kriegen mit den Nachbarvölkern erobert hatte. Aber seit dem 2. Punischen Krieg (218–201 v. Chr.) wuchsen die sozialen Spannungen erneut: Das italische Land war in diesem Krieg verwüstet worden, und im folgenden Jahrhundert hielten die zahlreichen Kriege, die Rom in den Ländern des östlichen Mittelmeerraumes führte, die wehrpflichtigen Bauern oft jahrelang von Italien fern. Für die römische Oberschicht war das eine Gelegenheit, ihren Grundbesitz zu vergrößern, indem sie die vernachlässigten Äcker dieser Bauern aufkaufte. Die so entstandenen Großgüter (*latifundia*) wurden von Sklaven oder Tagelöhnern bewirtschaftet. Viele der besitzlos gewordenen Bauern zogen mit ihren Familien nach Rom,

wo sie als Arbeitslose lebten und vom Staat mit Kornlieferungen ernährt werden mussten. Der erste Politiker, der sich 133 v. Chr. als Volkstribun dieser verarmten Bürger annahm, war *Tiberius Gracchus*. Sein Programm der staatlich geförderten Wiederansiedlung von Proletariern in Italien oder in den Provinzen scheiterte jedoch am gewalttätigen Widerstand der Großgrundbesitzer im Senat. Weitere Versuche, die sozialen Probleme Roms zu lösen, führten in den folgenden hundert Jahren immer wieder zu blutigen Auseinandersetzungen. Auch die Kaiser konnten die Not der in Armut lebenden Bürger durch Fürsorge nur lindern. Die verbilligte oder kostenlose Abgabe von Getreide an arme römische Bürger zählte immer zu ihren wichtigsten Aufgaben.

16

1 Ein Staatsstreich droht

Primo a. Chr. n. saeculo Catilina[1] senator cum paucis coniuravit contra rem publicam. Sed ea coniuratio detecta est a M. Tullio Cicerone[2] consule. Qui, postquam senatum in templum Iovis convocavit, Catilinam[1] iis fere verbis accusavit:

„Quo usque tandem vexabis, Catilina[1], rem publicam nostram? Quamdiu etiam furor tuus nos terrebit? Quem ad finem agentur mala tua consilia? Quando denique finientur insidiae vestrae vestraque coniuratio?

Certe verba mea, patres conscripti, Catilinam[1] eiusque socios non deterrebunt, sed aperiam vobis totum periculum, dicam vobis nomina coniuratorum, demonstrabo vobis rei publicae inimicos. Patent consilia, patent scelera eorum. Defendite tandem libertatem, defendite denique vitam vestram! Nostra enim res agitur, patres conscripti!

An speratis deos inimicos populi Romani punituros esse? Aut putatis deos rem publicam servaturos esse, si nos boni attenti non erimus, si nos rem publicam contra malos homines non defendemus?

Non terreor neque terrebor insidiis tuis, Catilina[1]; tamen te ex urbe in exilium ire iubeo. Libera nos tanto metu mortis! Tum demum respirare[3] poterimus. Ego consul cunctis bonis promitto me patriae non defuturum exercitumque rei publicae contra eas copias ducturum, quas tu iam in castra coegisti ad perniciem nostram."

1. An wen richtet sich Ciceros Rede?
2. Was will der Redner mit seinen Worten erreichen?
3. Welche Stilmittel verwendet er?

Lektion 16

A 2 Kann die Gefahr noch abgewehrt werden?

Ubi Cicero eam orationem habuit, Romani se Catilinam[1] sociosque eius superaturos et rem publicam e pernicie servaturos speraverunt: „Nunc consules auxilio deorum rem publicam e periculo erepturos certe scimus."
Et reliquit Catilina[1] urbem atque se ad copias suas contulit. Quae in Etruriae[4] montibus ab exercitu populi Romani magno proelio deletae sunt. Catilina[1] multis cum sociis caesus est.

1 Catilina: Catilina (=Lucius Sergius Catilina, ein römischer Senator, der 63 v. Chr. in Rom einen Putsch plante)   2 Cicero, Ciceronis: Cicero (= Marcus Tullius Cicero, Konsul 63 v. Chr.)   3 respirare: frei atmen   4 Etruria: Etrurien (Gebiet nördlich von Rom; heute Toscana)

Die Kennzeichen des Futur I

bei der ā- und ē-Konjugation und bei *īre*: – b –

bei der ī-, der kons., der gemischten Konjugation und bei *ferre*: -e-, jedoch in der 1. Pers. Sg.: -a-

laudā-b-ō	vidē-b-ō	audi-a-m	ag-a-m	capi-a-m
laudābis	vidēbis	audiēs	agēs	capiēs
laudābit	vidēbit	audiet	aget	capiet
laudābimus	vidēbimus	audiēmus	agēmus	capiēmus
laudābitis	vidēbitis	audiētis	agētis	capiētis
laudābunt	vidēbunt	audient	agent	capient

Futur I von *īre*:   ī-b-ō, ībis, ībit, ībimus, ībitis, ībunt
von *esse*:   erō, eris, erit, erimus, eritis, erunt
von *posse*:   poterō...   von *prōdesse*:   prōderō...
von *ferre*:   feram, ferēs, feret, ferēmus, ferētis, ferent

Passiv:

laudā-b-or	vidē-b-or	audi-a-r	ag-a-r	capi-a-r
laudāberis	vidēberis	audiēris	agēris	capiēris
laudābitur	vidēbitur	audiētur	agētur	capiētur
...	...	...	...	...

Cicero klagt Catilina im Senat an. Fresko von C. Maccari, entstanden zwischen 1882 und 1888.

Das Partizip Futur Aktiv hat den gleichen Stamm wie das Partizip Perfekt Passiv. Sein Kennzeichen ist die Endung -ūrus, a, um.

>   laudāt-um – laudā-t-ūrus
>   duct-um – duc-t-ūrus
>   lāt-um – lā-t-ūrus

Das Hilfsverb *esse* hat die Form *futūrus*.

Das Partizip Futur wird fast nur im Infinitiv Futur Aktiv im AcI verwendet. Der Inf. Fut. Akt. wird gebildet aus dem Part. Fut. Akt. und *esse*. *esse* kann fehlen.
Der Infinitiv Futur im AcI drückt aus, dass die Handlung des AcI gegenüber der Handlung des Prädikats nachzeitig ist.
Spērō deōs rem pūblicam servātūrōs (esse).
Ich hoffe, dass die Götter den Staat retten werden.
Statt *futūrum (-am, -ōs, -ās, -a) esse* steht oft *fore*.

Lektion 16

> Die Zeilen 6–9 des Textes A1 enthalten eine Steigerung hinsichtlich der Gefährlichkeit Catilinas.
>
> vexabis → terrebit → mala consilia → insidiae → coniuratio
>
> Eine solche durch Wortwahl ausgedrückte Steigerung nennt man Klimax (Leiter).

> Fragen, die ein Redner an seine Zuhörer oder ein Schriftsteller an seine Leser richtet, ohne eine Antwort zu erwarten, nennt man rhetorische Fragen. Sie sind keine echten Fragen, sondern enthalten verborgene Aussagen.
> Aut putatis deos rem publicam servaturos esse, si nos eam non defendemus? (Gemeint ist: Die Götter werden uns nicht retten!)
> Quid prodest auxilium a senatu implorare? (Es nützt nichts!)

> Defendite tandem libertatem,
> defendite denique vitam vestram!
>
> Ein weiteres Stilmittel ist der Parallelismus, die gleiche Anordnung einander entsprechender Satzglieder.

B 1 *Bestimmen Sie die Verbformen und schreiben Sie die Formen in eine Tabelle nach folgendem Muster:*

Vergangenheit	Gegenwart	Zukunft

1) videmur – latas esse – animadvertam – praebet – obsidebitur – reliquisti – attulistis – verti – volabunt – praebebit – volabant – praebuit – collaturos esse – tollam – coacti sumus – vendidisse – fertur – ferar – superas – superesse – sublatum esse – est – potuisse – potero – laturum esse.

2) vetare – stabimus – ibit – rediit – reddita sunt – reddidit – laudabimini – posse – coluerunt – poterunt – coleris – colis – manebatis – apparebit – sedebunt – eritis – restituent – ibo – poteram – erunt – captum esse – isse – petivit – petiturum esse.

Lektion 16

B 2 Multi cives deos urbem ab insidiis hostium servaturos esse sperabant. – *Direkte Aussage:* „Dei urbem ab insidiis hostium servabunt."

Übersetzen Sie und drücken Sie den AcI dem Beispiel entsprechend deutsch und lateinisch als direkte Aussage aus:

1. Socii Catilinae ducem suum consulem fore putant.
2. Catilina se socios non relicturum iuravit.
3. Romani consules socios Catilinae capturos et punituros esse sperabant.
4. Cicero consul se rei publicae auxilium laturum promisit.
5. Feminae filios sospites[1] e bello redituros esse sperabant.

1 sospites (Nom. und Akk. Pl.) m.: heil

B 3 timemus – timebimus – timebamus – timuimus
ducor – ducar – ducebar – ductus sum

Schreiben Sie ab und ergänzen Sie nach diesem Muster die fehlenden Tempora in einer Tabelle:

do	~~~	~~~	~~~
~~	~~~	~~~	vertimus
~~	~~~	liberabatur	~~~
~~	~~~	vendebat	~~~
~~	ibit	~~~	~~~
confert	~~~	~~~	~~~
~~	~~~	invadebant	~~~

B 4 *Die Anfangsbuchstaben aller Futurformen ergeben aneinander gereiht eine Empfehlung des römischen Redners und Staatsmannes Cicero gegen das, was man heute Stress nennt:*

vivit – de – via – negabis – manes – ignoscam – sacris – respondes – honorabor – iussu – eram – nos – augemus – venis – invades – ludam – itineri – aderis – orabas – praebes – geres – paene – exibunt – aliquando – reddetur – orbis – urbis – erras – eris – iubes – defensurum – fuit – caelum – ero – intrabam – licebit – nullam – errabo – aeternam – caedetur – arbor – copiam – traham – exis – aderit – fabri – tollent.

C Freiheit und Freizeit

Wer das Rätsel in B4 gelöst hat, bekommt von Cicero – übrigens einem sehr fleißigen Menschen – noch eine Lehre mit auf den Heimweg:

Mihi enim liber non videtur, qui non aliquando nihil agit.

Lektion 17

Münze, die Pompeius darstellt und an seinen Sieg über die Seeräuber erinnert. Der Dreizack und die Aufschrift NEPTUNI stellen einen Bezug zwischen Pompeius und dem Meeresgott her.

A 1 Seeräuber gegen die Großmacht Rom

Primo a. Chr. n. saeculo piratae mare internum navibus suis cunctis hominibus infestum reddebant. Nam exercitus Romani bellando diripiendoque multas gentes in ultimam miseriam inopiamque pepulerant[1]. Ita multi homines perditi ad rapiendum incitabantur.

Primo piratae naves mercatorum oppresserunt et mercatores ceterosque, qui negotiorum causa per mare navigabant, capiebant. Deinde etiam in insulas, litora, portus Italiae impetum facere audebant. Nullum erat praesidium in classe Romana. Fama piratarum et timor civium in dies crescebant.

Mox nemini facultas navigandi dabatur: mox timore piratarum litora portusque deserebantur; mox frumentum urbi Romae deerat. Etiam magistratus Romani a piratis capiebantur, cum officii causa in provincias navigabant.

1 pepulerant: sie hatten getrieben

A 2 Pompeius erhält den Oberbefehl

Ea miseria senatus populusque Romanus ad agendum incitatus est: Gnaeo Pompeio, viro magnae virtutis, imperium belli piratarum lege commissum est. Qui nullum tempus perdidit, sed cives ad navigan-

₅ dum incitavit. Postquam multae naves aedificatae sunt, Pompeius primo Hispaniam, Siciliam, Africam piratis liberavit, deinde magna celeritate bellando piratas usque ad litora Asiae pepulit. Multi piratae, ubi facultatem evadendi sibi non dari viderunt, se in potestatem fidemque Pompei dederunt.
₁₀ Cui Cicero in oratione gratiam populi Romani rettulit: „Laudo industriam Pompei in agendo, consilium in providendo, celeritatem in conficiendo. Ita una lex, unus vir, unus annus nos tanta miseria liberavit."

1. Geben Sie, bevor Sie übersetzen, in Stichworten den Inhalt der Texte A1 und A2 wieder und beschreiben Sie ihren Aufbau.
2. Welche Stilmittel treten in den Texten auf?

Der substantivierte Infinitiv und das Gerundium
Der substantivierte Infinitiv füllt im Satz wie ein Nominativ die Satzstelle Subjekt

> *Errare* humanum est. – (Das) Irren ist menschlich.

oder wie ein Akkusativ die Satzstelle Objekt.

> Romani per forum *ire* amabant. – Die Römer liebten es, über das Forum zu gehen. Die Römer liebten den Gang über das Forum.

Funktionen und Semantik des Verbalsubstantivs Gerundium

1. Ergänzung im Genitiv: facultas evadendi
   Die Möglichkeit des Entkommens/zu entkommen

2. adverbial
im Genitiv mit causā (Abl.):	evadendi causā – um zu entkommen Semantik: final
im Akkusativ:	ad agendum – zum Handeln Semantik: final
im Ablativ:	bellando diripiendoque – durch Führen eines Krieges und durch Plündern; dadurch, dass sie* Krieg führten und plünderten Semantik: instrumental / modal
mit in:	in conficiendo – bei / während der Durchführung Semantik: temporal

Lektion 17

Das Gerundium kann durch ein Objekt oder durch eine adverbiale Bestimmung ergänzt sein.

Pompeium laudando – durch Loben des Pompeius / indem er* Pompeius lobte

fortiter bellando – durch energische Kriegführung

* Person und Zeit müssen aus dem Prädikat des Satzes erschlossen werden.

Das Gerundium wird als Verbalsubstantiv aus dem Präsensstamm, dem Kennzeichen -nd- und den Endungen des Singulars der o-Deklination gebildet; allerdings gibt es keinen Nominativ des Gerundiums, der Dativ ist selten.

Gen. voca-nd-ī   des Rufens

Akk. ad vocandum zum Rufen
Abl. vocandō   durch (das) Rufen

Gerundium von *īre:* eundī...

B 1 *Schreiben Sie ab, vervollständigen Sie die Sätze aus der unten angeführten Liste von Wortblöcken und übersetzen Sie (es bleiben keine übrig):*

1. Lucius cum amicis ~~~ in forum Romanum contendet.
2. Gladiatores clamore spectatorum ~~~ incitantur.
3. Mercator ~~~ paucis diebus ad litus Graeciae venit.
4. Romani locis publicis ~~~ delectabantur.
5. Imperatores Romani fines imperii ~~~ defendebant.
6. Date mihi facultatem ~~~ !
7. Tiberius Gracchus ~~~ in invidiam senatorum venit.
8. Piratae ~~~ mare infestum facient.

eas res narrandi – ad fortiter pugnandum – magna celeritate navigando – spectandi causa – pila ludendo – naves mercatorum opprimendo – legem agrariam[1] ferendo – multa castra aedificando.

1 agrarius, a, um: Acker-

B 2 Zur Wortbildung durch Vorsilben:

- ad- *Die Vorsilbe* ad- „zu-, hinein-, bei-" *kennen Sie von* ad-dere, ad-esse. *Versuchen Sie zu deuten:*
  adducere – adire – advolare – advenire – advocare – accurrere – appetere
  Wie erklären sich acc- *und* app-?

- con- *hat oft die Bedeutung* „zusammen-": con-ferre, con-vocare, con-iurare, con-iuratio. *Deuten Sie:*
  concurrere – convenire – conducere – continere – contrahere – conservare – componere.

- de- *hat die Bedeutung* „weg-, fort-, herab-": de-esse, de-sperare, de-terrere. *Deuten Sie:*
  deducere – deportare – detrahere.

- re(d)- „zurück-" *ist bekannt aus* red-ire, re-stituere, re-spondere. *Deuten Sie:* recurrere – repellere – revocare – retinere – removere – remanere – reducere – remittere.

B 3 *Bestimmen Sie:*

- -o agro – delendo – eo – uno – moveo – tollo – cresco – audeo – mitto – toto – tuo – relinquo – restituo – committendo – virgo – pro – legio

- -e voce – sene – punire – plebe – ecce – egestate – deinde – addere – mitte – fere – ferre – domine – sine – flumine – vide – crudelitate – aude – paene – opere – move – mare – morte – bene – ponte

- -i inhumani – hosti – fini – regi – tacendi – proelii – pueri – pulsi – movi – relinquendi – relicti – aedificii – aedificandi – ubi – urbi – exi – ceteri – capiendi – operi – ibi – moti – mitti – misi.

B 4 *Deuten Sie:* Fama crescit eundo.

S **Der Hafen Ostia, römische Schiffe.** Die Römer waren ursprünglich kein Seefahrervolk. Erst mit dem Ausgreifen ihrer Macht nach Sizilien, Nordafrika und in das östliche Mittelmeer begannen sie, in größerem Umfang Kriegs- und Handelsschiffe zu bauen. Als in der Kaiserzeit bei allgemeinem Frieden und Wohlstand der Schiffsverkehr stark zunahm und vor allem zur Getreideversorgung Roms regelmäßiger Schiffsverkehr im Mittelmeer eingerichtet wurde, sorgte die Reichsverwaltung für gute Häfen mit Leuchttürmen, Kais, Lastkränen und Speicherhallen. Dort wurden die Waren umgeschlagen und

Nachbau eines römischen Kriegsschiffes aus dem 4. Jh. n. Chr. Museum für Antike Schiffahrt, Mainz.

dann zu Land oder auf Flusskähnen weitertransportiert. In Ostia Antica, dem Hafen des antiken Rom an der Tibermündung, kann man noch heute Ruinen von mehrstöckigen Speichern und von Kontoren der Reedereien sehen, die Verbindungen in alle Teile der damals bekannten Welt unterhielten. Manche der noch erhaltenen Fußbodenmosaiken zeigen, auf welche Ware die einzelne Reederei spezialisiert war: z. B. Wein oder Öl oder Tiere aus Afrika für die Tierhetzen in der Arena. Römische Banken hatten Zweigstellen in Ostia, bei denen seefahrende Händler Kredite zur Finanzierung ihrer Geschäfte aufnehmen konnten. Zollbeamte kontrollierten die Ein- und Ausfuhr und erhoben Hafenzölle, die eine wichtige Einnahmequelle des römischen Staates waren. In Ostia kam das Getreide für die Hauptstadt an; für Beschaffung, Organisation des Transports auf Hunderten von Schiffen und den Umschlag im Hafen war ein hoher Beamter, der *praefectus annonae*, verantwortlich.

Ein römisches Seefrachtschiff (*navis oneraria*) war in der Regel 20–30 m lang und etwa 6 m breit. Als Segelschiff erreichte es nur eine geringe Geschwindigkeit. Es gab aber auch größere Lastschiffe, die u.a. für die Getreideversorgung der Hauptstadt erforderlich waren; sie verkehrten vom Frühjahr bis zum Herbst regelmäßig zwischen den Kornkammern des Reiches (z. B.

Ägypten, Sizilien) und Ostia. Bei einer Länge von etwa 50 m sollen sie bis zu 450 Tonnen Getreide gefasst und dazu noch Passagiere befördert haben. Auch von Spezialtransporten wird berichtet. So ließ der Kaiser Caligula ein Schwerlastschiff bauen, das einen 322 Tonnen schweren Obelisken aus Ägypten unversehrt nach Italien brachte.
Ein römisches Kriegsschiff (*navis longa*) war mit bis zu 180 Ruderern besetzt. Die Ruderbänke waren meistens in drei Reihen übereinander angeordnet. Diese Schiffe, *Trieren* genannt, waren außer mit einem Rammsporn am Bug mit Kampftürmen ausgestattet, von denen man Steine, Stahlbolzen oder sogar Brandgeschosse gegen die feindlichen Schiffe schleudern konnte. Am Bordrand standen Soldaten, um feindliche Schiffe zu entern oder Enterversuche abzuwehren.

18

Der Kampf um *Troia* (Gen. Troiae), eine Stadt an der Westküste der heutigen Türkei, ihre Eroberung durch die Griechen und die Schicksale der griechischen und trojanischen Helden waren seit Homer beliebte Themen der griechischen Dichtung. Auch römische Dichter konnten sich der Wirkung der griechischen Vorbilder nicht entziehen. *Vergilius* (70-19 v. Chr.) stellte den trojanischen Helden *Aeneas* (Gen. Aeneae) und seine Irrfahrten nach der Zerstörung Troias in den Mittelpunkt einer Dichtung, die er *Aeneis* nannte.

A 1 Aeneas verlässt das zerstörte Troia

Ut Vergilius, poeta nobilis, narrat, Aeneas filius Anchisis[1], viri mortalis, et Veneris, deae immortalis, erat. Decem annos cum aliis viris fortibus Troiam ab impetu acri Graecorum defendebat. Postquam autem urbs infelix consilio deorum immortalium expugnata deletaque est, Aeneas iussu Veneris matris e caede ingenti effugit et cum patre Anchise[1], Iulo[2] filio paucisque fortibus sociis patriam reliquit.
Navibus celeribus Troiani in Thraciam[3] iter fecerunt. Sed omine horribili eo loco deterriti sunt; ita alias terras aliasque insulas petiverunt. Tandem Apollo oraculo eos „matrem antiquam" quaerere iussit. Diu de iis verbis consulebant; tandem Anchises[1] dixit: „Ego Italiam ‚matrem antiquam' esse puto, nam ex ea terra Dardanum, proavum[4] Troianorum, olim in Asiam venisse fama est. Itaque Italiam petite!"

1 Anchises, Anchisis: Anchises (Vater von Aeneas)   2 Iulus, i: Iulus (Sohn des Aeneas)   3 Thracia, ae f.: Thrakien (Landschaft an der Küste Nordgriechenlands)   4 proavus, i m.: Urahn, Vorvater

Lektion 18

A 2 Wie soll die Irrfahrt weitergehen?

Diu Troiani verbis Anchisis[1] fidem habere nolebant. Dixerunt Aeneae duci: „Num nos nova pericula subire vis, Aenea? Quando tandem finientur pericula, labores, miseriae?" Sed Aeneas „Nolite", inquit, „de salute desperare, amici! Nonne Iuppiter Optimus Maximus nos Italiam petere ibique patriam novam habere vult? Qua de causa enim nos a Thracia deterrere voluit? Dei nos servare volunt. Id mihi persuasum est."

Troiani verbis Aeneae paruerunt navesque solverunt. Iam Sicilia Italiaque ante oculos erant, iam errores finitos esse putabant, cum subito tempestas ingens et horribilis parvam classem oppressit. Magno cum detrimento navium Troiani infelices ad litus Africae pervenerunt. Sed ab incolis et a Didone[5], regina eorum, cum benevolentia recepti sunt. Regina „Etiam nos", inquit, „e patria in Asia sita expulsi sumus. Hic novam urbem novamque patriam condemus. Iam nos in laborando aedificandoque occupatos esse videtis. Carthago[6] nomen urbis nostrae erit. Vos salvere iubeo. Sed dicite: Nonne hic nobiscum novam patriam condere quam nova pericula subire mavultis? Deos, qui naves vestras ad litus Africae pepulerint[7], ita velle mihi persuasum est."

5 Dido, Didonis: Dido (sagenhafte Königin und Gründerin Karthagos)   6 Carthago, Carthaginis f.: Karthago (eine in Nordafrika liegende Kolonie der phönizischen Stadt Tyrus)   7 pepulerint: „sie haben getrieben"

1. Stellen Sie, bevor Sie übersetzen, in Stichworten den Ablauf der in A1 geschilderten Ereignisse dar.
2. Woraus erschließen in A2 a) Aeneas und b) Dido den Willen der Götter?

Lektion 18

Aeneas trägt seinen gelähmten Vater Anchises aus dem brennenden Troia. Der Junge ist Iulus, Aeneas' Sohn. Statuengruppe von G. L. Bernini, entstanden um 1620.

Lektion 18

Adjektive der i-Deklination

haben für m., f. und n. im Nom. Sg. entweder:

drei verschiedene Formen: celer m., celeris f., celere n. oder
zwei verschiedene Formen: fortis m. und f., forte n. oder
eine Form für alle drei Geschlechter: felix m. f. n.

Auch bei diesen Adjektiven muss der Genitiv Sg. immer mit eingeprägt werden.

	m.	f.	n.		m.	f.	n.
Sg.	celer	celeris	celere	Pl.	celerēs	celerēs	celeria
	celeris	celeris	celeris		celerium	celerium	celerium
	celerī	celerī	celerī		celeribus	celeribus	celeribus
	celerem	celerem	celere		celerēs	celerēs	celeria
	celerī	celerī	celerī		celeribus	celeribus	celeribus
Sg.	fortis	fortis	forte	Pl.	fortēs	fortēs	fortia
	fortis	fortis	fortis		fortium	fortium	fortium
	fortī	fortī	fortī		fortibus	fortibus	fortibus
	fortem	fortem	forte		fortēs	fortēs	fortia
	fortī	fortī	fortī		fortibus	fortibus	fortibus
Sg.	fēlīx	fēlīx	fēlīx	Pl.	fēlīcēs	fēlīcēs	fēlīcia
	fēlīcis	fēlīcis	fēlīcis		fēlīcium	fēlīcium	fēlīcium
	fēlīcī	fēlīcī	fēlīcī		fēlīcibus	fēlīcibus	fēlīcibus
	fēlīcem	fēlīcem	fēlīx		fēlīcēs	fēlīcēs	fēlīcia
	fēlīcī	fēlīcī	fēlīcī		fēlīcibus	fēlīcibus	fēlīcibus

Lektion 18

Das Hilfsverb velle – wollen und seine Komposita

Präsens	volō	Imperfekt	volēbam	Perfekt	voluī
	vīs		volēbās		voluistī
	vult		...		...
	volumus	Futur 1	volam		
	vultis		volēs		
	volunt		...		

nōlle – nicht wollen (aus nōn velle)

Präsens	nōlō	Imperfekt	nōlēbam	Perfekt	nōluī
	nōn vīs		...		...
	nōn vult				
	nōlumus	Futur I	nōlam	Imperativ	nōlī!
	nōn vultis		nōlēs		nōlīte!
	nōlunt		...		

Mit *nōlī / nōlīte* und dem Infinitiv Präsens wird der Imperativ verneint. Nōlī dīcere – Sage nicht! Nōlīte dīcere – Sagt nicht!

mālle – lieber wollen (aus magis velle)

Präsens	mālō	Imperfekt	mālēbam	Perfekt	māluī
	māvīs		...		...
	māvult				
	mālumus	Futur I	mālam		
	māvultis		mālēs		
	mālunt		...		

B 1 *Schreiben Sie ab und setzen Sie zu den Substantiven*

militis – terrae – opera – omina – detrimento – navibus – proelium – tempestas

passende Adjektive aus folgender Liste (es bleiben keine Adjektive übrig):

horribilia – celeribus – ingenti – fortis – felicis – acre – acris – ingentia.

B 2 *Bestimmen Sie die Formen (mehrdeutige Endungen beachten):*

misi – miseri – mitti – domini – consuli – mortali – audiris – mittis – missis – dominis – consulis – mortalis – antiqua – celeria.

105

Lektion 19

B 3 *Schreiben Sie ab und füllen Sie, bevor Sie übersetzen, in den Sätzen die Leerstellen mit Adjektiven aus der Zusammenstellung unten (es bleiben Adjektive übrig):*

1. Aeneas patriam ~~ cum dolore ~~ reliquit.
2. Venus, mater ~~ Aeneae, filio ~~ in itinere aderat.
3. Troiani iam litus Italiae ante oculos habebant, cum subito tempestas ~~ eos ad litus Africae pepulit.
4. Romani cum ~~ periculo navigabant, quod piratae mare infestum reddebant.
5. Pompeius bellum piratarum uno anno classe navium ~~ confecit.
6. Tiberius Gracchus, qui ~~ genere natus erat, agricolis ~~ adesse paratus erat.

acri – acer – acrem – felix – acris – celerium – infelicem – ingenti – nobili – infelicibus – immortalis – felicem – forti.

B 4 *Die Anfangsbuchstaben der Wörter, die Nom. Sg. sind, ergeben aneinander gereiht einen Spruch, dem Menschen zu allen Zeiten folgten und folgen.*

virium – urbs – vicinas – es – bellum – quam – incolarum – ingens – detrimenta – benevolentia – habent – tela – exercitus – populis – ingentis – nobile – inopiam – fert – egestas – ingentem – acres – imperium – insulas – bona – speramus – infelix – spectatoris – portus – aperiuntur – acre – duces – tertium – annum – invidiis – religio – nostro – vides – immortale – equum – acris – tempestatem – facis.

19

A 1 Eine schmerzliche Trennung

Troiani[1] a regina tanta humanitate salutati libenter urbem domumque reginae intraverunt, ubi Dido[2] Aeneae eiusque sociis magnum convivium paravit. Aeneas a regina iussus tristem interitum Troiae[1],
5 longos errores, ingentia pericula narravit. In narrando lacrimas tenere vix poterat.

1 Troia, ae f.: Troja (Stadt und Festung in der heutigen Türkei); Troiani, orum: Trojaner

Dido² autem amore viri insignis incensa Aeneam sibi maritum fore speravit cupivitque. Etiam Aeneas benevolentia reginae pulchrae commotus cum Troianis¹ Carthagine manere cogitabat.

10 Sed Mercurius, nuntius deorum, ab Iove missus Aeneam ita increpuit³: „Num officium et pietatem erga numen deorum immortalium e memoria deposuisti? An ignoras Iovem genti tuae regnum Italiae, quin etiam regnum totius orbis terrarum promisisse? Nonne te commovet tantarum gloria rerum? Iuppiter te statim naves solvere iubet."

15 Dolore et tristitia vexatus paruit Aeneas Africamque reliquit. Dido² autem infelix omni spe deiecta mortem sibi conscivit⁴.

2 Dido, Didonis: Dido (Königin von Karthago)   3 increpare (Perf. increpui): ausschelten   4 mortem sibi conscivit: sie nahm sich das Leben

A 2 Abstieg in die Unterwelt

Tandem Aeneas ad litus Italiae pervenit; Sibyllam¹, vatem² praeclaram, adiit. Quae de rebus futuris ab Aenea interrogata ad inferos eum descendere iussit: „Ibi anima patris Anchisis³ tibi futura praedicet."
5 Ramo⁴ aureo arboris sacrae instructus Aeneas iter in horribilem domum inferorum fecit. Ibi a Sibylla¹ per loca tristia et terroris plena ductus tandem animam patris invenit.
Qui filio, postquam multa de futuris pugnis periculisque narravit, animam Romuli, futuri conditoris⁵ urbis Romae, monstravit. Monstravit
10 ei denique animam Caesaris Augusti: „Eum virum", inquit, „e gente tua natum Iuppiter populo Romano promisit. Olim in orbe terrarum a se pacato aurea condet saecula."
Aeneas patriam tam diu quaesitam in Latio invenit.

1 Sibylla, ae: Sibylle (sagenhafte Prophetin in Cumae in der Nähe Neapels)
2 vates, is f.: Prophetin   3 Anchises, Anchisis: Anchises (der verstorbene Vater des Aeneas)   4 ramus, i m.: Zweig   5 conditor, oris m.: Gründer

1. Wie versucht die Aeneassage, den Anspruch der von Augustus geführten Römer auf die Weltherrschaft zu begründen?
2. Welche Rolle spielt dabei die Genealogie (Eltern und Nachkommenschaft) des Aeneas? Beachten Sie, dass die gens Iulia, welcher Augustus angehörte, ihren Ursprung und ihren Namen auf Iulus, einen Sohn des Aeneas, zurückführte.

Lektion 19

Funktionen und Semantik des Partizip Perfekt Passiv

1. Das PPP füllt als satzwertiges participium coniunctum (PC) die Satzstelle adverbiale Bestimmung.

a) Troiani a regina tanta humanitate salutati intraverunt.
Nachdem die Trojaner von der Königin so freundlich begrüßt worden waren, traten sie ein.
Dido e patria expulsa urbem in Africa condidit.
Nachdem Dido aus ihrer Heimat vertrieben worden war, gründete sie eine Stadt in Afrika.
   Semantik: temporal

b) Dido amore incensa Aeneam Carthagine mansurum speravit.
Weil Dido verliebt war, hoffte sie, Aeneas werde in Karthago bleiben.
   Semantik: kausal

c) Aeneas dolore vexatus Iovi paruit.
Obwohl Aeneas von Kummer gequält wurde, gehorchte er Iuppiter.
   Semantik: konzessiv

2. Das PPP füllt wie ein Adjektiv die Satzstelle Attribut.

Aeneas patriam tam diu quaesitam in Latio invenit.
Aeneas fand die Heimat, die er so lange gesucht hatte, in Latium.*

Das PPP gibt (wie der Infinitiv Perfekt im AcI) die Vorzeitigkeit zum Tempus des Prädikats an; das heißt, die Handlung, die durch das Partizip ausgedrückt wird, geschieht vor der Handlung, die durch das Prädikat ausgedrückt wird.

Zur Übersetzung des PPP: Oft ist auch statt einer Übersetzung mit Konjunktional- oder Relativsatz* eine Übersetzung mit Partizip oder mit Substantiv mit Präposition möglich.

Dido e patria expulsa... – Die aus ihrer Heimat vertriebene Dido... / Nach Vertreibung aus ihrer Heimat (gründete Dido...)
Augustus in orbe a se pacato aurea saecula condet.
Augustus wird in dem von ihm unterworfenen Erdkreis...

* Das Tempus des deutschen Relativsatzes richtet sich nach dem Tempus des Prädikats.

Lektion 19

B 1 *Schreiben Sie das Partizip und sein Beziehungswort heraus. Überlegen Sie, welche Konjunktion bei der Übersetzung mit einem Konjunktionalsatz den Sinn am besten wiedergibt. Versuchen Sie auch andere Übersetzungsmöglichkeiten:*

1. Aeneas a Venere matre patriam infelicem relinquere iussus e proelio exiit.
2. Apollo a Troianis de nova patria consultus eos „antiquam matrem" quaerere iussit.
3. Troiani tempestate horribili oppressi de salute non desperaverunt.
4. Didonem ab Aenea desertam mortem sibi conscivisse[1] poeta narrat.
5. Aeneas a Sibylla[2] ad inferos descendere iussus ibi animam patris quaesivit.
6. Nostris temporibus Henricus Schliemann Troiam olim a Graecis deletam effodit[3].

1 sibi mortem consciscere (Inf. Perf.: conscivisse): sich das Leben nehmen
2 Sibylla: Sibylle   3 effodere (Perf.: effodi): ausgraben

B 2 *Stellen Sie aus dem „Wortbaukasten" sinnvolle Sätze zusammen und übersetzen Sie:*

Mögliche Subjekte:
Troiani – Catilina – Tiberius Gracchus – agricolae Romani

Mögliche Wortverbindungen mit Prädikat:
a senatoribus necatus est – novam spem ceperunt – se ad copias suas contulit – vitam infelicem egerunt – statim legem novam tulit

Mögliche Wortverbindungen mit Partizip:
a senatoribus agris expulsi – a plebe tribunus plebis creatus – e tempestate servati – a consule in exilium ire iussus.

B 3 *Bestimmen Sie:*

tabularum – perniciei – humanitati – omnis – nonnulla – mente – extremo – caede – copiae – alteram – nobile – iudice – civitatem – civem – vulnera – classes – crudelitate – felices – gentes.

Miniatur aus einer Handschrift um 400 n. Chr. Sie illustriert eine Szene vom Anfang des 6. Buches der *Aeneis* des Vergil. Aeneas und sein Gefährte Achates nähern sich vor dem Tempel des Apollo der Seherin Sibylle.

C Rom über alles

In Vergils Aeneis verkündet Anchises seinem Sohn Aeneas, dem er in der Unterwelt begegnet, dass Rom über den Erdkreis herrschen soll:

Andere Völker sind dir, Römer, in Kunst und Wissenschaft überlegen, jedoch

> tu regere[1] imperio populos, Romane, memento[1]
> – hae[2] tibi erunt artes[3] – pacique imponere morem[4]:
> parcere subiectis[5] et debellare superbos[6].

1 regere memento: denke daran zu regieren 2 hae (Nom. Pl.) f.: dies 3 artes (Nom Pl.) f.: Künste 4 paci imponere morem: dem Frieden seine Ordnung geben 5 parcere subiectis: diejenigen, die sich unterwerfen, verschonen 6 debellare superbos: diejenigen, die Widerstand leisten, durch Krieg unterwerfen

Rom als Hauptstadt der Welt. Symbolische Darstellung aus der Peutingerschen Tafel (*Tabula Peutingeriana*).

Szenenfoto aus: „Die Troerinnen" des Euripides. Im Vordergrund Hekuba. Deutsches Theater in Göttingen.

Troia, Homer, Vergil. Die Ruinenstadt **Troia** im äußersten Nordwesten der Türkei liegt auf einem Hügel, von dem aus man die Dardanellen, die Meerenge zwischen dem Mittelmeer und dem Schwarzen Meer, sehen kann. Ausgrabungen haben starke Festungsmauern und Reste von Palästen und Wohnungen freigelegt.
Der Entdecker von Troia, der deutsche Kaufmann Heinrich Schliemann, fand im vorigen Jahrhundert reichen Goldschmuck, Waffen und viele weitere Hinweise auf Macht und Wohlstand. Obwohl andere Burgen und Städte im 2. Jahrtausend v. Chr. für den Mittelmeerraum größere Bedeutung hatten, zählen Troias damalige Bewohner – und ihre Feinde – bis heute zu den bekanntesten Gestalten der Sage und der Literatur. Ihren unsterblichen Ruhm verdanken sie dem griechischen Dichter **Homer**, der in seiner *Ilias,* einem langen Epos (= Roman in Versform), vom Kampf um Troia berichtet. Den Sieg verdankten die angreifenden Griechen, wie Homer erzählt, einer List des klugen Odysseus. Er verbarg die tapfersten seiner Mitstreiter in einem riesigen hölzernen Pferd, das die Trojaner fälschlich für ein Geschenk

an die Götter hielten und mitsamt seiner Menschenfracht in die bis dahin uneinnehmbare Stadt zogen. Troia fiel und wurde zerstört; die überlebenden Einwohner flohen.

Schon früh entstand bei den Römern eine Sage, die ihre eigenen Vorfahren mit diesen Flüchtlingen aus Troia in Verbindung brachte. Der tapfere Aeneas, Sohn eines Trojaners und der Göttin Venus, soll nach dem Untergang seiner Heimatstadt am Ende einer langen Irrfahrt mit wenigen Überlebenden an der Küste Latiums gelandet sein. Romulus, einer seiner Nachkommen, sei dann zum Gründer Roms geworden. Das römische Geschlecht der Iulier, zu dem auch C. *Iulius* Caesar und Kaiser Augustus gehörten, führte seinen Ursprung auf Iulus, den Sohn des Aeneas, und damit direkt auf die Göttin Venus zurück.

Der römische Dichter **Vergil** (70–19 v. Chr.) aus dem Kreis der Künstler um Kaiser Augustus griff diese Sage auf. Nach dem Vorbild Homers gestaltete er ein großes lateinisches Nationalepos, die *Aeneis*, die Augustus als den von Iuppiter beauftragten Retter und Erneuerer Roms verherrlichte. Die *Aeneis* bietet auch ein Motiv für die unversöhnliche Feindschaft zwischen Rom und Karthago an: Sie soll ihren Ursprung in der Treulosigkeit des Aeneas haben, die dazu führte, dass die enttäuschte karthagische Königin Dido Selbstmord beging.

Seine Erzählkunst, die Schönheit und Ausdruckskraft seiner Sprache und die Menschlichkeit seiner Gesinnung machten Vergil sowohl im Altertum als auch im Mittelalter zu einem der beliebtesten lateinischen Dichter. Man nennt ihn den „Vater des Abendlandes".

20

A 1 Aus dem Leben des Kaisers Augustus

Gaius Iulius Caesar Octavium[1] iuvenem testamento filium et heredem[2] adoptaverat[3]. Qui post Caesaris caedem exercitum privato sumptu comparavit, ut auctores caedis puniret.

5 Postquam Octavianus[1] e longis bellis civilibus victor Romam rediit, desiderium pacis apud omnes tantum fuit, ut senatus populusque ei dictaturam offerret. Octavianus[1] autem dictaturam sibi oblatam non accepit. Quin etiam rem publicam in senatus populique Romani potestatem reddidit. Quo pro merito a senatu Augustus appellatus est.

10 Praeterea lege sanctum est[4], ut sacrosanctus[5] esset eique per totam vitam potestas tribuni plebis deferretur. Quo ex tempore auctoritas principis tanta fuit, ut omnibus praestaret. Sed domini appellationem edicto vetuit, ne invidiam atque odium civium senatorumque commoveret.

15 Coeptis successit⁶ ita, ut cives eum pacis et optimae rei publicae auctorem dicerent. Saepe fiebat, ut Ianus Quirinus⁷ ab eo clauderetur, quod terra marique pax erat.
Sed unam magnam cladem accepit: Quintilius Varus dux cum tribus legionibus in Germania caesus est. Postquam id Romam allatum est,
20 Augustus adeo dolore et tristitia commovebatur, ut interdum magna voce clamaret: „Quintili Vare, legiones redde!" Per totam urbem milites disponi iussit, quod timebat, ne Romae tumultus fieret. Edixit, ut is dies nefastus haberetur.
Ante mortem Augustus amicos interrogavit: „Nonne vobis videor
25 mimum vitae commode transegisse⁸?"

1 Octavius, ii: Octavius (Großneffe Caesars; nach seiner Adoption trug er den Namen C. Iulius Caesar *Octavianus*)   2 heres, heredis m.: Erbe   3 adoptaverat: er hatte adoptiert   4 sanctum est: es wurde festgelegt   5 sacrosanctus, a, um: unverletzlich   6 coeptis successit: er hatte mit seinem Vorhaben Erfolg   7 Ianus Quirinus: der Janusbogen (er stand auf dem Forum Romanum und wurde nur in Friedenszeiten geschlossen)   8 mimum transigere (Perf.: transegi): die Komödie zu Ende spielen

Augustus' Adoptivvater, der Diktator Caesar, war ermordet worden, weil er nach Ansicht vieler Römer die Freiheit der Bürger bedrohte. Stellen Sie aus Text A1 zusammen, welche Vorsichtsmaßnahmen Augustus traf, um nicht das gleiche Schicksal zu erleiden.

A 2   **Zitate und Sprichwörter**

Aus dem römischen Bereich

Audiatur et altera pars. – Do, ut des. – Nemo ante mortem beatus dicatur. – Videant consules, ne quid¹ res publica detrimenti capiat.

Christliches Latein

Fiat lux. Et facta est lux. – Adveniat regnum tuum. – Oremus. – Nomen Domini laudetur in aeternum.

Aus einem Studentenlied

Gaudeamus igitur², iuvenes dum sumus.
... Vivat academia, vivant professores; semper sint in flore³.
... Pereat tristitia.

1 quid ... detrimenti: „irgendeinen Schaden"   2 igitur: also   3 flos, floris m.: Blüte

Lektion 20

Funktionen und Semantik des Konjunktivs

Der lateinische Konjunktiv drückt (im Gegensatz zum Indikativ, der etwas als gegeben hinstellt) eine Vorstellung aus.

Im Hauptsatz drückt der Konjunktiv Präsens einen Wunsch oder eine Aufforderung aus.

Audiatur et altera pars. – Auch die andere Seite soll gehört werden.

Gaudeamus igitur! – Lasst uns also fröhlich sein!

Im Gliedsatz hat der Konjunktiv Präsens oder Imperfekt in Verbindung mit *ut* folgende Funktionen:

1. Im Objektsatz bezeichnet er einen Wunsch (oft nach Verben, die einen Wunsch ausdrücken).
   Oro te, ut mihi pecuniam des. – Ich bitte dich, dass du mir Geld gibst / mir Geld zu geben.
   Übersetzung: *dass* oder Infinitivkonstruktion.

2. Im Adverbialsatz bezeichnet er

   a) den Zweck   Semantik: final
   Do, ut des. – Ich gebe, damit du gibst.
   Übersetzung: *damit* oder *dass*.

Verneint wird das finale *ut* durch *ne*.
Augustus se dominum appellari vetuit, ne invidiam commoveret. – Augustus verbot, ihn „Herr" zu nennen, damit er keinen Neid erregte / um keinen Neid zu erregen.

   b) die Folge   Semantik: konsekutiv
   Auctoritas principis tanta fuit, *ut* omnibus praestaret. – Das Ansehen des Prinzeps war so groß, dass er allen überlegen war.

Verneint wird das konsekutive *ut* durch *ut ... non*.
Cives tanto timore commoti sunt, ut portas non defenderent. – Die Furcht der Bürger war so groß, dass sie die Tore nicht verteidigten.

Oft weist ein Demonstrativum im Hauptsatz auf die im Gliedsatz genannte Folge hin.

Konjunktiv Präsens

ā-Konj.	ē-Konj.	ī-Konj.	kons. Konj.	gemischte Konj.
\multicolumn{5}{c}{Aktiv}				

Aktiv

ā-Konj.	ē-Konj.	ī-Konj.	kons. Konj.	gemischte Konj.
laud-e-m	mone-a-m	audi-a-m	ag-a-m	capi-a-m
laudēs	moneās	audiās	agās	capiās
laudet	moneat	audiat	agat	capiat
laudēmus	moneāmus	audiāmus	agāmus	capiāmus
laudētis	moneātis	audiātis	agātis	capiātis
laudent	moneant	audiant	agant	capiant

Passiv

ā-Konj.	ē-Konj.	ī-Konj.	kons. Konj.	gemischte Konj.
lauder	monear	audiar	agar	capiar
laudēris	moneāris	audiāris	agāris	capiāris
laudētur	moneātur	audiātur	agātur	capiātur
...	...	...	...	...

esse:	sim, sīs, sit, sīmus, sītis, sint
posse:	possim, possīs, possit, possīmus, possītis, possint
prōdesse:	prōsim, prōsīs, prōsit, prōsīmus, prōsītis, prōsint
velle:	velim, velīs, velit, velīmus, velītis, velint
nōlle:	nōlim, nōlīs, nōlit, nōlīmus, nōlītis, nōlint
mālle:	mālim, mālīs, mālit, mālīmus, mālītis, mālint
ferre:	feram, ferās, ferat, ferāmus, ferātis, ferant
īre:	eam, eās, eat, eāmus, eātis, eant

Lektion 20

Konjunktiv Imperfekt

Aktiv

laudā-re-m	monē-re-m	audī-re-m	age-re-m	cape-re-m
laudārēs	monērēs	audīrēs	agerēs	caperēs
laudāret	monēret	audīret	ageret	caperet
laudārēmus	monērēmus	audīrēmus	agerēmus	caperēmus
laudārētis	monērētis	audīrētis	agerētis	caperētis
laudārent	monērent	audīrent	agerent	caperent

Passiv

laudārer	monērer	audīrer	agerer	caperer
laudārēris	monērēris	audīrēris	agerēris	caperēris
laudārētur	monērētur	audīrētur	agerētur	caperētur
...	...	...	...	...

esse:	essem, essēs, esset, essēmus, essētis, essent
posse:	possem, possēs, posset, possēmus, possētis, possent
prōdesse:	prōdessem, prōdessēs, prōdesset, prōdessēmus, prōdessētis, prōdessent
velle:	vellem, vellēs, vellet, vellēmus, vellētis, vellent
nōlle:	nōllem, nōllēs, nōllet, nōllēmus, nōllētis, nōllent
mālle:	māllem, māllēs, māllet, māllēmus, māllētis, māllent
ferre:	ferrem, ferrēs, ferret, ferrēmus, ferrētis, ferrent
īre:	īrem, īrēs, īret, īrēmus, īrētis, īrent

B 1 *Bestimmen Sie Funktion und Semantik der Konjunktive in den folgenden Sätzen:*

1. Audacia piratarum tanta erat, ut etiam cum classe Romana proelia committerent.
2. Populus oratione Ciceronis commotus Pompeio imperium commisit, ut tandem classes piratarum opprimerentur.
3. Aeneas verbis Veneris matris monitus „Relinquamus", inquit, „urbem infelicem, ut novam patriam in Italia inveniamus!"
4. Troiani a Didone regina invitati, ut manerent, laeti clamaverunt: „Hic maneamus! Carthago nobis patria nova sit!"

B 2 *Bestimmen Sie die Verbformen:*

praedicat – dicet – dicit – fit – misit – praestat – iactat – fierent – paret – pareat – parat – pacabit – pacet – mittit – mittet – fugiat – fugiet – fugit – fiunt.

B 3 *Ein nützliches Worttraining zur Unterscheidung:*

acer – ager – agere
adeo – adire – addere – adesse
aperire – apparere – apportare – appellare – appropinquare
audire – augere – autem – auctor
capere – caput

Setzen Sie dieses Training durch Zusammenstellen Ihnen bekannter ähnlich klingender Vokabeln fort.

„In terra pax hominibus"

Kaiser Augustus begegnet uns auch in der biblischen Weihnachtsgeschichte:

Factum est autem in diebus illis[1], exiit edictum a Caesare Augusto, ut describeretur[2] universus[3] orbis. Lucas 2,1

Die himmlischen Heerscharen, die den Hirten auf dem Felde erschienen, riefen:

Gloria in altissimis[4] Deo et in terra pax hominibus bonae voluntatis[5]. Lucas 2,14

1 illis (Abl. Pl.): jenen   2 describere: hier: zählen   3 universus, a, um: der gesamte   4 in altissimis: in der Höhe   5 voluntas, tatis f.: Wille

Die Marmorstatue von Primaporta und die Pax Augusta. Kaiser Augustus wollte die Ideen und Tugenden, die Rom einst groß gemacht hatten, wieder ins Bewusstsein der Römer zurückrufen. Rom sollte mit neuem Glanz erfüllt werden: Das *saeculum aureum*, das ersehnte goldene Zeitalter, sollte den Römern und dem von ihnen beherrschten Erdkreis eine neue Ordnung bringen.
In dieser Politik spielte der nach vielen Kriegen erreichte Friedenszustand eine große Rolle. Ein noch immer mächtiger Gegner waren aber die Parther im Gebiet des heutigen Iran. Sie hatten 53 v. Chr. den Konsul M. Licinius Crassus getötet; Legionsadler seines geschlagenen Heeres waren in ihre Hände gefallen. Augustus gelang es 19 v. Chr. nach kleineren militärischen Erfolgen, den Partherkönig zu einem Abkommen zu bewegen, sodass die-

Umzeichnung des Brustpanzers.

ser die 34 Jahre zuvor erbeuteten Feldzeichen zurückgab und erklärte, dass er die Vorherrschaft des römischen Volkes respektiere. Diesen diplomatischen Erfolg rühmte Augustus nicht nur in amtlichen Berichten, er ließ ihn auch durch Dichter und bildende Künstler gleichsam als Vollendung seines großen Friedensgebäudes herausstellen.
Ein Beispiel dafür ist die Marmorstatue von Prima Porta (s. Abb.), die ein wohl durchdachtes Bildprogramm zeigt. Augustus ist als Sieger dargestellt: als Feldherr in Prunkuniform. Schon auf den ersten Blick fällt jedoch auf, dass er keine Feldherrnstiefel trägt. Dies hebt ihn in eine göttliche Sphäre: barfuß wurden in der Antike Götter und Heroen dargestellt.
Der Brustpanzer ist reich geschmückt. Die dort abgebildeten Figuren zeigen, wie der Kaiser den Zusammenhang zwischen dem Erfolg über die Parther und dem Beginn des goldenen Friedenszeitalters unter seiner Herrschaft sah und dargestellt wissen wollte. In der Mitte des Bildes übergibt der Partherkönig in Barbarentracht Legionsadler und Feldzeichen einem römischen Offizier. Diese Szene ist eingebaut in eine viel weiter reichende Sicht der Welt und ihres neuen Friedens- und Glückszustandes. Götter und Glückssymbole umrahmen das Bild: Über allem schwebt der Himmelsgott mit dem Himmelszelt, das er mit den Händen ausbreitet. Links fährt der Sonnengott mit seinem Wagen herauf; rechts erblickt man die fackeltragende Mondgöttin, die von der Morgenröte mit der Kanne als Symbol des Morgentaus begleitet wird. Darunter deuten Gestalten entwaffneter Menschen die unterworfenen Völker an. Unten lagert die Erdgöttin mit dem Füllhorn ihrer reichen Gaben; sie verkörpert Frieden und Wohlstand des neuen Zeitalters. Iuppiters Kinder Apollo und Diana sind daneben abgebildet. Die Botschaft der Bilder auf dem Brustpanzer des Kaisers Augustus lautet: Die Menschheit ist mit der Herrschaft des römischen Volkes versöhnt; die Götter garantieren die neue Ordnung der *Pax Augusta*.

Lektion 20

Marmorstatue des Augustus, gefunden 1863 bei Prima Porta, einem Ort in der Nähe Roms.

Lektion 21

a) Cicero Syracusis[1] in urbe olim a Graecis condita quaestor fuit.
b) Multis urbibus a Graecis in Sicilia Italiaque conditis eae regiones[2] nomen Magnae Graeciae acceperunt.
c) Urbe nova condita Dido Troianos invitavit, ut manerent.

1 Syracusis (Abl. Pl.): in Syrakus   2 regio, ionis f.: Gegend; Gebiet

1. Bestimmen Sie in allen drei Sätzen die Satzglieder.
2. Nennen Sie die Beziehungswörter der Partizipien.
3. Beschreiben Sie die Unterschiede im Satzbau der drei Sätze.

A 1 Der Tod des Archimedes

Syracusae[1], magna et dives Siciliae urbs, bello Punico secundo misera sorte afficiebantur: Urbe ab exercitu Romano capta milites diripiendi causa domos invaserunt. Memoriae proditum est eo in
5 tumultu etiam Archimedem[2], mathematicum[2] praeclarum, intentum in formas, quas in pulvere scribebat, a milite quodam Romano interfectum esse.
Archimede[2] interfecto Marcellus, imperator Romanus, doluit sepulturaeque honorificae[3] curam habuit.

A 2 Ein römischer Quaestor als Archäologe

Duobus fere saeculis post Cicero a senatu quaestor in Siciliam missus sepulcrum Archimedis[2] investigare voluit. Quod sepulcrum a civibus Syracusanis[1] omnino ignorabatur. Postea Cicero narrat: Memoria
5 tenebam aliquot versus Graecos, qui declarabant in summo eius sepulcro positam esse sphaeram[4] cum cylindro[4]. Sed multis hominibus interrogatis nemo mihi tale sepulcrum monstrare potuit.
Itaque me in loca sepulcrorum, quae undique dumetis[5] saepta[6] ante

1 Syracusae, arum (Pl.) f.: Syrakus (Stadt in Sizilien); Syracusanus a, um: von Syrakus; Syracusani: Einwohner von Syrakus   2 Archimedes, is: Archimedes (berühmter Mathematiker und Physiker in Syrakus)   3 sepultura honorifica: ein ehrenvolles Begräbnis   4 sphaera, ae f.: Kugel; cylindrus, i m.: Zylinder   5 dumetum, i n.: Dornengestrüpp   6 saeptus, a, um (m. Abl.): eingeschlossen von

Archimedes, am Tisch sitzend. Ein römischer Legionär tritt hinzu. Mosaik aus Herculaneum.

portas erant, contuli. Tum multis sepulcris investigatis animadverti
columellam[7] talem, quae non multum e dumetis[5] eminebat. Principibus Syracusanorum[1] vocatis eum locum purgari iussi. Aditu ita patefacto accessimus ad sepulcrum, in quo apparebat epigramma[8]. Versibus lectis Syracusani[1] id sepulcrum Archimedis[2], civis sui praeclari, esse didicerunt – a quaestore Romano docti.

7 columella, ae f.: Grabsäule   8 epigramma (griech.; Nom. Sg.): Grabinschrift

Welche Einstellung des jungen Römers Cicero zu den Griechen seiner Zeit lässt sich in Text A2 erkennen? Zitieren Sie die entsprechenden Textstellen.

Lektion 21

Syntaktische und semantische Funktionen des AmP

Ein Wortblock, der aus einem Substantiv im Ablativ und einem Partizip in KNG-Kongruenz mit diesem besteht, heißt Ablativ mit Partizip, AmP.

Der AmP ist wie der AcI und das participium coniunctum (PC) satzwertig, das heißt, er entspricht einem Gliedsatz (das Substantiv füllt die Satzstelle Subjekt, das Partizip im Ablativ füllt die Satzstelle Prädikat).

Wie das PC füllt auch der AmP als Ganzes syntaktisch die Satzstelle adverbiale Bestimmung.

Semantisch treten wie beim PC vorwiegend drei Bedeutungen auf, die bei der Übersetzung aus dem jeweiligen Sinnzusammenhang erschlossen werden müssen:

a) temporal: nachdem ... (bei Übersetzung durch einen Gliedsatz);
nach ... (bei Übersetzung durch Beiordnung)
z. B. urbe capta ... Nachdem die Stadt erobert worden war
Nach Eroberung der Stadt

b) kausal: weil ... / Wegen der Eroberung

c) konzessiv: obwohl ... / Trotz der Eroberung

Das Partizip Perfekt Passiv drückt auch im AmP die Vorzeitigkeit zum Prädikat des Satzes aus.

Der AmP kann wie das PC durch adverbiale Bestimmungen ergänzt werden:

Aditu ita patefacto ... Nachdem der Zugang auf diese Weise freigelegt worden war ...

Nuntio Romam allato ... Als die Nachricht nach Rom gelangt war ...

Weil der AmP kein Beziehungswort außerhalb des AmP hat, nennt man ihn auch ablativus absolutus.

Lektion 21

B 1 *Stellen Sie in A1 und A2 alle AmP fest und begründen Sie die Wahl Ihrer Übersetzung.*

B 2 *Überlegen Sie bei der Übersetzung, welche Konjunktion den Sinn des AmP am besten wiedergibt. Probieren Sie auch die Möglichkeit, den AmP durch ein Substantiv mit Präposition zu übersetzen:*

1. Loco circa sepulcrum purgato Cicero cum principibus Syracusanorum accessit et versus Graecos legit.
2. Sepulcro Archimedis investigato Syracusani Ciceroni gratias egerunt.
3. Germania paene superata Cherusci[1] tamen de libertate non desperaverunt.
4. Tribus legionibus caesis Germani Rhenum non transierunt[2].
5. Nuntio cladis Romam allato et princeps et cives Romani magno terrore affecti sunt.

1 Cherusci, orum m.: Cherusker (ein Germanenstamm)   2 transire (Stammformen wie ire): überschreiten

B 3 *Fügen Sie die Satzglieder unten passend in die Sätze ein und übersetzen Sie:*

1. Augustus timuit, ne tumultus Romae fieret.
2. Octavianus Romam rediit.
3. Augustus templum Iani clausit.
4. Octavianus exercitum contra auctores caedis duxit.

omnibus inimicis proelio victis – nuntio cladis Varianae Romam allato – Caesare ab inimicis necato – pace terra marique facta

B 4 *Stellen Sie Sätze zusammen und übersetzen Sie:*

Mögliche Subjekte: Populus Romanus – Troiani – Aeneas

Mögliche Wortverbindungen mit Prädikat: cum quibusdam sociis patriam reliquit – Italiam petiverunt – Pompeio imperium belli piratarum commisit – ad inferos descendit – paene in mari perierunt.

Mögliche Wortverbindungen mit AmP: multis civibus aut captis aut necatis – facultate data – urbe ab hostibus capta et deleta – multis navibus tempestate deletis – navibus magno cum gaudio solutis.

Lektion 21

C   Die Leistung der Griechen aus der Sicht eines Römers

Ciceros Bruder Quintus verwaltete von 61–58 die Provinz Asia, die damals zum großen Teil von Griechen bewohnt war. Die hohe Wertschätzung, die sein Bruder Marcus für die Kultur und Bildung der Griechen empfand, wird aus einem Brief deutlich, den er ihm zum Amtsantritt schrieb:

Ei generi hominum praeeris[1], in quo non modo ipsa[2] est, sed etiam a quo ad alios pervenit[3] humanitas. Itaque iis potissimum[4] eam tribuere[5] debemus, a quibus accepimus.

1 praeesse (m. Dat.): voranstehen, führen   2 ipsa (Nom. Sg.) f.: (sie) selbst
3 pervenire ad: gelangen zu   4 potissimum (Adv.): am meisten, besonders
5 tribuere: zuteil werden lassen

S   Römer und Griechen. Die Bewohner Italiens kamen schon früh mit den Griechen in Berührung. Seit dem 8. Jh. v. Chr. gab es in Unteritalien, u. a. in Neapel und Tarent, griechische Siedlungen. Die eigentliche Begegnung und Auseinandersetzung mit der griechischen Kultur begann aber erst, als die Römer in den Kriegen des 2. Jahrhunderts v. Chr. ins griechische Mutterland vordrangen. Die überlegene Kultur der Griechen, ihre Baukunst, Malerei, Plastik, Dichtung, Philosophie und Naturwissenschaft, beeindruckte die Eroberer so stark, dass manche konservative Römer wie M. Porcius Cato zur Abwehr des Fremden und zur Bewahrung der alten römischen Denk- und Lebensweisen aufriefen.

Zur Zeit des Kaisers Augustus war es jedoch für einen gebildeten Römer der Oberschicht selbstverständlich, die griechische Sprache zu beherrschen, griechische Dichtung, Philosophie und bildende Kunst zu kennen und seine Söhne in Athen oder Rhodos studieren zu lassen. Der Staatsmann und Redner Cicero vermittelte in seinen Schriften den Römern griechische Philosophie und Redekunst. Griechische Künstler, Techniker, Baumeister, Ärzte waren in Rom führend.

Bei der Eroberung Griechenlands war eine große Menge von Marmorplastiken, Vasen und Gemälden als Beute nach Italien gebracht worden. Auch später kam es vor, dass römische Beamte in den Provinzen wertvolle Kunstgegenstände durch Erpressung oder Raub in ihren Besitz brachten. Reiche Römer besaßen Kopien griechischer Statuen und schmückten ihre Wohnungen mit griechischen Gemälden und Vasen.

Der römische Dichter Horaz (65–8 v. Chr.) hat die „Hellenisierung" Roms in folgenden Versen beschrieben:

> *Graecia capta ferum victorem cepit et artes / intulit agresti Latio ...*
>
> Das unterworfene Griechenland eroberte den rauhen Sieger und führte die Künste ins bäurische Latium ein ... (epist. II, 1; 156 f.)

Die Römer nahmen hin, dass die Griechen ihnen in allen Bereichen der Kultur und der *humanitas*, der gebildeten und verfeinerten Lebensart, überlegen waren; sie waren aber ebenso davon überzeugt, dass sie selbst in Politik, Krieg, Verwaltung und Organisation die Tüchtigeren seien und ihnen die Herrschaft über den Erdkreis deshalb mit Recht zustehe.

22

Opferszene.
Marmorrelief aus
dem 1. Jh. n. Chr.

A 1 Die Religion der römischen Bauern

Antiquis temporibus Romani eos praecipue colebant deos, qui agricolas in agris colendis adiuvabant. Multos dies festos agricolae egerunt. Pater familias victimis[1] circa agros ducendis arva lustravit[2] et
Lares[3], deos domus et agrorum, invocavit[4]: „Oro vos, ut mihi, domui familiaeque nostrae propitii sitis. Cuius rei causa suovetaurilia[5] circa agros meos agi iussi. Facite, ut frumenta bene eveniant et pecora a morbo malo atque calamitate defendantur." Domus servandae causa colebantur Di Penates[6]. Vesta[7] dea orabatur, ne ignis foco deesset.

1 victima, ae f.: Opfertier   2 arva lustrare: Felder (religiös) reinigen, von Unheil befreien   3 Lares (Nom. Pl.): Laren (Gottheiten, die Haus und Felder beschützten)   4 invocare: anrufen, herbeirufen   5 suovetaurilia (n. Pl.): die Suovetaurilien; Dreitieropfer (feierliches Opfer von *sus*-Schwein, *ovis*-Schaf und *taurus*-Stier)   6 Di (= Dei) Penates: Penaten (Gottheiten, die Haus und Vorratskammer beschützten)   7 Vesta, ae: Vesta (Göttin des Herdfeuers)

Lektion 22

A 2   Was römische Philosophen über die Götter dachten

Gaius: Tu, Quinte, et tu, Luci, philosophiae dediti estis multaque de natura deorum quaesivistis. Dic, Quinte: Suntne dei? Censesne eos colendos timendosque esse?

5 Quintus: Scis, mi Gai, me Epicurum, philosophum illum praeclarum, colere, qui deos certe esse censuit. Ille eos procul ab hominibus locis pulchris habitare docuit. Constat eos semper maxima in voluptate atque beatitudine vivere. Numquam dolore neque ullo munere neque labore afficiuntur.
10 Nihil agunt, ne qua res voluptati eorum obsit.

Gaius: Ea vero maxima beatitudo est, quam Epicurus ille deis immortalibus attribuit. Sed dic: Reguntne illi dei mundum? Curantne rebus humanis? Puniuntne malos homines? Bonosne praemiis afficiunt?

15 Quintus: Ut dixi: Dei nihil agunt. Non est eis voluntas generis humani regendi. Neque ira erga malos neque gratia erga bonos afficiuntur. Certe dei colendi sunt, neque vero timendi. Nam Epicurus deis mundum regendum non attribuit. Illud hominum est: malos cives coercere gratiasque
20 agere bonis. –

Gaius: Tu, Luci, disciplina Stoicorum doctus es. Quae est sententia illorum? Quid de natura deorum nos docent?

Lucius: Certe nostra quidem sententia dei immortales et mundum totum numine regunt et rebus humanis intersunt. Itaque
25 dei hominibus non modo sacrificiis colendi sunt, sed etiam curandum est nobis, ut fidem, iustitiam, pietatem servemus. Ea enim omnia profecta[1] sunt a numine atque voluntate deorum, qui homines ratione et moribus bonis vitam agere iusserunt.

1 profecta sunt a...: sie haben ihren Ursprung in

1. *Stellen Sie die in Text* A2 *vorgetragenen Meinungen über Leben und Aufgaben der Götter einander gegenüber.*
2. *Welche Regeln stellt Lucius für das menschliche Verhalten auf, und wie begründet er sie?*
3. *Was erwarten die römischen Bauern in Text* A1 *von den Göttern? Welche Philosophenmeinung in* A2 *kommt dieser Einstellung am nächsten?*

Syntaktische und semantische Funktionen des Gerundivums

Das Gerundivum ist ein Verbaladjektiv, das in KNG-Kongruenz mit seinem Beziehungswort steht. Es ist wie das Gerundium aus dem Präsensstamm und dem Kennzeichen -nd- gebildet und wird nach der ā- und o-Deklination dekliniert.

1. Es steht als Prädikatsnomen bei einer Form von *esse* und gibt an, dass etwas getan werden muss. Wird es verneint, gibt es an, dass etwas nicht getan werden darf / soll. Die Person, die etwas tun muss / nicht tun darf, steht im Dativ.

Dei hominibus colendi sunt.	Die Götter müssen von den Menschen verehrt werden.
Dei hominibus timendi non sunt.	Die Götter sollen von den Menschen nicht gefürchtet werden.
Censesne deos colendos esse?	Meinst du, dass die Götter verehrt werden müssen?
Curandum est ...	Man muss dafür sorgen ...

2. Es steht als Attribut eines im Genitiv stehenden Satzgliedes.

Voluntas generis humani regendi	der Wille, die Menschheit zu regieren

   (statt des selteneren *voluntas regendi genus humanum*)
   Übersetzung: Infinitiv mit *zu*

3. Es steht in prädikativer Verwendung satzwertig bei Verben des Gebens, Überlassens, Besorgens.

Quidam philosophi deis mundum regendum attribuerunt.	Manche Philosophen haben den Göttern die Welt zum Regieren zugewiesen.

   (*mundum regendum* statt *ut mundum regerent*)

   Semantik: final

   Übersetzung: *zum* und substantivierter Infinitiv

Lektion 22

4. Es steht in prädikativer Verwendung satzwertig bei Substantiven im Ablativ.

Pater familias victimis circa agros ducendis arva lustravit.	Der Familienvater reinigte die Felder dadurch, dass er die Opfertiere um die Felder führte / durch das Führen von Opfertieren um die Felder.

Semantik: modal

Übersetzung: Gliedsatz mit *dadurch, dass* oder *indem*; Präpositionalausdruck mit *durch*

5. Es steht in prädikativer Verwendung satzwertig in Präpositionalausdrücken.

a) mit *in*

Dei agricolas in agris colendis adiuvant.	Die Götter unterstützen die Bauern beim Bestellen der Äcker.

(*in agris colendis* statt *dum agros colunt*)

Semantik: temporal

b) mit *ad*

Cicero Syracusanos ad sepulcrum Archimedis investigandum incitavit.	Cicero spornte die Syrakusaner an, nach dem Grab des Archimedes zu forschen.

(*ad sepulcrum investigandum* statt *ut investigarent*)

Semantik: final

c) mit *causā*

Agricolae domus servandae causā Deos Penates colebant.	Die Bauern verehrten die Penaten, um ihr Haus unversehrt zu erhalten.

(*domus servandae causā* statt *ut domum servarent*)

Semantik: final

Das Demonstrativpronomen ille, illa, ill**ud** – jener, jene jenes

	Sg.			Pl.		
Nom.	ille	illa	illud	illī	illae	illa
Gen.	illīus	illīus	illīus	illōrum	illārum	illōrum
Dat.	illī	illī	illī	illīs	illīs	illīs
Akk.	illum	illam	illud	illōs	illās	illa
Abl.	illō	illā	illō	illīs	illīs	illīs

B 1 *Welche der oben erklärten Verwendungen des Gerundivums liegt in folgenden Sätzen vor?*

1. Imperator Romanus urbem expugnatam militibus diripiendam dedit.
2. Pompeius, ut piratas opprimeret, cives Romanos omni modo ad naves aedificandas incitavit.
3. Quidam philosophi deos mortalibus colendos timendosque censuerunt, ne fides atque pietas ex hominibus tollerentur.

B 2 *Übersetzen Sie die Wortblöcke:*

in quaerendo – in amicis quaerendis – amici quaerendi causa – ad ludos spectandos – finem orandi – in petenda pace – paratus ad bellum gerendum – voluntas libertatis servandae – fide erga amicos servanda – facultas itineris faciendi.

B 3 *Übungen zur Wortkunde:*

Wiederholen Sie: recipere – reddere – redire – referre – relinquere – repugnare – respondere – restituere.

Erschließen Sie: recedere – recreare – reducere – reficere – remanere – renovare – repellere – reponere – reportare – revocare.

Wiederholen Sie: declarare – deesse – defendere – deicere – deinde – demonstrare – descendere – deserere – desperare – detegere – deterrere – detrimentum.

Erschließen Sie: decedere – deducere – demens (Adj.) – depellere – deponere – deportare – detrahere – detinere.

Lektion 22

B 4 *Bestimmen Sie die Verbformen:*

toleratur – tolerandus – patebit – incoluerunt – vexatis – vexandi – promissi – periit – exit – conficiet – animadvertat – volat – supererunt – inveniendum – inventum – circumdas – accusatas – relinquendo.

S **Römische Religion.** Die Römer verehrten viele Götter und waren sorgfältig darauf bedacht, ihr Wohlwollen zu gewinnen oder es sich zu erhalten.
Schlechte Ernten, Krankheiten, Missgeschick und Unglücksfälle schrieb man dem Zorn der Götter zu, darum war man bestrebt, sie

Weihgabe aus Silber an die Götter Apollo, Minerva und Merkur. Weißenburger Schatzfund.

durch genau festgelegte Opfer günstig zu stimmen oder zu besänftigen. Die Beziehung zwischen Göttern und Menschen stellte man sich als eine Art Vertragsverhältnis vor: Die Menschen leisten ehrfürchtig das, was den Göttern gebührt, und erhalten von ihnen entsprechende Gegenleistungen. Ein gutes Verhältnis zu den Göttern bezeichneten die Römer als pax deum (= pax deorum). Die frühesten Bewohner Roms waren Bauern und Hirten, ihr Leben prägte in alter Zeit das religiöse Denken. Es war hauptsächlich auf die Natur bezogen, außerdem auf Haus und Hof. Die Penaten (*penates*) schützten die Vorratskammer und bewahrten die Familie vor Mangel und Hunger. Vesta war die Göttin des immer brennenden Herdfeuers. Laren (*lares*) waren Haus- und Feldgötter, denen man im Haus und an Feldwegen kleine Heiligtümer errichtete.
In der römischen Staatsreligion der späteren Zeit waren die wichtigsten Götter der Himmelsgott Iuppiter und seine Gemahlin Iuno, Minerva, die Göttin des Handwerks und der Künste, sowie der Kriegsgott Mars. Für sie gab es einen staatlichen Kult, ihre Tempel standen im Zentrum Roms. Die Römer kannten keinen besonderen Priesterstand. Die senatorische Oberschicht stellte die Priesterkollegien; der *pontifex maximus*, der Oberpriester, wurde aus den Reihen der führenden Politiker vom Volk auf Lebenszeit gewählt. Vor jeder wichtigen politischen Handlung, z. B. vor einer Kriegserklärung, wurden von den Beamten oder dem Feldherrn die *auspicia* eingeholt: Die Mitglieder eines Priesterkollegiums, dessen Aufgabe die Deutung göttlicher Zeichen war, die *augures*, wurden beauftragt, durch die Beobachtung des Vogelfluges herauszufinden, ob die Götter der beabsichtigten Handlung zustimmten.

Die Römer öffneten ihre Stadt auch den Göttern anderer Völker und Religionen. So wurden griechischen Göttern wie Apollon, dem Gott der Weissagung und der schönen Künste, und Asklepios (lat. Aesculapius), dem Gott der Heilkunst, in Rom Kultstätten und Tempel errichtet. Andere Götter der Griechen haben die Römer mit eigenen gleichgesetzt: den griechischen Götterboten Hermes mit Mercurius, ihrem Gott der Wege und der Kaufleute; die griechische Liebesgöttin Aphrodite mit Venus; Poseidon, den griechischen Meeresgott, mit Neptunus, dem römischen Gott der Flüsse und Meere. Die fremde Gottheit wurde hier von der römischen her aufgefasst und verstanden. In der Kaiserzeit wurden auch Gottheiten aus dem Orient in Rom heimisch, z. B. die ägyptische Isis.

23

Nach dem Tod Kaiser Neros konnte sich 69 n. Chr. der Feldherr *Titus Flavius Vespasianus* gegen drei Mitbewerber als neuer Kaiser durchsetzen. Die von den inneren Auseinandersetzungen geplagten Bewohner des Reiches, vor allem die der Provinzen, erhofften von ihm wieder Frieden und neues Glück, wie der römische Geschichtsschreiber *Cornelius Tacitus* in seinen *Historiae* berichtet.

A Kann der Kaiser Wunder tun?

Bello civili confecto Vespasianus imperator iter per Alexandriam[1] faciens a plebe illius urbis undique concurrente salutatus est. Illi imperatorem ut patrem patriae et salutis novae auctorem quasi deum
5 colebant.
Subito homo morbo oculorum vexatus ex illa multitudine ante pedes eius volvitur remedium caecitatis[2] poscens. Magna voce clamat se a Serapide[3] deo per somnum monitum, ut Romanorum imperatorem adiret.
10 Interrogante autem Vespasiano: „Qua re tibi auxilium feram?" orat ille, ut oculos spargeret oris excremento[4]. Imperator ridere, negare. At illo instante Vespasianus primum famam vanitatis metuit, deinde vocibus suadentium adductus medicos de illa re consuluit. Quibus autem respondentibus vim oculorum illi nondum deletam et redituram,
15 si adhiberetur vis salubris, Vespasianus illud deis fortasse cordi esse putavit. Igitur non iam dubitans facit illa, quae postulantur. Et redit caeco lux.

1 Alexandria, ae f.: Alexandria (damals Hauptstadt von Ägypten)   2 caecitas, tatis f.: Blindheit   3 Serapis, Serapidis m.: Serapis (ägyptische Gottheit)   4 oris excrementum, i n.: Speichel

1. Schildern Sie möglichst knapp den Ablauf der Geschehnisse.
2. Welche Hinweise auf den Charakter des Kaisers enthält die Geschichte?
3. Welche Wirkung erzielt die besondere Form des letzten Satzes?
4. Was meinen Sie: Ist der letzte Satz glaubwürdig?

Syntaktische Funktionen des Partizip Präsens Aktiv (PPA)
Wie das PPP füllt das PPA

1. die Satzstelle Attribut

   Imperator a plebe concurrente salutatus est.
   Der Kaiser wurde vom Volk, das zusammenlief* (vom zusammenlaufenden Volk), begrüßt.
Übersetzung: Relativsatz oder Partizip Präsens

   Vespasianus vocibus suadentium adductus est...
   Vespasian wurde durch die Stimmen der Zuredenden veranlasst...

2. die Satzstelle adverbiale Bestimmung

   a) als satzwertiges participium coniunctum

   Imperator iter per urbem faciens a plebe salutatur.
   Der Kaiser wird, während er durch die Stadt geht*, vom Volk begrüßt.

   b) als satzwertiger Ablativ mit Partizip

   Illo instante Vespasianus medicos consuluit.
   Weil/Als jener beharrlich blieb*, befragte Vespasian die Ärzte.

Semantische Funktionen des PPA

   temporal: während, als
   kausal: weil, da
   konzessiv: obwohl, obgleich

Zeitverhältnis

Das PPA drückt wie im AcI der Infinitiv Präsens die Gleichzeitigkeit aus.

* Das Tempus des Gliedsatzes richtet sich nach dem Tempus des Prädikats.

Das PPA ist aus dem Präsensstamm des Verbs und dem Kennzeichen -nt- (im Nom. Sg.: -ns) gebildet; es wird mit Ausnahme des Ablativ Singular, der auf -e endet, wie ein Adjektiv der i-Deklination nach dem Muster *felix* dekliniert.

laudare – laudans   (Gen. laudantis) m.f.n. : lobend
studere – studens   (Gen. studentis) m.f.n. : strebend
crescere – crescens (Gen. crescentis) m.f.n. : wachsend
capere – capiens   (Gen. capientis) m.f.n. : fassend
audire – audiens   (Gen. audientis) m.f.n. : hörend

Das PPA steht in KNG-Kongruenz mit seinem Beziehungswort.

Statt eines Perfekts steht zum Ausdruck der Lebhaftigkeit einer Handlung manchmal ein historischer Infinitiv oder ein historisches Präsens.
Wir übersetzen gewöhnlich mit dem Präteritum.

Imperator primum ridere, negare, deinde medicos interrogavit.
  Zuerst lachte der Kaiser, ...

Et redit caeco lux.   Und wirklich kehrte...

B 1 *Schreiben Sie das Partizip und sein Beziehungswort heraus, bestimmen Sie die Funktion des Partizips im Satz und übersetzen Sie:*

1. Multitudo imperatorem videre cupiens undique concurrebat.
2. Vespasianus medicis suadentibus fecit, quae postulabantur, et ita caeco illi saluti fuit.
3. Pater familias victimas[1] circa agros agens auxilium deorum implorat.
4. Archimedes militem Romanum domum suam invadentem circulos suos turbare[2] vetuit.
5. Ciceroni diu sepulcrum illius viri quaerenti tandem illa columella[3] apparuit.
6. Cicero illud sepulcrum invenit civibus Syracusanis id omnino esse negantibus.

1 victima, ae f.: Opfertier   2 circulus suos turbare: seine Kreise stören
3 columella, ae f.: Grabsäule

Lektion 23

B 2 *Schreiben Sie die Sätze ab, setzen Sie dabei die Wortblöcke in die Lücken der Sätze ein und übersetzen Sie (es bleiben keine Wortblöcke übrig!):*

invidiam civium metuens – muro magno circumdata – potestati senatorum repugnantes – nullo defendente – imperatorem adiens

1. Urbs ~~~ a Poenis expugnata non est.
2. Augustus ~~~ se dominum appellari vetuit.
3. Muri ~~~ ab hostibus capti sunt.
4. Tribuni plebis ~~~ multis viris nobilibus odio erant.
5. Vir caecus ~~~ auxilium poposcit.

B 3 *Wiederholen Sie die Verben:*

accipere – accusare – accedere – addere – adesse – adire – adiuvare – advenire – afferre – afficere – apparere – appellare – appropinquare – attribuere – adhibere.

Welche Veränderungen erfährt die Vorsilbe ad- *und wie sind sie zu erklären?*

Erschließen Sie: adducere – adicere (*verwandt mit iactare*) – admittere – admonere – adorare – admovere – advolare – attingere (*von* tangere) – advocare – attrahere.

Welche Bedeutung der Vorsilbe per- *wird aus* pervenire *ersichtlich?*

Erschließen Sie: peragere – percurrere – perducere – perficere – perferre – perscribere – perspicere (*verwandt mit* spectare).

Welche Bedeutung der Vorsilbe per- *wird aus* perire – perfidia – perditus *ersichtlich?*

B 4 *Wiederholen Sie die unten verzeichneten Adverbien und Konjunktionen und sortieren Sie nach Orts- und Zeitangaben:*

semper – saepe – statim – tandem – primo – procul – prope – post – mane – mox – ibi – hic – iam – dum – cum – demum – denique – diu – circa – nondum – postquam – ubi – non iam – numquam – olim – nunc.

B 5 *Bestimmen Sie die Formen:*

vocantem – ad vocandum – vocanti – vocati – corpore – bellante – occultando – occultato – orantes – audendo – ornans – errantes – errores – discentes – dicendi – ingenti – docentibus – interitus – doctis – audentes – ingentis – intermittens – doces – docentes.

Lektion 23

Senat und Volk ehren Titus Vespasianus

Der Titusbogen auf dem Forum Romanum erinnert an den Sieg des Kaisers Vespasian und seines Sohnes Titus über die Juden und die Eroberung Jerusalems 70 n. Chr. Er trägt die hier in Umzeichnung wiedergegebene Inschrift:

```
           SENATUS
      POPULUSQUEROMANUS
    DIVOTITODIVIVESPASIANIF
       VESPASIANOAUGUSTO
```

divus (Anfang Zeile 3: göttlich (nach dem Tod unter die Götter erhoben);
F (Ende Zeile 3 = F(ilio)

135

Lektion 24

Der Philosoph L. Annaeus Seneca
(um 4 v. Chr. - 65 n. Chr.).

A 1 De Seneca philosopho

L. Annaeus Seneca Cordubae[1] in urbe Hispaniae natus iam iuvenis Romam venit, ut arte rhetorica instrueretur. Pater eius magnus orator fuerat, qui de hac arte multos libros conscripserat.
5 Seneca iuvenis, quamquam rem publicam capessere[2] constituerat, non modo oratores bonos, sed etiam philosophos praeclaros audivit. Ab Agrippina[3] invitatus, ut Neronem, filium eius, futurum imperatorem, educaret, Seneca non modo Neroni iuveni, sed etiam Neroni principi aliquos annos bono consilio adfuit.
10 Sed postea Seneca a Nerone coniurationis insimulatus[4] morte damnatus est. Ille, ut philosophus, quamquam falso crimine[5] accusatus erat, interritus et quasi laeto animo mortem obiit.
Usque ad hunc diem libri huius philosophi a multis hominibus leguntur.

1 Corduba, ae: Córdoba   2 rem publicam capessere: in den Staatsdienst treten
3 Agrippina: Agrippina, Mutter des Kaisers Nero   4 insimulare (m. Gen.): eines Verbrechens beschuldigen   5 falso crimine: unter einem falschen Vorwurf

A 2 Eine radikale Auffassung vom menschlichen Glück

Philosophus: Philosophia scientia bonorum et malorum est.
Nulla enim alia ars de bonis ac malis quaerit.

Discipulus: Omnes homines bene vivere optant.
Dic: Quae bona optanda sunt, ut bene vivamus?

Philosophus: Ea bona sunt, quae dat natura et comprobat ratio.

Discipulus: Quaenam sunt ista?

Philosophus: Non esurire[1], non sitire[2], non algere.
Haec vera bona sunt. Hoc lex naturae nos docet.

Discipulus: Nonne pulchrum est divitias habere, ut omnia, quae animus desiderat, parare possis?

Philosophus: Divitias istas paravisse non est finis miseriarum, quae nos urgent, sed solum mutatio, ut Seneca ille dixit. Etiam divitem urgebit paupertas: Quamvis multum possideat, semper plus cupit. Ipse[3] enim non mutabitur.

Discipulus: Quid de illis dicis, qui potestate imperioque florent? Nonne reges principesque felices habemus?

Philosophus: Ista omnia, quae multis admiratione digna videntur, opinione bona sunt. Reges isti praeclari personam prae se ferunt[4]. Despolia eos illā personā[4] et contemnes eos – nudi sunt. His omnibus contentionibus liberandus est animus eius, qui vere liber esse vult. Hunc exspectant expulsis omnibus erroribus tranquillitas animi et libertas. – Felix erit.

1 esurire: Hunger haben   2 sitire: Durst haben   3 ipse (Nom. Sg. m.): er selbst
4 persona: (Schauspieler)maske; personam prae se ferre: eine Maske tragen

1. In A2, Zeile 2–6, tauchen immer wieder die Begriffe bona und mala auf. Was versteht der Philosoph darunter? Welche Übersetzungen treffen die Bedeutungen am besten?
2. Erläutern Sie, was in Zeile 14 mit paupertas gemeint ist. Beachten Sie die Erklärung, die der Philosoph gibt.
3. Was könnte der Philosoph mit dem Begriff persona (Schauspielermaske) in Zeile 20 und 21 meinen?
4. Wie kann man sich ein Leben in wirklicher libertas, das Seneca als erstrebenswertes Ziel darstellt, vorstellen?

Lektion 24

Zur Semantik der Demonstrativpronomina hic, ille, iste

hic bezeichnet das, was dem Sprechenden örtlich oder zeitlich am nächsten liegt.
Haec (*die eben genannten*) vera bona sunt.

ille bezeichnet das, was dem Sprechenden ferner liegt.
Quid de illis (*von jenen anderen*) dicis...?
Oft hat *ille* die Bedeutung *jener bekannte, berühmte*.
Socrates ille

iste bezeichnet das, was dem Sprechenden gegenüberliegt oder bereits angesprochen wurde.
Ista omnia (*all das eben Erwähnte*) bona non sunt.

iste hat oft, zumal in Streitgesprächen, einen verächtlichen Nebensinn.
Divitiae istae – Dieser (*von mir verachtete*) Reichtum

---

iste, ista, istud – *dieser (da), diese (da), dies / das (da)* wird nach dem Muster *ille, illa, illud* dekliniert.

Das Demonstrativpronomen hic, haec, hoc – dieser, diese, dieses

	Sg.			Pl.		
Nom.	hic	haec	hoc	hī	hae	haec
Gen.	huius	huius	huius	hōrum	hārum	hōrum
Dat.	huic	huic	huic	hīs	hīs	hīs
Akk.	hunc	hanc	hoc	hōs	hās	haec
Abl.	hōc	hāc	hōc	hīs	hīs	hīs

Das Plusquamperfekt Indikativ bezeichnet die Vorzeitigkeit gegenüber einem Tempus der Vergangenheit.

Vespasianus fecit id, quod medici suaserant.
Vespasian tat das, was die Ärzte geraten hatten.

Die Formen des Plusquamperfekt Aktiv sind vom Perfektstamm aus gebildet. Das Plusquamperfekt Passiv setzt sich zusammen aus: Part. Perf. Passiv + Imperfekt von *esse*.

Das Plusquamperfekt	
Aktiv	Passiv
laudāv-eram	laudātus, a, um eram
laudāv-erās	erās
laudāv-erat	erat
laudāv-erāmus	laudātī, ae, a erāmus
laudāv-erātis	erātis
laudāv-erant	erant

1 *Schreiben Sie die Prädikate der Gliedsätze und der Hauptsätze heraus und bestimmen Sie das jeweilige Zeitverhältnis, bevor Sie übersetzen:*

1. Multitudo, quae undique concurrerat, Vespasianum magno clamore salutavit.
2. Vir caecus, qui a Serapide deo monitus erat, ut auxilium ab imperatore imploraret, ante pedes eius volvebatur.
3. Vespasianus, quae vir caecus poposcerat, fecit.
4. Nam quidam medicorum, qui ab eo consulti erant, ei suadebant, ut id faceret, quamquam alii metuerant, ne princeps in famam vanitatis veniret.
5. Hac re feliciter confecta fama imperatoris a multitudine, quae hoc suis oculis viderat, in caelum sublata est.

2 Übungen zur Wortkunde

Wiederholen Sie: immortalis – infelix – infestus – inhumanus – inimicus – inopia (*vgl.* copia) – ignorare – ignotus.

Erschließen Sie: incertus – intactus – impietas – invictus – ingratus (*vgl.* gratia) – infinitus – infamia – infortunatus.

3 *Die Anfangsbuchstaben aller Partizipien Präsens ergeben einen Spruch, den man manchmal auf alten Uhren findet:*

fortiter – medio – vitio – manentes – pulverem – culpae – offerenti – quamdiu – tristitia – furore – regentium – spargentia – internas – gentes – claudentes – industriam – eminentem – negotii – quando – ridens – telum – tenenti – aliquot – attente – advenientibus – honorante – duobus – obsidentibus – mentibus – intermittas – repugnans – audentia – nondum – instruentes – narrans – tales – cogitante – provident – expellentes – detrimenta – recipientis – industriis – tangente – tres – apportantes.

Lektion 24

C Seneca fragt: „Macht Reisen einen Menschen besser?"

Quid prodest per maria navigare et urbes mutare, si vis ista, quae te urgent, effugere? Non alibi[1] sis oportet[2], sed alius!

1 alibi (Adv.): anderswo   2 sis oportet = oportet, (ut) sis: du musst sein

1. Was könnte Seneca mit ista gemeint haben?
2. Deuten Sie den letzten Satz.

S Antike Philosophie. Mythen und Sagen vieler antiker Völker erzählen vom Ursprung der Welt und von Taten und Leiden der Götter und Menschen. Bei den Griechen bildete sich seit dem 7. Jh. v. Chr. eine andere Denkweise heraus. Sie fragten z. B.: „Aus welchem Stoff ist die Welt entstanden? Wie kann man die in der Natur beobachteten Vorgänge verständlich erklären? Was können meine Sinnesorgane von der Welt erkennen, und wie zuverlässig sind ihre Wahrnehmungen?" Der Athener Sokrates (gest. 399 v. Chr.) fragte: „Wie soll sich ein Mensch seinen Mitmenschen gegenüber verhalten? Gibt es verbindliche Regeln dafür, und kann man sie durch Nachdenken und Diskutieren herausfinden?" *Philosophia* – Liebe zur Weisheit – nannten die Griechen das ständige Fragen, das jede Antwort wieder einer neuen Verstandesprüfung unterzieht.

Der nüchtern-praktischen Denkweise der meisten Römer lag philosophische Theorie fern, zwei philosophische Richtungen der Griechen fanden jedoch in Rom Interesse: die Lehren der Stoiker und die der Epikureer. Die Stoiker sehen den Menschen als Teil der von den Göttern geschaffenen und sinnvoll geordneten Natur. Durch die Fähigkeit, vernünftig zu denken, hat der Mensch Anteil an der in der Natur wirkenden Weltvernunft (griech. *logos*). Das zeichnet ihn vor allen anderen Lebewesen aus. Pflicht des Menschen ist es, sich von unvernünftigen Begierden und Neigungen (*affectus*) zu befreien und allein die Vernunft (*ratio*) zur Richtschnur seines Handelns zu machen. Sein ständiges Streben nach Vollkommenheit macht ihn geistig unabhängig von allen Schicksalsschlägen: „Stoische Ruhe" macht ihn zu einem wahrhaft freien Menschen.

Epikur (gest. 270 v. Chr. in Athen) lehrte: Der Mensch hat natürliche Anlagen und Triebe, sie sind die Grundlage seines Handelns. Wie alle Lebewesen strebt auch er nach Genuss, Freude und Wohlbefinden (griech. *eudaimonia*) und braucht deswegen kein schlechtes Gewissen zu haben. Als Vernunftwesen kann er jedoch falsche und schädliche Begierden (z. B. Streben nach Luxus, Reichtum, Macht) von solchen unterscheiden, die seiner Natur gemäßer sind und deren Erfüllung ihm dauerhafte Freude und Wohlbefinden verschafft. Ein Epikureer wird z. B. Freundschaft im kleinen Kreis von Gleichgesinnten suchen, jedoch nicht in der Öffentlichkeit und in der Politik hervortreten, denn die Vernunft lehrt ihn, dass Mäßigkeit, Freundschaft und ein Leben in der Stille den Menschen glücklicher machen als Macht und Ruhm. Auf seine Weise erstrebt auch der Epikureer Seelenruhe und innere Freiheit.

„Schule von Athen". Gemälde von Raffael, entstanden etwa 1510.

25

Als C. Iulius Caesar 47 v. Chr. die Alleinherrschaft erkämpft hatte, zog sich Cicero aus dem aktiven politischen Leben Roms, in dem er vorher eine große Rolle gespielt hatte, zurück. In seiner 44 v. Chr. veröffentlichten Schrift *De officiis* begründet er seinen Rückzug aus der *vita activa* in die nur dem Zuschauen und Nachdenken gewidmete *vita contemplativa*.

A Erzwungene Muße unter einer Diktatur

Multi homines, cum illam a philosophis promissam animi tranquillitatem expeterent, a negotiis publicis in otium recesserunt. Alii, viri severi et graves, cum populi vel principum mores ferre non potuissent, vixerunt otiosi in agris suis re sua familiari delectati. In his cum

Lektion 25

M. Tullius Cicero.

fuissent homines nobiles summique viri, tamen fructuosiorem[1] generi humano iudicabam vitam illorum, qui omnes curas in rem publicam gerendam contulerunt.
Ego quidem quamdiu res publica libera erat, id est quamdiu per eos
10 administrabatur, quibus se ipsa commiserat, omnes meas curas in eam conferebam, ita ut mihi otium scribendi non esset. Cum autem omnia in arbitrium unius translata essent neque esset usquam consilio aut auctoritati locus, cum socios servandae rei publicae omnes amisissem, cum denique res publica nulla esset, ipse me ad haec phi-
15 losophiae studia contuli.
Nihil agere enim animus meus non potuit. Igitur quibus studiis adulescens multum temporis tribueram discendi causa, iisdem tunc me dedi ad angores[2] molestiasque meas deponendas. His re publica eversa confectus essem, nisi iis restitissem.
20 Ita mihi satis temporis otiique dabatur, ut ea tandem litteris mandarem, quae erant parum nota Romanis et erant cognitione digna. Sed tamen mallem res publica stetisset eodem, quo coeperat, statu neque in homines evertendarum rerum cupidos incidisset!

1 fructuosiorem (Akk. Sg.) f.: fruchtbarer, nützlicher   2 angor, oris m.: Angst; Kummer

1. Worin sieht Cicero die eigentliche Aufgabe eines Römers der Oberschicht?
2. Stellen Sie aus Zeile 9–14 die für Cicero wichtigen Merkmale einer res publica *zusammen.*

3. Interpretieren Sie den Satz in Zeile 20-21 im Zusammenhang mit dem Text 19 C, S. 110.

Zur Semantik der Konjunktion cum mit dem Konjunktiv

Bei der Konjunktion *cum* hat der Konjunktiv nur die Funktion, die gedankliche Unterordnung des Gliedsatzes unter den Hauptsatz anzuzeigen. Der Gliedsatz wird mit dem Indikativ übersetzt.

Semantik	Übersetzung
temporal	als; nachdem
kausal	da; weil
konzessiv	obwohl; obgleich
adversativ	während (dagegen)

Der Konjunktiv Plusquamperfekt drückt in vielen Fällen (wie der Indikativ Plusquamperfekt) die Vorzeitigkeit aus.

Cum socios servandae rei publicae amisissem, me ad philosophiae studia contuli. – Als ich meine Bundesgenossen ... verloren hatte, widmete ich mich ...

Der Konjunktiv Plusquamperfekt bezeichnet als Irrealis (wie im Deutschen) den nur vorgestellten, nicht wirklich eingetretenen Fall in der Vergangenheit.

His angoribus confectus essem, nisi iis restitissem. – Dieser Kummer hätte mich umgebracht, wenn ich ihm nicht Widerstand geleistet hätte.

Konjunktiv Plusquamperfekt		
Aktiv	Passiv	
laudāv-issem	laudātus, a, um	essem
laudāv-issēs		essēs
laudāv-isset		esset
laudāv-issēmus	laudātī, ae, a	essēmus
laudāv-issētis		essētis
laudāv-issent		essent

Lektion 25

	Das Pronomen īdem – derselbe					
	Singular			Plural		
Nom.	īdem	eadem	idem	īdem (iīdem)	eaedem	eadem
Gen.	eiusdem	eiusdem	eiusdem	eōrundem	eārundem	eōrundem
Dat.	eīdem	eīdem	eīdem	iīsdem	iīsdem	iīsdem
Akk.	eundem	eandem	idem	eōsdem	eāsdem	eadem
Abl.	eōdem	eādem	eōdem	iīsdem	iīsdem	iīsdem

(Dat. und Abl. Pl. auch eīsdem)

B 1 Philosophen sind nicht unfehlbar

Seneca divitias philosopho comparandas non esse docebat, cum ipse maximas collegisset. Idem gloriam honoresque in foro expetendos non esse censuit, cum ipse sub Nerone[1] principe aliquos annos imperium Romanum administravisset. Quae cum quidam ei obiecissent[2] dixissentque „Aliter[3] loqueris[4], aliter[3] vivis", respondit philosophus „De virtute, non de me loquor[4], et cum vitiis convicium[5] facio, in primis meis facio."

1 Nero, Neronis: Nero (röm. Kaiser 54–68 n. Chr.)   2 obicere (Perf.: obieci): vorwerfen   3 aliter (Adv.): anders   4 loquor: ich rede; loqueris; du redest   5 convicium, i n.: Tadel

In welcher Situation könnte man einem Diskussionspartner entgegenhalten:
„Si tacuisses, philosophus mansisses"?

B 2 *Stellen Sie aus Text A alle cum-Sätze zusammen, und geben Sie jeweils die Art der gedanklichen Unterordnung an.*

B 3 *Bestimmen Sie:*

vellem – noluissem – postulem – insignem – effugerem – decem – cladem – cederem – adhiberem – tolerem – tollerem – tulissem – mallem – rationem – novem – patefecissem – caedem – caederem – conscribendum – oraculum – nefastum – scelerum – pedum – propitium – studium – vultum – ominum – ullum – vitium – praemium – quaestorum – evadendum.

Lektion 25

B 4 *Übungen zur Wortkunde*

otium – otiosus.

Die an einen Substantivstamm angefügte Endung -ōsus bezeichnet eine Eigenschaft; oft sagt sie auch, dass etwas in großer Zahl und Fülle vorhanden ist.

Erschließen Sie und geben Sie jeweils die Grundwörter an:

negotiosus – numerosus – odiosus – calamitosus – copiosus – fabulosus – famosus – laboriosus – religiosus – scelerosus – verbosus – pecuniosus – perniciosus – operosus – insidiosus – vitiosus.

B 5 *Stellen Sie alle Ihnen bekannten Wörter aus dem Sachfeld* res publica *zusammen.*

Marcus Tullius Cicero wurde 106 v. Chr. in Arpinum, einer Kleinstadt in der Nähe Roms, geboren. Sein Vater ließ ihn in Rom in Rechtskunde und Redekunst ausbilden, danach studierte er in Athen und auf Rhodos griechische Philosophie und Rhetorik. Schon früh machte er sich einen Namen als Redner und als Verteidiger vor Gericht, aber auch als Ankläger korrupter Standesgenossen, z. B. des Prätors Verres, der als Statthalter die Provinz Sizilien ausgeplündert hatte. Obwohl die Familie seines Vaters nicht dem Senatsadel (*nobilitas*) angehörte, durchlief er die römische Ämterlaufbahn bis zum Konsulat; 63 v. Chr. wurde er zum Konsul gewählt. Sein mutiges Eintreten für die republikanische Ordnung und Freiheit brachte ihn in Konflikt mit Politikern wie C. Iulius Caesar, die nach der Alleinherrschaft strebten. Als er sich nach Caesars Ermordung in leidenschaftlichen Senatsreden für die Wiederherstellung der res publica einsetze, machte er sich die neuen Machthaber, das Triumvirat des Caesarerben Octavian (später Augustus) mit Antonius und Lepidus, zu Feinden und wurde 43 v. Chr. geächtet und ermordet. Als Politiker konnte Cicero sich gegen das Machtstreben eines Caesar oder Octavian nicht behaupten. Als Redner und Schriftsteller jedoch überragte er seine Zeitgenossen. In seinem Hauptwerk *de re publica* entwarf er ein Musterbild des römischen Staates und stellte seine Ideen von Ordnung und Freiheit dem Verfall der alten republikanischen Gesinnungen gegenüber. Groß war seine sprachliche Leistung. Es ist zu einem beträchtlichen Teil sein Verdienst, dass Latein zu einer geschmeidigen, zur Abstraktion fähigen, klaren Sprache wurde, die auch nach dem Untergang des Römischen Reiches die Sprache blieb, in der sich Naturwissenschaftler, Juristen, Philosophen und Theologen über ein Jahrtausend lang in ganz Europa miteinander verständigten. Aber auch die Gedanken der großen griechischen Denker lernte das christliche Westeuropa durch Ciceros Schriften zur Staatslehre, Ethik, Theologie und Rhetorik kennen, lange bevor die Humanisten die griechischen Quellen wiederentdeckten.

Lektion 26

Das, was wir heute als Umweltprobleme, vor allem in den Großstädten kennen, war auch der Antike nicht unbekannt. Viele römische Schriftsteller beklagen Gestank, Staub, Lärm des Straßenverkehrs Tag und Nacht und vor allem die Feuergefahren in der Großstadt Rom. So auch der Dichter *Iuvenalis* (60-127 n. Chr.) in seinen *Saturae*, „Satiren".

A 1 Arme Leute schlafen schlecht in Rom

Antiquis iam temporibus Romani multa de miseriis querebantur, quae iis patiendae erant, qui in urbe Roma versabantur et, cum pauperes essent, in insulis[1] misere vitam agere cogebantur. „Quem meritoria[2] somnum admittunt?", Iuvenalis poeta in Saturis questus est et: „Magnis opibus dormitur in urbe. Inde caput morbi." Somnum eripiebant incolis non solum transitus raedarum[3] noctu per vias angustas euntium, sed etiam pecorum agmina, quae a servis clamantibus per vicos[4] agebantur. Qui strepitus, ut idem poeta addidit, etiam „Druso[5] vitulisque marinis[6]" somnum eripuisset.

1 insula, ae f.: hier: Mietskaserne; Wohnblock   2 meritoria, orum (Pl.) n.: Mietwohnungen   3 raeda, ae f.: Lastwagen   4 vicus, i m.: hier: Gasse; Stadtteil   5 Drusus, i: Claudius Drusus (röm. Kaiser 41-54 n. Chr. Sein gesunder Schlaf war anscheinend sprichwörtlich)   6 vitulae marinae: Seekälber (gute Schläfer nach Behauptung der röm. Naturforscher)

A 2 Rom brennt!

Praeter eas molestias alia pericula incolis somnum eripuerunt. De incendiis, quae saepe in urbe fiebant, his versibus recordari videtur poeta: „Vivendum est illic, ubi nulla incendia, nulli nocte metus." Notum est illud incendium, quod Nerone imperante urbi paene perniciei fuit. Ortum erat in ea urbis parte, quae, cum tabernarum plena esset, flammis satis materiae praebebat. Neque enim igne progrediente domus munimentis saeptae[1] vel templa muris cincta interiacebant[2]. Quamquam „ignem" clamantibus vigilibus[3] statim missi sunt, qui aquam afferrent, incendium tam celeriter progressum est, ut omnia remedia superaret. Iis, qui fortiter auxiliari conabantur, impedimento fuerunt angusta itinera huc atque illuc flexa et magnitudo

Modell einer *insula*, einer römischen Mietskaserne.

insularum. Erant etiam, qui eo in tumultu domos diriperent. – Sexto demum die finis incendio factus prorutis[4] multis aedificiis, ut violentiae ignis campi vacui et quasi vacuum caelum occurrerent.

1 munimentis saeptae: durch Brandmauern abgetrennt   2 interiacere: dazwischenliegen   3 vigil, vigilis m.: Wächter (in Rom gab es seit Kaiser Augustus eine aus Sklaven bestehende Feuerwehr, die nachts durch die Gassen patrouillierte.)
4 prorutus, a, um: PPP zu proruere: abreißen

1. *Die Sätze* Magnis opibus dormitur in urbe. Inde caput morbi. *(A1, Zeile 6) sind wegen ihrer komprimierten sprachlichen Form nicht leicht verständlich. Versuchen Sie, die Gedanken des Dichters mit eigenen Worten wiederzugeben.*
2. *Schildern Sie den Verlauf des in Text* A2 *geschilderten Großbrandes. Wodurch wurde die rasche Ausbreitung des Feuers gefördert? Wodurch wurde das Löschen erschwert? Wodurch wurde dem Feuer endlich Einhalt geboten?*

Lektion 26

Verben, die nur passive Formen haben, nennt man Deponentien. Da sie jedoch aktive Tätigkeiten angeben, werden sie aktiv übersetzt.

Romani de miseriis querebantur. Die Römer beklagten sich über das Elend.
Poeta questus est... Der Dichter beklagte sich...

Formen und Bedeutungen des Partizip Präsens, des Gerundiums und des Gerundivums der Deponentien entsprechen denen der aktiven Verben.

Igne progrediente... Während das Feuer vorrückte,...
Miseriae patiendae erant. Die Leiden mussten ertragen werden.

Syntaktische und semantische Funktionen der konjunktivischen Relativsätze

Relativsätze, deren Prädikat im Konjunktiv steht, füllen meist die Satzstelle adverbiale Bestimmung und geben dann eine Sinnrichtung an.

Multi homines missi sunt, qui aquam afferrent.
... um Wasser zu holen; ... mit dem Auftrag, Wasser zu holen.
Semantik: final

Erant [aliqui], qui eo in tumulto domos diriperent.
Es gab welche, die (*so gemein waren, dass* sie) in diesem Durcheinander Häuser plünderten.
Semantik: konsekutiv

Semantik der konjunktivischen Relativsätze: meist final oder konsekutiv, manchmal auch kausal oder konzessiv

---

Die Ableitung des Adverbs aus Adjektiven

Bei Adjektiven der ā- und o-Deklination: ē wird an den Stamm angehängt.

vērus, a, um → vēr-ē   miser, misera, um → miser-ē

Lektion 26

> Bei Adjektiven der i-Deklination: -iter wird an den (im Gen. Sg. erkennbaren) Stamm angehängt.
>
> fēlīx (Gen. Sg. fēlīc-is) → fēlīc-iter

B 1 War Nero ein Brandstifter? Die Christen als Sündenböcke. Iuvenal zieht Konsequenzen.

Ignis per totam paene urbem progressus sexto tandem die superatus est. Incendio orto itinera angusta auxiliantibus et aquam afferentibus
multum obfuerunt. Cum urbs magna ex parte incendio eversa esset, erant, qui dicerent Neronem ipsum id iussisse, ut condendae urbis novae gloriam quaereret. Cum haec fama cresceret, Nero odium in Christianos transtulit eosque auctores incendii esse dixit. Multos Christianos in vincula coniecit[1] et severe atque crudeliter morte punivit.

Iam Augustus princeps vigiles[2] in urbe disposuerat, qui vigilarent et incendia aliqua in urbis parte orta celeriter opprimerent. Sed Iuvenalis poeta diu Romae versatus et multa mala in urbe passus se aliquando pericula molestiasque urbis fugiturum et ruri[3] otiose victu-
rum speravit.

1 in vincula conicere: ins Gefängnis werfen   2 vigil, vigilis m.: Wächter; Feuerwehrmann   3 ruri: auf dem Land

B 2 adiuvat – auxiliatur; pater adiuvit – pater auxiliatus est

Schreiben Sie ab und bilden Sie zu diesen Formen von adiuvare *die entsprechenden Formen von* auxiliari:

adiuvaret – mater adiuverat – adiuvandi causa – adiuvabis – adiuvantes – in adiuvando – amici adiuverunt.

Verfahren Sie ebenso bei tolerare *und* pati:

tolerabamus – toleraret – tolerando – milites toleraverunt – tolerans – tolerabit.

B 3 *Welche Verben sind Deponentien?*

quaererentur – conditur – vertetur – conatur – versabitur – patiebatur – queretur – augeatur – intermittentium – patentium – patientium – pateam – patiendam – auxiliantur – petebantur.

Lektion 26

B 4 *Stellen Sie alle Ihnen als Vokabeln bekannten Adverbien zusammen, a) die auf -ter enden, b) die auf -e enden, c) die auf -o enden, d) die auf -m enden.*

B 5 *Bestimmen Sie:*

voluptate – voluntate – certe – deponente – commode – praecipue – ore – incende – dolente – debere – corde – amore – amare – sorte – cede – opinione – undique – deferente.
animam – secundam – purgaveram – usquam – numquam – coeperam – ultimam – ullam – naturam – absolvam – futuram – victimam – vincam – summam – formam.

C* **Der Reiche im Straßenverkehr**

Die Innenstadt Roms war tagsüber Fußgängerzone. Iuvenal klagt über das Gedränge der Leute in den engen Gassen, über die Gefahren und Belästigungen, die von Lastträgern drohen, die sich mit Balken und Fässern auf den Schultern rücksichtslos durch die Menge bewegen. Nur Reiche haben es gut:

Si vocat officium, turba[1] cedente vehetur[2]
dives et ingenti curret super[3] ora Liburna[4]
atque obiter[5] leget aut scribet vel dormiet intus[6].

1 turba, ae f.: Menschenmenge   2 vehi, vehor: hier: getragen werden   3 super (m. Akk.) über   4 Liburna, ae f.: Tragsänfte (geschlossener Kasten)   5 obiter (Adv.): nebenbei   6 intus (Adv.): drinnen

S **Die Großstadt Rom.** Für die Römer war Rom *urbs* – „die Stadt" schlechthin. Der *Palatinus mons*, einer der sieben Hügel Roms (neben Kapitol, Aventin, Caelius, Viminal, Esquilin, Quirinal), war schon im 8. Jh. v. Chr. besiedelt, also zu der Zeit, in der Romulus der Sage nach die Stadt gründete. Im Laufe der Jahrhunderte wuchs Rom zu einer Riesenstadt und zählte schon im 1. Jh. v. Chr. mehr als 200 000 Einwohner. Das war damals sehr viel. In der Kaiserzeit stieg die Zahl bis auf etwa eine Million.
Eine Stadtbeschreibung aus dem Jahre 357 n. Chr. spricht von etwa 40 000 Mietskasernen (*insulae*) mit bis zu sieben Stockwerken; dort lebte die Masse der Bevölkerung. Ihre Wohnverhältnisse waren sehr beengt und oft primitiv. Wegen Brandgefahr war Kochen in den meisten *insulae* verboten; warme Mahlzeiten nahm man in einfachen Restaurants oder an Straßenständen ein. Trinkwasser mussten sich die Bewohner aus den 1100 öffentlichen Brunnen holen; Toiletten gab es in den meisten Mietwohnungen nicht, man benutzte die zahlreichen öffentlichen Toiletten (*latrinae publicae*). Ein gut funktionierendes Kanalnetz sorgte für die Beseitigung der Abwässer. Zu Körperpflege, Sport und Erholung konnte jeder die zum Teil prächtigen Badeanstalten

Römische Latrinenanlage in Vasio (Vaison-la-Romaine), Provence.

(*balneae* – Thermen) besuchen. Das Wasser, bis zu 700 Millionen Liter pro Tag, kam über 14 Wasserleitungen (Aquädukte) aus Bergen und Seen in der Umgebung Roms. Den bescheidenen Wohnungen der ärmeren Bevölkerung standen nach derselben Stadtbeschreibung etwa 1 700 komfortable Villen mit eigener Wasserversorgung (gegen Gebühr), Badezimmern, Küchen, vielen Zimmern und gepflegten Hausgärten gegenüber.
Das Leben in Rom spielte sich jedoch nicht im Haus, sondern vorwiegend auf den zahlreichen öffentlichen Plätzen, auf Märkten, in Tempelbezirken oder in den Thermen ab. Auch in Theatern, auf der Rennbahn (*circus*) oder in Amphitheatern konnte ein Römer sich aufhalten und sich die Zeit vertreiben. Für Bau und Unterhalt dieser Anlagen sorgten der Staat und die Kaiser ebenso wie reiche Privatleute mit großzügigen Spenden.
Bereits Augustus rühmte sich, eine Stadt aus Ziegeln vorgefunden zu haben und eine Stadt aus Marmor zu hinterlassen. Auch die Kaiser nach ihm wetteiferten darin, ihren Namen durch großartige Bauten zu verewigen. Die Pracht vieler Gebäude, der Tempel, der Markthallen (*basilicae*), der großen Parks (*horti*), der zahlreichen Marmorstandbilder und Brunnen demonstrierten Römern und Fremden die Macht und Bedeutung Roms. Schon zu Augustus' Zeit sprach der Dichter Tibull von der „ewigen Stadt" – *Roma aeterna*.

Lektion 27

A 1 Wie sind Waffen und Krieg in die Welt gekommen?

Quis fuit, horrendos primus qui protulit enses[1]?
Quam ferus[2] et vere ferreus ille fuit!
Tum caedes hominum generi, tum proelia nata,
Tum brevior dirae[3] mortis aperta via est.

Sortem generis humani ita miseratus Tibullus[4] poeta de ferrea aetate loqui videtur. Nam antiquissimis temporibus, ut apud poetas veteres legimus, homines aurea aetate viventes tutius vixerunt et feliciores fuerunt quam ii, qui sequentibus saeculis vitam egerunt. Cum enim ferrum ignorarent, armis usi non sunt. Sed pace et benevolentia omnium confisi sine legibus sanctissime fidem rectumque coluerunt. Postea autem gens humana magis magisque a meliore in peiorem statum incidebat, donec ferrea et ultima aetate pessime et miserrime vixit. Tum primum mortales ferrea arma conficere ausi sunt. Cum neque deos neque homines vererentur, fiebat, ut cupiditate auri acerrima ad crudelia bella impellerentur. Impetus rapiendi multo maior fuit pietate atque fide inter homines.

1 ensis, ensis m.: Schwert   2 ferus, a, um: wild   3 dirus, a, um: schrecklich
4 Tibullus: Tibull (röm. Dichter, 50–17 v. Chr.)

1. Vergleichen Sie die in A 1 *erzählte Sage von der Frühgeschichte der Menschheit mit der Geschichte von den ersten Menschen, wie sie in der Bibel erzählt wird. Welche Ursachen für den Verlust der „guten" Frühzeit werden in der antiken Sage, welche in der biblischen Geschichte angeführt?*
2. Welche Wirkung wird in Zeile 2 dadurch erzielt, dass horrendos *so weit entfernt von seinem Beziehungswort* enses *steht?*
3. Welche anderen Stilmittel können Sie in den Versen entdecken?

A 2 Ein Urteil über den römischen Imperialismus

Im 1. Jh. n. Chr. begannen die Römer, Britannien zu unterwerfen. Die Legionen drangen bis zum Schottischen Hochland vor, wo sie die Grenze des Imperiums mit einem von Küste zu Küste gehenden Wall sicherten. Der römische Historiker Tacitus fasst in einer Rede des Anführers der Britannier vor der Entscheidungsschlacht die Gefühle der von Unterwerfung Bedrohten und den Hass gegen die römischen Eroberer und Zerstörer zusammen.

Romani, raptores[1] orbis, postquam cuncta vastantibus defuere terrae, armis confisi mare transeunt. Si dives hostis est, eo cupidiores invadunt, si pauper, cupiditas quidem gloriae impellit. Non satis habent, quod Orientem[2], quod Occidentem[3] vastaverunt. Soli omnium opes inopiamque pari cupiditate expetunt. Auferre, trucidare[4], rapere falsis nominibus imperium, atque ubi solitudinem faciunt, pacem appellant.

1 raptor, oris m.: Räuber   2 Oriens, Orientis m.: Orient, „Osten"   3 Occidens, Occidentis m.: Okzident, „Westen"   4 trucidare: abschlachten

1. *Wie sieht der Anführer der Britannier die Römer? Stellen Sie die in A 2 erwähnten Vorwürfe gegen Rom zusammen.*
2. *Nennen Sie die Stilmittel, die in dieser Rede verwendet werden.*
3. *Wie beurteilen Sie die Tatsache, dass es ein römischer Historiker ist, der in seinem Geschichtswerk diese Rede einem Britannier in den Mund legt?*
4. *Vergleichen Sie diesen Text mit Text 19 C, S. 110.*

Luftaufnahme eines römischen Kastells an dem Grenzwall, den Kaiser Hadrian Anfang des 2. Jahrhunderts n. Chr. in *Britannia* bauen ließ.

Lektion 27

Die Steigerung der Adjektive

Der Komparativ wird nach der kons. Deklination dekliniert:

	m.	f.	n.		m. und f.	n.
Sg.	tūt-ior	tūtior	tūt-ius	Pl.	tūt-iōrēs	tūt-iōra
	tūtiōris	tūtiōris	tūtiōris		tūtiōrum	tūtiōrum
	tūtiōrī	tūtiōrī	tūtiōrī		tūtiōribus	tūtiōribus
	tūtiōrem	tūtiōrem	tūtius		tūtiōrēs	tūtiōra
	tūtiōre	tūtiōre	tūtiōre		tūtiōribus	tūtiōribus

brevis, e: brevior, brevius
ācer, ācris, ācre: ācrior, ācrius

Der Superlativ wird nach der ā- und o-Deklination dekliniert:
tūt-issimus, a, um – der sicherste; am sichersten
Wenn nicht verglichen wird, auch: sehr sicher; äußerst sicher (Elativ).

Adjektive, die auf -er ausgehen, bilden den Superlativ mit -errimus: miser: mis-errimus

---

Bei der Steigerung einiger Adjektive ändert sich der Stamm.

z. B. bonus melior, melius optimus
malus peior, peius pessimus

Adverbien haben im Komparativ die Form des Neutrums des Adjektivs, im Superlativ die Endung -ē.

tūtē tūtius tūtissimē
breviter brevius brevissimē

Personen oder Sachen, mit denen verglichen wird, stehen mit dem Zusatz *quam (als)* oder im Ablativ ohne Präposition (ablativus comparationis).

Britanni tutiores fuerunt quam ceteri populi.
Britanni tutiores fuerunt ceteris populis.

> Quis fuit, *horrendos* primus qui protulit *enses*?
>
> Um ein Wort besonders hervorzuheben und um die Spannung zu erhöhen, stellten römische Redner und Dichter zusammengehörige Wörter, z. B. ein Adjektiv und sein Beziehungswort, oft durch eine Sperrung (Hyperbaton) weit auseinander.

B 1 *Schreiben Sie ab; setzen Sie dabei die unten aufgeführten Wörter jeweils passend in die Lücken ein und übersetzen Sie (es bleiben keine Wörter übrig):*

1. Aurea aetate genus hominum multo ~~~ fuit quam iis, quae secutae sunt, aetatibus.
2. Britanni, cum in ~~~ orbe terrarum viverent, se ~~~ esse putabant ceteris populis.
3. Cum legiones ~~~ animo terras Britanniae vastavissent, dux eorum Romanos ~~~ verbis accusavit.
4. Sed Britanni, quamquam legionibus ~~~ resistebant, proelio victi imperium atque iugum¹ Romanorum accipere coacti sunt.

1 iugum, i n.: Joch

tutiores – tutius – crudeli – acerrimis – fortissime – extremo.

B 2 *Nennen Sie die Grundformen zu folgenden Steigerungsformen:*

stultiorem – verissime – pessimos – optime – acrior – brevius – beatiorum – densiores – felicissimi – crudeliora – celerrimae – certiores – gravissima.

B 3 *Stellen Sie alle bisher als Vokabeln gelernten* Zahlwörter *zusammen. Unterscheiden Sie dabei nach* Grundzahlen *(eins, zwei...) und* Ordnungszahlen *(der erste, der zweite...). Von den Zahlen 1 bis 10 fehlen dann noch:*

die Grundzahlen: quattuor, quinque, sex, septem, octo;
die Ordnungszahlen: quartus, quintus, octavus, decimus.

Erschließen Sie deren Bedeutung aus sextus *und* Quart, Quinte, Oktave, Dezimalsystem, September, Oktober *(die Römer begannen die Monatszählung mit dem März). Vervollständigen Sie jetzt die beiden Reihen der Zahlen.*

Lektion 27

Ein Lateiner kann auch viele italienische Wörter erschließen. Was heißt: quattro, due, otto, nove, tre, uno, cinque, dieci?
Auch Spanisch ist ihm nicht völlig fremd: cuatro, nueve, tres, dos, diez, uno, ocho.
Wer Französisch kann, setze die entsprechenden Zahlen dazu.

B 4 *Wortfeldübung: Justiz*

Wiederholen Sie: accusare – damnare – culpa – causa – ius – iudex – iustitia – iudicium – iudicare – iurare.

B 5 *Bestimmen Sie:*

secundi – secuti – sequi – sequenti – confisi – loquendi – locuti – fieri – loci – nocti – loqui – ultimi – utendi – uti – ulli – usi – confidendi; ferro – attento – ferendo – fero – ferreo – fio; divitis – divitiis – celeritatis.

C **Kann Krieg die Welt heilen?**

Stulti ferro sanantur[1] et igni. –
Numquam malum malo neque vulnus curatur vulnere.

1 sanare: heilen

S **Das römische Heer** war bis zum 1. Jh. v. Chr. ein Milizheer. Das heißt, im Kriegsfall wurden alle männlichen Bürger zwischen etwa 18 und 45 Jahren zu den Waffen gerufen und nach dem Krieg wieder entlassen. Für seine Ausrüstung, auch für seine Bewaffnung, musste der Milizsoldat selbst sorgen. Ärmere Bürger dienten deswegen nur als Leichtbewaffnete. Um 100 v. Chr. trat ein Freiwilligenheer an die Stelle der Bürgermiliz. Jetzt kämpften Berufssoldaten für Rom; sie wurden vom Staat ausgerüstet und dienten bis ungefähr zu ihrem 40. Lebensjahr. Dann wurden sie als Veteranen mit ihren Familien in Italien oder in den Provinzen angesiedelt und mit Land versorgt.

Zu Beginn der Kaiserzeit standen 28 Legionen an den Grenzen des Imperium Romanum. Jede *legio* hatte eine Sollstärke von 6 000 Mann. Sie gliederte sich in 10 Kohorten, jede Kohorte in 6 Zenturien zu je 100 Soldaten unter dem Kommando eines *centurio*. Die Legionäre waren gut ausgebildet. Sie kämpften in geschlossener Formation (*acies*) mit Wurfspeer (*pilum*), Schwert (*gladius*) und Schild (*scutum*). Feldzeichen (*signa*) dienten der Orientierung und Befehlsübermittlung in der Schlacht. Ein silberner Legionsadler (*aquila*) wurde den Kämpfenden auf einer Stange vorangetragen; ihn an den Feind zu verlieren galt als größte Schande.

Römische Heere überraschten ihre Gegner oft durch schnelles Vorrücken. Marschleistungen von 30 km und mehr am Tag waren nicht selten. Auf den Märschen hatte jeder Soldat 30–40 kg Gepäck zu tragen, nämlich seine Waffen, den mit Leder überzogenen Holzschild, eine Schaufel und einen Holzpfahl zum Bau des Lagers und so viel Verpflegung, dass das Heer auch einmal für einige Tage vom Nachschub abgeschnitten sein konnte.

Zelte für die Übernachtung und schweres Gerät wurden auf Tragtieren oder Karren im Tross (*impedimenta*) mitgeführt. Marschierte man durch feindliches Gebiet, wurde jeden Abend ein durch Wall und Graben befestigtes Lager (*castra*) gebaut. – Reiterei (*equitatus*) spielte im römischen Heer eine geringere Rolle; sie diente zum Schutz der Flanken in der Schlacht und zur Verfolgung geschlagener Feinde.

Hauptmann (*centurio*) mit Zeichenträger (*signifer*) und Signalbläser (*bucinator*).

28

A 1 Benedikt[1] gründet ein Kloster

Gregorius papa[2] in vita Sancti Benedicti[1] scripsit Benedictum[1], quamquam familia nobili et divite ortus esset, viginti annos natum ex hominum consuetudine in solitudinem recessisse, ut Christum
5 sequeretur; postea alios quoque iuvenes Benedictum[1] secutos esse. Qui ex eo quaerentes, quomodo ipsi vitam Deo gratiorem agerent, „Dic nobis, frater", inquiunt, „quae vitae ratio nobis sequenda sit; nam ignoramus, qua lege vivamus, ut gratiam Dei et vitam aeternam adipiscamur. Te duce ad omnia experienda parati erimus."
10 Tum Benedictus[1] eos ad monasterium condendum hortatus „Si", inquit, „monasterium condiderimus, fratres, vitam communem agemus, ut cottidie orando Deum laudemus cottidieque laborando Deo

---

1 Benedictus, i: Benedikt (Der hl. Benedikt von Nursia, um 480–547 (?) n. Chr., schuf den Benediktinerorden *Ordo Sancti Benedicti* und gründete 529 n. Chr. das Kloster Montecassino in Unteritalien)   2 Gregorius papa: Papst Gregor (er war Papst von 590–604 n. Chr.)

Lektion 28

Regula Benedicti, Beginn des Vorworts. Handschrift, geschrieben um 817.

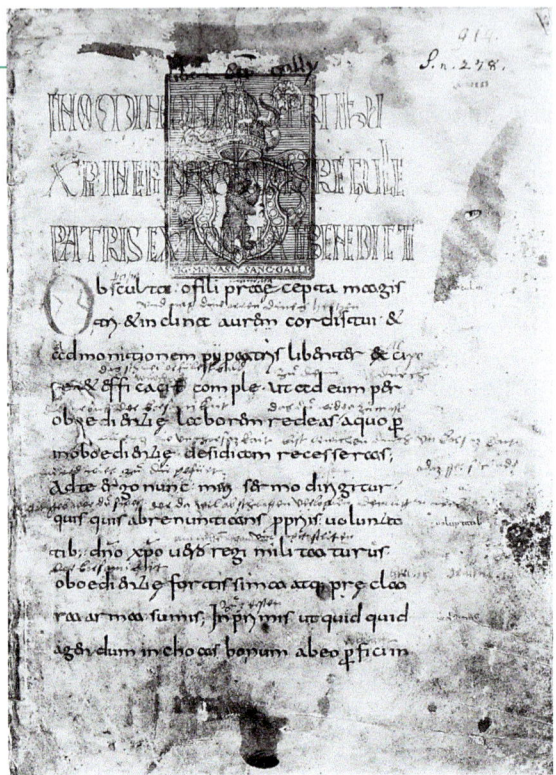

serviamus. Vobiscum proficiscar, si regulam, quam fratribus dabo, comprobaveritis." Et condidit Benedictus[1] monasterium in monte
15 Casino[1] et dedit illam Regulam, quam monachi ordinis Sancti Benedicti[1] plus mille annos usque ad hunc diem secuti sunt.

A 2 Aus der Regel des hl. Benedikt

„Otiositas[1] inimica est animae. Itaque hac ratione tempora disponimus: Aestate a prima hora usque ad horam paene quartam laborent fratres in agris aut in officinis. Ab hora autem quarta usque ad horam
5 paene sextam lectioni divinae vacent. Post sextam autem surgentes a mensa recreentur in lectis suis cum omni silentio. A nona usque ad vesperum iterum laborent, quod faciendum est.
Hieme autem vacent lectioni aut psalmis[2] usque ad tertiam horam; tum laborent usque ad vesperum. Ante omnia unus aut duo fratres
10 seniores a Priore designentur, qui lectionum horis circumeant monasterium et videant, ne forte inveniantur, qui vacent otio aut fabulis neque solum sibi inutiles sint, sed etiam alios distollant[3]."

1 otiositas, tatis f.: Trägheit; Mangel an Beschäftigung   2 psalmus, i m.: Psalm
3 distollere: ablenken

1. Schildern Sie den Tagesablauf (Sommer/Winter) der Mönche.
2. Vergleichen Sie die Bedeutung von otium *im Cicerotext 25 A, S. 141–142, mit der Bedeutung von* otium *und* otiositas *in der Benediktinerregel.*

Direkte und indirekte Rede (oratio obliqua)

Direkte Rede: Gedanken und Äußerungen werden so wiedergegeben, wie sie gesprochen wurden.

Benedictus dixit: „Fratres tum vere monachi sunt, si labore manuum suarum vivunt." – Benedikt sagte: „Die Brüder sind dann wahrhaft Mönche, wenn sie von ihrer Hände Arbeit leben."

Indirekte Rede: Gedanken und Äußerungen einer Person werden von einem anderen Sprecher/Schreiber wiedergegeben. Die zitierten Äußerungen sind syntaktisch abhängig von einem Verb des Sagens oder Denkens.

Benedictus scripsit fratres tum vere monachos esse, si labore manuum suarum viverent. – Benedikt schrieb, die Brüder seien dann wahrhaft Mönche, wenn sie von ihrer Hände Arbeit lebten.

Für die indirekte Rede gelten im Wesentlichen folgende Regeln:

Im AcI stehen Aussagesätze.

Im Konjunktiv stehen

1. alle Gliedsätze

Gregorius papa scripsit Benedictum, quamquam familia nobili et divite ortus esset, viginti annos natum in solitudinem recessisse.

2. Befehlssätze

Benedictus scripsit fratres contra Regulam facientes a Priore punirentur.

3. indirekte Fragen

Indirekt: Interrogamus te, quae Regula nobis sequenda sit.
(Direkt: „Quae Regula nobis sequenda est?")

Lektion 28

> **Futur II**
>
> Sg. laudāv - erō   Pl. laudāv - erimus
>   laudāv - eris   laudāv - eritis
>   laudāv - erit   laudāv - erint
>
> Das Futur II bezeichnet die Vorzeitigkeit in der Zukunft. Es wird mit dem Präsens oder mit dem Perfekt übersetzt.
>
> Sī Rēgulam comprobāveritis, vōbīscum ībō. – Wenn ihr die Mönchsregel billigt, werde ich mit euch gehen.

B 1 *Zahlwörter* decem: zehn – viginti: zwanzig – triginta: dreißig

Ab 30 werden die vollen Zehner durch die (nicht deklinierte) Endung -ginta bezeichnet. Erschließen Sie: nonaginta, septuaginta, quadraginta, sexaginta, quinquaginta, octoginta.

Hundert *heißt* centum. *Die Hunderter ab 200 sind Adjektive und werden durch die Endungen* -centi, ae, a *oder* -genti, ae, a *bezeichnet. Erschließen Sie:* ducenti, quadringentae naves, cum quingentis militibus, trecenta aedificia.

Italienisch: cento, trenta, ottanta, duecento, tremila, venti, cinquanta, cinquecento, sessanta, diecimila.
Spanisch: ciento, veinte, dos mil, trenta y uno, diez.
Wer Französisch kann, setze die entsprechenden Zahlen dazu.

B 2 *Auf einem Meilenstein steht:*

Hinc[1] sunt Nuceriam milia LI: Capuam XXCIIII:
    Muranum LXXIIII: Consentiam CXXIII ...

1 hinc: von hier aus
Nuceria, Capua, Muranum, Consentia sind Städte in Unteritalien.

B 3 Was Benedikt schrieb:

Benedictus in Regula monachorum scripsit fratres tum vere monachos esse, si labore manuum suarum viverent, ut sancti Apostoli[1] fecissent. Eadem in Regula scripsit, praeterea conferrent monachi studium in lectionem divinam; si quis inventus esset, qui lectionis horis otio vacaret, primo a fratribus moneretur, deinde, si iterum contra Regulam fecisset, a Priore puniretur.

1 Apostoli, orum: Apostel (die ersten Jünger Christi)

Lektion 28

B 4 *Stellen Sie alle Ihnen bekannten Komposita (Verben mit Vorsilbe) zusammen von* venire – ire – facere – esse.

B 5 *Bestimmen Sie:*

fueris – divitis – desinis – contemnis – conviviis – contentionis – attentis – accusaris – familiaris – noctis – coercetis – loqueris – celeritatis – his – posueris – sequeris – libris – furoris – futuris – dormis – cognitionis – cognoveris – mutationis – fis – meritis.

B 6 *Die Anfangsbuchstaben aller Konjunktive ergeben aneinander gereiht einen Spruch, der das Leben eines Benediktinermönches charakterisiert:*

luce – oreretur – procul – concurrens – recorderis – accusent – coniuratis – possides – edicant – tristem – tribuantur – mutas – loquamini – audeant – salubres – bellarem – volves – nisi – intendes – fimus – medio – occurras – iram – focis – dedite – resisteres – digno – auxiliareris – fitis.

C* Einige Inschriften und Sprichwörter

Christliche Grabinschriften aus dem Rheinland:

Hic iacit[1] Fugilo quae vixit annos XL fidelis[2] in pace recessit

1 iacit = iacet   2 fidelis: treu; hier: im christlichen Glauben

Si quis dignatur[1] escire[2] meo nome[3] Rusufula dicor qui[4] vixi annis IIII et m(ensibus)[5] XI sociata M(artyribus) S(anctis)

1 dignatur: „er möchte"   2 escire = scire   3 meo nome = meum nomen
4 qui: muss heißen „quae"   5 annis... mensibus: Abl. statt Akk.

Kaiser Trajan zahlt Kindergeld (*aus einer in Oberitalien entdeckten Inschrift*):

Ex indulgentia[1] optimi maximique principis Imp Caes Traiani alimenta[2] accipiant

legitimi[3]	n[4]	CCXLV in singulos[5]	HS[6]	XVI
legitimae[3]	n[4]	XXXIV singulae[5]	HS	XII
spurius[7]	I		HS	CXLIV
spuria[7]	I		HS	CXX

1 indulgentia, ae f.: Gnade   2 alimenta, orum (Pl.) n.: Kindergeld   3 legitimus, a: ehelich geboren   4 n(umero): an der Zahl   5 in singulos, singulae: an jeden Jungen/Mädchen (die Zahlung ist monatlich)   6 HS: Sesterzen (röm. Münze)
7 spurius, a: unehelich geboren (die Zahlung an sie ist jährlich)

161

Lektion 28

Sprichwörter und Redensarten zum menschlichen Zusammenleben:

Manus manum lavat[1].
Duobus litigantibus[2] tertius gaudet.
Donec eris felix, multos numerabis[3] amicos.

Muss das immer zutreffen?
Idem velle atque idem nolle, ea demum firma amicitia[4] est.

Für einen Rechtsstaat muss gelten:
Nulla poena[5] sine lege.
In dubio[6] pro reo[7].

Manche zweifeln am Sinn einer starren Rechtsordnung:
Fiat iustitia, pereat mundus[8]!

1 lavare: waschen   2 litigare: sich streiten   3 numerare: zählen   4 firma amicitia: feste Freundschaft   5 poena, ae f.: Strafe   6 dubius, a, um: zweifelhaft   7 reus, i m.: Angeklagter   8 mundus, i m.: Welt

Hat Gewalt immer das letzte Wort?

ULTIMA RATIO REGUM schrieben preußische Könige auf ihre Kanonen. Auf welchem Wort liegt wohl die Betonung?

S **Christliche Klöster, antikes Erbe.** Am Ende des 3. Jhs. n. Chr. erfasste eine starke Bewegung das Christentum: Viele Christen zogen sich als Eremiten (griech. *eremia*: Einsamkeit) aus dem Leben in der Gemeinde in unbewohnte Gegenden zurück, um dort in Armut, Askese und Gebet ein gottgefälliges Leben zu führen. Später fanden sie sich zu kleinen Gemeinschaften gleich gesinnter Mönche (von griech. *monos*: allein) zusammen, die in Klöstern (vgl. lat. *clausus*) ein von der Welt abgeschiedenes Leben führten. Ein solches Kloster gründete Benedikt von Nursia 529, das Kloster Montecassino in Unteritalien. Er gab den Mönchen eine Regel, die ihren Tageslauf streng nach Zeiten für Gebet und Chorgesang, Arbeit auf dem Acker oder in der Werkstatt, Studium der heiligen Schriften und Stunden der Ruhe festlegte. Bei aller Abkehr von der Betriebsamkeit der Welt standen die Klöster in Westeuropa fest in den Traditionen der römisch-lateinischen Kultur. Oft abseits gelegen überstanden sie die Zerstörungen der Eroberungszüge und Kriege des frühen Mittelalters häufig besser als die Dörfer und Städte. Sie bewahrten vieles aus dem reichen Erbe der antiken Kultur; neben der Kenntnis des Lesens und Schreibens und den Wissenschaften gaben sie auch Techniken des Handwerks und des Ackerbaus an die Menschen des Mittelalters weiter.
Die Klöster waren Zentren der christlichen Bildung und Gelehrsamkeit, wichtig auch für die Verbreitung der Heiligen Schrift und theologischer Texte, etwa der Kirchenväter, der christlichen Theologen der ersten Jahrhun-

Nachbildung einer Klosterschreibstube (10.–12. Jh.).

derte. Die mit der Hand geschriebenen Bücher wurden sorgfältig abgeschrieben, zumeist in eigens dafür eingerichteten Schreibstuben. Manche dort entstandenen Handschriften sind Kunstwerke der Buchmalerei, kostbar verziert und illustriert. Den Klöstern und ihren Schreibstuben verdanken wir auch die Erhaltung und Überlieferung von Werken antiker Schriftsteller. Denn Kirchenväter wie Augustinus (gest. 430 n. Chr.) hatten gelehrt, dass von der Auseinandersetzung mit den heidnischen Schriften großer Römer, z. B. Ciceros, auch Christen großen Gewinn haben können. Doch wurde in den Klöstern nicht nur Altes erhalten. Es entstanden dort auch Werke über die Geschichte der eigenen Zeit, so die *Res gestae Saxonicae*, die Sachsengeschichte, die der Mönch Widukind gegen 965 n. Chr. im Kloster Corvey an der Weser schrieb. Ohne solche lateinisch geschriebenen Geschichtswerke wüssten wir heute sehr viel weniger über die Geschichte des Mittelalters.

Vokabeln

Vorbemerkung

1. Eigennamen stehen im alphabetischen Verzeichnis der Eigennamen;
2. Vokabeln, die zum **Lernwortschatz** gehören, der zu jeder Lektion gelernt werden muss, stehen in normaler Schrift, z. B. insula – Insel. Auf sie bezieht sich die Zählung am linken Rand.

Zusätzlich zu diesem Lernwortschatz finden Sie Wörter, die etwas nach rechts eingerückt und mit schräg gedruckten Buchstaben geschrieben sind, z. B. *equitare* – reiten.
Diese Wörter kommen in den Lesetexten oder Übungen des Lehrbuchs nicht vor. Sie brauchen sie also nicht zu kennen, um Texte oder Übungen der Lektionen zu bearbeiten. Manche von ihnen haben auch zusätzliche Angaben, die Sie in den Anfangslektionen noch gar nicht verstehen können (z. B. *eques, equitis m.*). Wir empfehlen, sie beim ersten Durchgang zunächst zu übergehen.
Wir haben diese Wörter (es sind in jeder Lektion etwa 5 bis 8) trotzdem bei den Lektionsvokabeln dazugeschrieben, damit Sie *bei späteren Wiederholungen* Ihre Vokabelkenntnisse über den Lernwortschatz hinaus erweitern können. Je mehr Vokabeln Ihnen schon bekannt sind, umso leichter werden Sie es später bei der Lektüre lateinischer Schriftsteller haben. Es handelt sich immer um solche Wörter, die sich an eine Lernvokabel anschließen, weil sie den gleichen oder einen ähnlichen Wortstamm haben. Wenn Sie z. B. „equus – Pferd" kennen, werden Sie sich nicht lange bemühen müssen, um *equitare – reiten* oder *eques – der Reiter* im Gedächtnis zu behalten.
Unser Rat also: Öfter, und zwar mit Verstand, wiederholen!

Lektion 1

īnsula f.	die Insel, eine Insel, Insel
esse – est	sein – er ist, sie ist, es ist
mercātor m.	der Kaufmann, ein Kaufmann, Kaufmann
dominus m.	der Herr, ein Herr, Herr
5 servus m.	der Sklave, der Diener; ein Sklave, ein Diener; Sklave, Diener
domina f.	die Herrin, eine Herrin, Herrin
medicus m.	der Arzt, ein Arzt, Arzt
intrāre	eintreten; betreten
labōrāre	arbeiten
10 nōn	nicht
lūdere	spielen
vocāre	1. rufen 2. nennen

Vokabeln zu Lektion 2

quis? – quem?	wer? – wen?
vidēre	sehen
15 ancilla f.	die Sklavin, eine Sklavin, Sklavin
timēre	fürchten
morbus	die Krankheit, eine Krankheit, Krankheit
cūrāre	1. sich kümmern; sorgen, besorgen
	2. behandeln; pflegen
agricola m. (!)	der Bauer, ein Bauer, Bauer
20 mūrus m.	die Mauer, eine Mauer, Mauer
aedificāre	bauen
labor m.	die Arbeit, die Mühe; eine Arbeit, eine Mühe; Arbeit, Mühe
amāre	lieben, gern haben
quaerere	suchen; fragen (nach)
conquīrere	*zusammensuchen*
25 ubī	wo?; wo
ad *(mit Akk.)*	zu; bei
in *(mit Akk.)*	1. in ... hinein 2. nach
circā *(mit Akk.)*	um ... herum
per *(mit Akk.)*	durch
30 equus m.	das Pferd, ein Pferd, Pferd
equitāre	*reiten*
eques, equitis m.	*Reiter*
aula f.	1. Hof, 2. Innenhof *(umzäunter Raum zur Viehhaltung)*
currere	laufen

Ableitungen in modernen Sprachen

l'île, the merchant, le marchand, *Medizin,* le médecin, entrer, *Vokabel, Video, Kur, Mauer,* le mur, *Labor.*

Lektion 2

bonus, bona	gut
magnus, a	groß, bedeutend
vīlla f.	Haus, Landhaus
parvus, a	klein
5 aegrōtus, a	krank
ōrātor m.	Redner
laudāre	loben
et	1. und 2. auch
amīcus m.	Freund
amīcitia	*Freundschaft*
10 sunt	sie sind
hodiē *(Adv.)*	heute
venīre	kommen
circumvenīre	*1. umringen 2. hintergehen*
etiam	auch; sogar; noch

Vokabeln zu Lektion 3

amīca f.	Freundin
15 invītāre	einladen
libenter *(Adv.)*	gern
salūtāre	grüßen; begrüßen
tum *(Adv.)*	dann, darauf
itaque *(Adv.)*	daher; deswegen
20 saepe *(Adv.)*	oft
vīsitāre	besuchen
imperātor m.	1. Feldherr 2. Kaiser
multī, multae	viele
portāre	tragen
exportāre	*ausführen; fortschaffen*
trānsportāre	*hinüberbringen*
25 via f.	Weg; Straße
victor m.	Sieger
laetus, a	froh; fröhlich
laetitia	*Freude*
clāmāre	rufen; schreien
senātor m.	Senator
30 adesse	1. da sein; anwesend sein 2. helfen, beistehen
adsunt	sie sind da; sie sind anwesend
populus m.	Volk
audīre	hören

Redewendungen

Iō triumphe!	*(etwa:)* Hurra! Triumph!

Ableitungen in modernen Sprachen

bon, la ville, l'orateur, l'ami, l'amie, to invite, inviter, saluer, *Visiter,* to visit, visiter, the emperor, l'empereur, porter, the victor, the senate, le sénat, *Population,* the people, le peuple.

Lektion 3

nam	denn
patria, ae f.	Vaterland; Heimat
patrius, a, um	*väterlich*
prōvincia, ae f.	Provinz
nāvigāre	segeln; fahren *(mit dem Schiff)*
5 capere	1. fassen 2. ergreifen 3. erobern: „kapern"
captīvus	*Gefangener*
dīvitiae, dīvitiārum f. *(Pl.)*	Reichtum *(Sg.)*
parāre	bereiten; zubereiten
comparāre	1. verschaffen 2. erwerben 3. vergleichen

166

appropinquāre	sich nähern
alius, alia	ein anderer, eine andere, *Pl.* andere
aliēnus, a, um	*fremd*
10 importāre	einführen
incola, ae m. (!) *oder* f.	Einwohner
vēndere	verkaufen
placēre	gefallen
ita	so
15 interdum *(Adv.)*	manchmal
pīrāta, ae m. (!)	Pirat, Seeräuber
sed	aber; sondern
bene *(Adv.)*	gut
cōnsulere *(m. Dat.)*	sorgen für (jmdn.)
cōnsulere *(m. Akk.)*	(jmdn.) befragen; (jmdn.) um Rat fragen
20 vigilāre	wachen; wachsam sein
vigilia	*Nachtwache*
opprimere	unterdrücken; bekämpfen; überfallen
deus, deī m.	Gott
post *(m. Akk.)*	nach
post *(Adv.)*	danach; später
cēterī, cēterae	die übrigen; die anderen
25 grātia, ae f.	1. Dank 2. Ansehen; Beliebtheit 3. Gnade
agere	1. treiben; betreiben 2. handeln; verhandeln 3. führen 4. tun

Redewendungen

grātiās agere	danken

Ableitungen in modernen Sprachen

la patrie, *Provinz*, la Provence, *Navigation*, to navigate, naviguer, to compare, comparer, *Import*, to please, plaire, bien, le dieu, the grace, la grâce, *agieren*, to act, agir.

Lektion 4

vīta, ae f.	Leben
cum *(m. Abl.)*	mit
iam	schon; jetzt gleich
māne *(Adv.)*	früh am Morgen
5 ē *(nur vor Konsonanten)*	aus
ex *(m. Abl.)*	
lectus, ī m.	Bett; Liege
surgere	aufstehen
-que *(angehängt)*	und
properāre	schnell gehen; sich beeilen

Vokabeln zu Lektion 5

in *(m. Abl.)*	1. in (wo?) 2. an 3. auf
pōnere	1. setzen 2. stellen 3. legen
expōnere	1. aussetzen, ausstellen
	2. darlegen, erklären
compōnere	zusammenstellen; verfassen
colligere	sammeln
tertius, a	der dritte
hōra, ae f.	Stunde
silva, ae f.	Wald
arbor, arboris f. (!)	Baum
caedere	1. fällen 2. töten
sub *(m. Abl.)*	unter *(wo?)*
cōnsīdere	sich setzen
cibus, ī m.	Speise; Futter
nōnus, a	der neunte
cūnctī, cūnctae	alle
trahere	ziehen; schleppen
contrahere	zusammenziehen; versammeln
locus, ī m.	Ort; Stelle; Platz
collocāre	(zusammen)stellen; einrichten
dare	geben
circumdare	umgeben
abdere	*verbergen*
tandem *(Adv.)*	endlich
familia, ae f.	Familie; Hausgemeinschaft
līberāre *(m. Abl.)*	befreien (von)
convenīre	1. zusammenkommen; sich versammeln
	2. *(mit Akk.)* (jmdn.) treffen
cēna, ae f.	Essen; Mahlzeit *(die* cena *am Abend war die Hauptmahlzeit der Römer)*
cēnāre	*speisen*

Redewendungen

vītam agere	sein Leben führen; leben
aliō locō	an einer anderen Stelle
tertiā hōrā	zur dritten Stunde *(etwa 8 bis 9 Uhr vormittags)*

Ableitungen in modernen Sprachen

vital, la vie, le lit, *Kollekte, Kollektion,* the hour, l'heure, l'arbre, le lieu, the family, la famille, *Liberalismus,* to liberate, libérer, convenir.

Lektion 5

prīmus, a	der erste
vīcus, ī m.	Dorf
Rōmam	nach Rom

Vokabeln zu Lektion 5

interrogāre	fragen
rogāre	*bitten; fragen*
salvēre	gesund sein
salvē! *Pl.:* salvēte!	sei(d) gegrüßt!; guten Tag!
salvus, a, um	*gesund; wohlbehalten*
cūr?	warum?
facere, faciō	machen; tun
-ne *(angehängte Fragepartikel)*	*(entspricht dem deutschen Fragezeichen)*
campus, ī m.	Feld; freier Platz
Campus Mārtius	das Marsfeld *(Versammlungsplatz in Rom)*
ita *(Adv.)*	1. so 2. ja; richtig *(in einer Antwort)*
cōnsul, cōnsulis m.	Konsul
novus, a	neu
creāre	1. wählen 2. erschaffen
domī	zu Hause
manēre	bleiben
remanēre	*zurückbleiben; ausharren*
quid *(Nom. und Akk.)*	was?
putāre	1. glauben; meinen 2. halten für
computāre	*zusammenrechnen*
num *(Fragepartikel)*	etwa ... *(man erwartet die Antwort nein)*
īgnōrāre	nicht wissen; nicht kennen
vīcīnus, ī m.	Nachbar; benachbart
candidātus, ī m.	Kandidat; Wahlbewerber
aut	oder
autem	jedoch; aber
minimē *(Adv.)*	keineswegs; gar nicht
dīcere	sagen
dīc!	sag!
optimus, a	der beste; ein sehr guter
respondēre	antworten
respōnsum	*Antwort*
quidem	jedenfalls; wenigstens
equidem	*ich jedenfalls*
malus, a	schlecht; übel
ōrāre	1. reden 2. bitten

Redewendungen

Mārcum cōnsulem creāre	Marcus zum Konsul wählen
Mārcum amīcum bonum putāre	Marcus für einen guten Freund halten

Ableitungen in modernen Sprachen

Primus, Interrogativpronomen, the camp, le champ, new, nouveau, *kreativ,* to create, créer, *Ignorant,* to ignore, ignorer, *Kandidat, minimal, Diktat,* dire, *optimal, Korrespondenz,* répondre, mal.

Lektion 6

rēs, reī f.	Sache
pūblicus, a	öffentlich
rēs pūblica, reī pūblicae f.	Staat; Republik
rēx, rēgis m.	König
enim *(Adv.)*	nämlich; denn
5 invādere	eindringen; einfallen
socius, ī m.	Bundesgenosse; Verbündeter
societās, tātis f.	*Bündnis*
diēs, diēī m. (!)	Tag
meridiēs, iēī f.	*Mittag*
cūria, ae f.	die Kurie *(Gebäude für Senats-versammlungen)*
salūs, salūtis f.	Rettung; Wohlergehen
10 dēbēre	müssen; schulden
spēs, speī f.	Hoffnung; Erwartung
ante *(m. Akk.)*	vor
ante *(Adv.)*	vorher
ā *(nur vor Konsonanten),* ab *(m. Abl.)*	von
diū *(Adv.)*	lange
diūturnus, a, um	*lange dauernd*
15 homō, hominis m.	Mensch
stāre	stehen
statua	*Standbild*
timor, ōris m.	Furcht
timidus, a, um	*ängstlich*
scīre	wissen
nescīre	*nicht wissen*
fidēs, fideī f.	1. Vertrauen 2. Treue 3. *(christlich)* Glaube
fīdus, a, um	*treu*
20 habēre	haben
semper *(Adv.)*	immer
pūgnāre	kämpfen
oppūgnāre	*bestürmen*
iubēre *(m. Akk.)*	(jmdm.) befehlen
cōnstat *(nur 3. Pers. Sg.)*	es steht fest
25 abesse, absum	abwesend sein, fehlen
nunc *(Adv.)*	nun; jetzt
causa, ae f.	1. Grund 2. Ursache 3. Gerichtsverfahren
nōn iam	nicht mehr
gaudēre	sich freuen
30 aliquis, *Akk.* aliquem	jemand; irgendeiner
aliquid	etwas; irgendetwas
Pl. aliquī, aliquae	irgendwelche, einige

Vokabeln zu Lektion 7

neque	und nicht; aber nicht; auch nicht
neque ... neque	weder ... noch
pecūnia, ae f.	Geld
accipere, accipiō	annehmen; empfangen
incipere	*beginnen; anfangen*

Redewendungen

fidem habēre *(m. Dat.)*	(jmdm.) glauben; (jmdm.) vertrauen

Ableitungen in modernen Sprachen

public, publique, the republic, la république, le roi, *Invasion, sozial,* le salut, l'espoir, l'homme, the science, la science, la foi, the cause, la cause, la chose, *konstant.*

Lektion 7

oppidum, ī n.	Stadt; Kleinstadt
forum, ī n.	Marktplatz; Forum
īgnōtus, a, um	unbekannt
cupere, cupiō	wünschen; wollen
5 aedificium, ī n.	Gebäude
clārus, a, um	hell; berühmt
īre	gehen
templum, ī n.	Tempel
vel	oder; sogar
10 mōnstrāre	zeigen
gaudium, ī n.	Freude
adīre	1. herangehen 2. besuchen 3. bitten
dē *(m. Abl.)*	von; von ... herab; über
spectāre	betrachten
15 nōmen, nōminis n.	Name
nōmināre	*(be)nennen*
opus, operis n.	Werk; Arbeit; Mühe
exīre	herausgehen
exitus, ūs m.	*Ausgang*
inīre	1. betreten; hineingehen 2. beginnen
initium	*1. Anfang 2. Eingang*
theātrum, ī n.	Theater
20 tempus, temporis n.	Zeit
ecce	sieh! da!
tabula, ae f.	Tafel
memoria, ae f.	Gedächtnis; Andenken
servāre	1. bewahren 2. retten
cōnservāre	*bewahren*
25 fābula, ae f.	Geschichte; Theaterstück
poēta, ae m. (!)	Dichter
antīquus, a, um	alt; „antik"

Vokabeln zu Lektion 8

sōlum *(Adv.)*	allein; nur
dēlectāre	erfreuen; Freude machen
30 licēre *(nur Inf. u. 3. Pers. Sg.)*	erlaubt sein
licentia	Willkür; Zügellosigkeit
dēesse	fehlen
domum	nach Hause; heim
abīre	fortgehen

Redewendungen

ecce tabula	da (ist) die Tafel
multa *(Nom. u. Akk. Pl. n.)*	viel; vieles
cūncta	alles
Forum Rōmānum	das Forum Romanum *(polit. Zentrum der Stadt Rom*
nōn īgnōrāre *(doppelte Verneinung, Litotes)*	gut kennen; genau wissen
mihi gaudiō est	es macht mir Freude *(dat. finalis)*
nōn sōlum ... sed etiam	nicht nur ... sondern auch
fābulam agere	ein Theaterstück aufführen

Ableitungen in modernen Sprachen

clear, clair, *Monstranz,* montrer, le nom, the theatre, le théâtre, *temporär,* le temps, the table, la table, the memory, la mémoire, la fable, *Poet,* the poet, le poète, antique, *Lizenz.*

Lektion 8

lūdus, ī m.	1. Spiel 2. Pferderennen oder Gladiatorenkampf
valdē *(Adv.)*	sehr
amphitheātrum, ī n.	Amphitheater
bēstia, ae f.	Tier; wildes Tier
5 leō, leōnis m.	Löwe
gladiātor, gladiātōris m.	Gladiator
spectātor, spectātōris m.	Zuschauer
vir, virī m.	Mann
pulcher, pulchra, pulchrum	schön
pulchritūdō, dinis f.	Schönheit
10 arēna, ae f.	Arena; Kampfplatz
clāmor, clāmōris m.	Geschrei; Lärm
sīgnum, ī n.	Zeichen; Feldzeichen *(des römischen Heeres)*
pūgna, ae f.	Kampf
duō, duae, duo *(Nom. Pl.)*	zwei
dubius, a, um	zweifelhaft; bedenklich
dubitāre	1. zweifeln 2. Bedenken tragen

Vokabeln zu Lektion 9

15 arma, armōrum n. *(nur. Pl.)* | Waffen *(nur Pl.)*
   armāre | *bewaffnen*
gladius, ī m. | Schwert
numerus, ī m. | Zahl
   numerāre | *zählen; rechnen; bezahlen*
incitāre | antreiben
   sollicitāre | *1. erregen; reizen   2. beunruhigen*
miser, misera, miserum | elend; arm; unglücklich
20 clēmentia, ae f. | Milde; Gnade
implōrāre | anflehen
mittere | schicken; lassen; freilassen
virtūs, virtūtis f. | Tapferkeit; Tüchtigkeit
porta, ae f. | Tor; Tür
25 carcer, carceris m. | Gefängnis; Käfig
vincere | siegen; besiegen
vulnus, vulneris n. | Wunde
   vulnerāre | *verwunden*
spectāculum, ī n. | Schauspiel
hūmānus, a, um | menschlich
   inhūmānus, a, um | unmenschlich
30 glōria, ae f. | Ruhm
petere | 1. streben nach; erbitten   2. darauf zugehen

Ableitungen in modernen Sprachen

the beast, the lion, le lion, the spectator, le spectateur, l'arène, the sign, le signe, the army, l'armée, *Nummer,* the number, le nombre, the misery, la misère, *Pforte,* la porte, *Karzer, Kerker,* vaincre, *Spektakel,* the spectacle, *human,* humain, the glory, la gloire.

Lektion 9

Stammformen bereits als Vokabeln gelernter Verben

esse, sum, fuī | sein
cōnsulere, cōnsulō, cōnsuluī | (m. Dat.) sorgen für (jmdn.); *(m. Akk.)* (jmdn.) befragen; (jmdn.) um Rat fragen
pōnere, pōnō, posuī | 1. setzen   2. stellen   3. legen
īre, eō, iī | gehen

nōnne *(Fragepartikel)* | etwa nicht? denn nicht?
nūntius, ī m. | 1. Meldung   2. Bote
apportāre | (herbei)bringen
certus, a, um | sicher; gewiss
   incertus, a, um | *ungewiss*
5 cognōscere, cognōscō, cognōvī | 1. erkennen   2. erfahren

Vokabeln zu Lektion 9

terror, terrōris m.	Schrecken
legiō, legiōnis f.	Legion *(röm. Heeresabteilung: ca. 6000 Mann)*
dēlēre, dēleō, dēlēvī	zerstören; vernichten
paucī, ae, a	wenige
10 mīles, mīlitis m.	Soldat
mīlitia	*Kriegsdienst*
fuga, ae f.	Flucht
sē *(Akk. u. Abl. Sg. u. Pl.)*	sich
imperium, ī n.	1. Herrschaft; Reich 2. (Ober)befehl
male *(Adv.)*	schlecht
15 dēfendere, dēfendō, dēfendī	verteidigen
dēfēnsor, ōris m.	*Verteidiger*
fīnis, fīnis m.	1. Ende 2. Grenze
fīnēs, fīnium *(Pl.)*	Gebiet
interesse *(Stammf. wie* esse*)*	dabei sein
interesse *(m. Dat.)*	teilnehmen an
superāre	1. überwinden 2. übertreffen
metuere, metuō, metuī	fürchten
20 nārrāre	erzählen
dux, ducis m.	Führer; Anführer
nūntiāre	melden
contrā *(m. Akk.)*	gegen
contrā *(Adv.)*	dagegen
coniūrāre	sich verschwören
25 statim *(Adv.)*	sofort
castra, castrōrum n. *(Pl.)*	Lager *(Sg.)*
contendere, contendō, contendī	1. sich anstrengen 2. eilen 3. kämpfen
iter, itineris n.	Weg; Marsch; Reise
dēnsus, a, um	dicht
30 magis *(Adv.)*	mehr
quam	1. wie 2. als *(nach Vergleich)*
subitō *(Adv.)*	plötzlich
fortiter *(Adv.)*	tapfer; energisch
superesse *(Stammf. wie* esse*)*	übrig sein; überleben
35 redīre, redeō, rediī	zurückgehen; zurückkehren
reditus, ūs m.	*Rückkehr*

Redewendungen

multīs diēbus post	viele Tage später
iter facere	marschieren, reisen

Ableitungen in modernen Sprachen

apportieren, apporter, certain, *Terrorismus,* the terror, la terreur, the legion, la légion, *Imperialismus,* the empire, l'empire, *defensiv,* to defend, défendre, *final,* la fin, the duke, le duc, *Annonce,* to announce, annoncer.

Lektion 10

Stammformen bereits gelernter Verben

cupere, cupiō, cupīvī	wünschen; wollen
petere, petō, petīvī	1. streben (nach) 2. erbitten 3. darauf zugehen
appetere	*1. begehren 2. angreifen*
repetere	*wiederholen*
perpetuus, a, um	*ununterbrochen*
respondēre, respondeō, respondī	antworten

cīvitās, cīvitātis f.   Staat; „Bürgerschaft"
regere   regieren; lenken
urbs, urbis *(Gen. Pl.* -ium*)* f.   Stadt
     urbānus, a, um   *(groß)städtisch; gebildet*
lībertās, lībertātis f.   Freiheit
5 cīvis, cīvis *(Gen. Pl.* -ium*)* m. *oder* f.   Bürger(in)
hostis, hostis *(Gen. Pl.* -ium*)* m. *oder* f.   Feind
augēre   vergrößern; vermehren
honor, honōris m.   1. Ehre 2. Ehrenamt *(z. B. das Konsulat)*
aliquandō *(Adv.)*   einst; einmal; irgendwann
10 cōpia, ae f.   1. Menge 2. Vorrat
     cōpiae, cōpiārum   Truppen
sedēre   sitzen
tempestās, tempestātis f.   1. Wetter 2. Unwetter; Gewitter
occultāre   verbergen
     occultus, a, um   *verborgen; heimlich*
deinde   dann; darauf
15 terra, ae f.   1. Land 2. Erde
tacēre   schweigen
iterum *(Adv.)*   wieder; noch einmal
tōtus, a, um   ganz
prope *(m. Akk.)*   nahe (bei)
     prope *(Adv.)*   1. in der Nähe 2. fast
20 fīlius, ī m.   Sohn
noster, nostra, nostrum   unser
pater, patris, m.   Vater
     patrēs, patrum m.   *(im Pl. oft)* Senatoren
necāre   töten
     nex, necis f.   *Mord; Tod*
invidia, ae f.   1. Neid 2. Missgunst
25 cōntiō, cōntiōnis f.   (Volks-)Versammlung
dolor, dolōris m.   Schmerz
cōgitare   denken; nachdenken
     excōgitare   *ausdenken; erfinden*

175

Vokabeln zu Lektion 11

    apparēre   erscheinen; auftauchen
    meus, mea, meum   mein
30 caput, capitis n.   1. Kopf   2. Hauptstadt
    orbis, orbis *(Gen. Pl.* -ium) m.   Kreis
    lēx, lēgis f.   Gesetz
    sacer, sacra, sacrum   heilig; unantastbar

Redewendungen

alius alium interrogat   der *eine* fragt den *anderen*
iterum iterumque   immer wieder
memoriam sacram habēre   die Erinnerung heilig halten
quō ex tempore   seit dieser Zeit

Ableitungen in modernen Sprachen

the city, the citizen, le citoyen, the suburb, the liberty, la liberté, *Auktion,* the honour, l'honneur, the tempest, la tempête, *Okkultismus, Terrarium, Terrain,* la terre, le fils, le père, *total,* l'envie, la douleur, to appear, apparaître, the chief, le chef, *legal,* la loi, *sakral,* sacré.

Lektion 11

Stammformen bereits gelernter Verben

    abesse, absum, āfuī   abwesend sein; fehlen

    iuvenis, iuvenis m.   junger Mann *(ca. 20–35 Jahre)*
        iuventūs, iuventūtis f.   *Jugend*
    pila, ae f.   Ball
    iactāre   werfen; schleudern
    quamquam   obwohl
5 ibi *(Adv.)*   dort
    faber, fabrī m.   Handwerker
    quod   da; weil
    cōnsuētūdō, cōnsuētūdinis f.   Gewohnheit; Gewöhnung
        cōnsuēscere   *sich (an etw.) gewöhnen*
        Perf.: cōnsuēvī   *ich bin gewohnt; ich pflege*
    nōnnūllī, ae, a   einige
10 animadvertere, animadvertō, animadvertī   bemerken; aufmerksam werden
    plēnus, a, um *(m. Gen.)*   voll (von)
        complēre, Perf.: complēvī   *anfüllen*
    nihil   nichts
    exspectāre   erwarten
    cum   als (plötzlich)
15 volāre   fliegen
    postquam   nachdem
    iūdicium, ī n.   1. Gericht   2. Gerichtsverhandlung
                      3. Urteil

Vokabeln zu Lektion 12

mors, mortis f.	Tod
mortuus, a, um	*tot*
accūsāre	anklagen
tamen *(Adv.)*	dennoch; trotzdem
iūs, iūris n.	Recht
iūstus, a, um	*gerecht*
iniūstus, a, um	*ungerecht*
iniūria	*Unrecht*
culpa, ae f.	Schuld
sī	wenn
pars, partis *(Gen. Pl.* -ium) f.	1. Teil 2. Richtung 3. Seite
partim (Adv.)	*teilweise; zum Teil*
perīculum, ī n.	Gefahr
perīculōsus, a, um	*gefährlich*
iūdex, iūdicis m.	Richter
pūnīre	bestrafen
poena	*Strafe*
an *(Fragepartikel)*	oder etwa?; oder?
nēmō *(Dat.* nēminī, *Akk.* nēminem)	niemand
fortūna, ae f.	1. Schicksal 2. Glück
prō *(m. Abl.)*	1. für 2. anstelle von

Redewendungen

et ... et	sowohl ... als auch
pilā lūdere	Ball spielen
nihil malī	nichts Böses
prō rē habēre; rērum locō habēre	als Sache ansehen

Ableitungen in modernen Sprachen

jeune, *Pille, Fabrik, Plenum, Plenarsaal,* plein, *Nihilismus,* to expect, expecter, la mort, to accuse, accuser, *Jurist,* la part, the judge, le juge, to punish, punir, the fortune, la fortune.

Lektion 12

Stammformen bereits gelernter Verben (Wiederholung und Vervollständigung)

scīre, sciō, scīvī	wissen
redīre, redeō, rediī	zurückkehren
nātus, a, um	geboren
post (ante) Chrīstum nātum; *abgekürzt:* p. Chr. n. (a. Chr. n.)	nach (vor) Christi Geburt

Vokabeln zu Lektion 12

nātiō, iōnis f.	*Volk; Volksstamm*
saeculum, ī n.	1. Jahrhundert 2. Zeitalter
ut	wie
colere, colō, coluī	1. verehren 2. (einen Acker) bebauen
cultus, ūs m.	*Pflege; Verehrung*
cultūra	*Bearbeitung, Pflege*
5 pārēre	gehorchen
negāre	1. sich weigern 2. verneinen 3. sagen, dass nicht
legere	1. lesen 2. sammeln
dūcere	führen
dūc!	führe!
condūcere	*1. zusammenführen 2. mieten*
dēdūcere	*wegführen*
ēdūcere	*herausführen*
indūcere	*(hin)einführen*
prōdūcere	*vorwärts führen; vorbringen*
redūcere	*zurückführen; hinbringen*
trādūcere	*hinüberführen*
terrēre	in Schrecken versetzen; einschüchtern
10 sacerdōs, sacerdōtis m. *oder* f.	Priester(in)
religiō, religiōnis f.	1. Religion 2. Gottesfurcht
vidērī	1. scheinen 2. *Passiv zu* vidēre
senex, senis m.	alter Mann *(über 45)* 2. *(Adj.:)* alt
verbum, ī n.	Wort
15 tuus, a, um	dein
nisī	1. wenn nicht 2. außer *(nach Verneinung)*
caelum, ī n.	Himmel
christlich oft: caelī, caelōrum m.	Himmel *(als Sitz Gottes)*
cōgere	1. zwingen 2. versammeln
fīnīre	beenden
20 stultus, a, um	dumm; töricht
vester, vestra, vestrum	euer
īgnōscere, īgnōscō, īgnōvī	verzeihen
mēns, mentis *(Gen. Pl.* -ium) f.	1. Verstand 2. Gesinnung
iūrāre (per)	schwören (bei)
25 nūllus, a, um	kein; keiner
movēre	1. bewegen 2. beeindrucken
oculus, ī m.	Auge
potest	er (sie, es) kann
aeternus, a, um	ewig

Ableitungen in modernen Sprachen

né, le siècle, *Negation, negativ, Lektüre,* lire, the religion, la religion, *Verb,* le ciel, to finish, *Null,* to move, mouvoir, *Okular,* l'œil, eternal, éternel.

Lektion 13

Stammformen bereits gelernter Verben

petere, petō, petīvī, petītum	1. streben nach 2. erbitten 3. darauf zugehen
dēfendere, dēfendō, dēfendī, dēfēnsum	verteidigen
dēlēre, dēleō, dēlēvī, dēlētum	zerstören; vernichten
pōnere, pōnō, posuī, positum	setzen; stellen; legen
respondēre, respondeō, respondī, respōnsum	antworten
cupere, cupiō, cupīvī, cupitum	wünschen; wollen

exercitus, exercitūs m.	Heer
exercēre	*üben*
ubī *(m. Ind. Perfekt)*	sobald
metus, ūs m.	Furcht
impetus, ūs m.	Angriff; Ansturm
paene *(Adv.)*	fast; beinahe
expūgnāre	erobern
pōns, pontis *(Gen. Pl. -ium)* m.	Brücke
flūmen, flūminis n.	Fluss
flūctus, ūs m.	*Flut*
iussū *(m. Gen.)*	auf Befehl (von)
magistrātus, ūs m.	1. (hoher) Beamter 2. Behörde
tantus, a, um	so groß
senātus, ūs m.	Senat
obsidēre	belagern
inopia, ae f.	Mangel; Not
frūmentum, ī n.	Getreide
frūctus, ūs m.	*Frucht; Ertrag*
vexāre	quälen; plagen
pāx, pācis f.	Friede; Friedensvertrag
parātus, a, um	bereit; entschlossen
virgō, virginis f.	Mädchen *(ab 12 Jahren; unverheiratet)*
obses, obsidis m. *oder* f.	Geisel
tenēre, teneō, tenuī, tentum	1. halten; festhalten 2. zurückhalten
abstinēre	*1. fernhalten 2. sich enthalten*
continēre	*festhalten; umfassen*
continuus, a, um	*zusammenhängend; ununterbrochen*
obtinēre	*festhalten; innehaben*
retinēre	*zurückhalten*
sustinēre	*aushalten*
inter *(m. Akk.)*	zwischen; unter *(bei einer Menge)*
intrā (m. Akk.)	*innerhalb*
genus, generis n.	1. Art 2. Geschlecht

Vokabeln zu Lektion 14

clam *(Adv.)* heimlich
25 tēlum, ī n. Geschoss; Waffe
propinquus, a, um 1. benachbart 2. verwandt; der Verwandte
restituere, restituō, restituī, restitūtum wiederherstellen; zurückgeben
    cōnstituere *festsetzen; beschließen*
manus, ūs f. (!) 1. Hand 2. Schar
sine *(m. Abl.)* ohne
30 nōn modo ... sed etiam nicht nur ... sondern auch
propter *(m. Akk.)* wegen
honōrāre ehren
fēmina, ae f. Frau
ōrnāre schmücken; ehren
    ōrnāmentum *Schmuck*

Ableitungen in modernen Sprachen

exerzieren, le pont, *Magistrat,* the senate, le sénat, le froment, *Vexierbild,* the peace, la paix, the virgin, la vierge, le genre, *manuell, Manufaktur,* la main, honorer, *Feminismus,* la femme.

Lektion 14

Stammformen bereits gelernter Verben

vincere, vincō, vīcī, victum siegen; besiegen
dūcere, dūcō, dūxī, ductum führen
iubēre, iubeō, iussī, iussum befehlen
venīre, veniō, vēnī, ventum kommen
vidēre, videō, vīdī, vīsum sehen
invādere, invādō, invāsī, invāsum eindringen; einfallen
    ēvādere *herausgehen; entkommen*
caedere, caedō, cecīdī, caesum 1. fällen 2. töten
facere, faciō, fēcī, factum machen; tun
īre, eō, iī, itum gehen

incolere *(Stammf. wie* colere*)* wohnen; bewohnen
bellum, ī n. Krieg
gerere, gerō, gessī, gestum 1. führen 2. tragen
pellere, pellō, pepulī, pulsum 1. schlagen 2. vertreiben
5 rapere, rapiō, rapuī, raptum rauben; reißen
tolerāre ertragen
addere, addō, addidī, additum hinzufügen
suus, a, um sein; ihr *(Sg. u. Pl.!)*

Vokabeln zu Lektion 14

puer, puerī m.	Junge
pueritia	*Kindheit*
novem *(undeklinierbar)*	neun
annus, ī m.	Jahr
tangere, tangō, tetigī, tāctum	berühren
integer, -gra, -um	*unberührt; unversehrt*
praeclarus, a, um	hochberühmt
animus, ī m.	1. Geist 2. Mut 3. Gesinnung
animal, animālis n.	*1. Lebewesen 2. Tier*
vertere, vertō, vertī, versum	wenden
āvertere	*abwenden*
reddere, reddō, reddidī, redditum	1. zurückgeben 2. machen zu
vultus, vultūs m.	Gesichtsausdruck; Miene
vīs f. *(Akk.* vim, *Abl.* vī)	Kraft; Gewalt
Pl.: vīrēs, vīrium	
vōx, vōcis f.	Stimme
quasi	gleichsam; als ob
alter, altera, alterum	1. der andere 2. der zweite; ein zweiter
audācia, ae f.	Kühnheit, Frechheit
audāx, audācis	*kühn*
praebēre	geben; zeigen
sē praebēre (m. Akk.)	sich erweisen (als); sich zeigen (als)
corpus, corporis n.	Körper
cum *(iterativum)*	(jedesmal) wenn
proelium, ī n.	Schlacht; Kampf
committere, committō, commīsī, commissum	1. beginnen 2. begehen 3. anvertrauen
ultimus, a, um	der letzte
vitium, ī n.	Fehler; Laster
crūdēlitās, crūdēlitātis f.	Grausamkeit
perfidia, ae f.	Treulosigkeit; Verrat
perfidus, a, um	*treulos*

Redewendungen

et *(am Satzanfang, wenn das Prädikat folgt)*	und tatsächlich; und wirklich
aut ... aut	entweder ... oder
castra movēre	aufbrechen; weitermarschieren
iter facere	marschieren

Ableitungen in modernen Sprachen

Vision, visuell, Geste, Puls, Fakten, faire, the fact, le fait, *Toleranz,* to tolerate, tolérer, *Addition,* to add, *Vers,* rendre, *Vokal,* the voice, la voix, *Alternative,* to alter, l'autre, le corps, *Kommission, Ultimatum,* the vice, the cruelty, la cruauté, la perfidie.

Lektion 15

Stammformen bereits gelernter Verben

dare, dō, dedī, datum	geben
colere, colō, coluī, cultum	1. verehren 2. *(einen Acker)* bebauen
cōgere, cōgō, coēgī, coāctum	1. zwingen 2. versammeln
dīcere, dīcō, dīxī, dictum	sagen
secundus, a, um	1. der zweite 2. günstig
tōtus, a, um *(Gen.* tōtīus, *Dat.* tōtī)	ganz
egestās, egestātis f.	Armut; Not
egēre (m. Abl.)	*Mangel haben; bedürfen*
vīvere, vīvō, vīxī, –	leben
vīvus, a, um	*lebendig*
5 prōdesse, prōsum, prōfuī	nützen
afferre, afferō, attulī, allātum	1. herbeibringen 2. melden 3. antun
efferre	*herausbringen*
differre	*1. aufschieben 2. sich unterscheiden*
īnferre	*hineintragen*
ūnus, ūna, ūnum *(Gen.* ūnīus, *Dat.* ūnī)	einer
quod *(faktisches quod)*	dass *(im Sinne von:* die Tatsache, dass …)
procul *(Adv.)*	weit; in der Ferne
procul ā (m. Abl.)	*weit entfernt von*
10 dum	1. *(mit Ind. Präs.)* während 2. solange wie
ager, agrī m.	Acker; Feld
posse, possum, potuī	können
cōnferre, cōnferō, contulī, collātum	1. zusammentragen 2. vergleichen
sē cōnferre	*sich begeben*
domus, domūs f. (!) *(Sonderformen: Abl. Sg.* domō, *Gen. Pl.* domōrum, *Akk. Pl.* domōs)	Haus
15 relinquere, relinquō, relīquī, relictum	1. verlassen 2. zurücklassen
dēlinquere	*sich vergehen*
līber, lībera, līberum	frei
extrēmus, a, um	der äußerste
extrā (m. Akk.)	*außerhalb*
ferre, ferō, tulī, lātum	1. tragen 2. bringen 3. ertragen
auxilium, ī n.	Hilfe
20 apud *(m. Akk.)*	bei
plēbs, plēbis f.	Volk; Volksmasse
plēbēī, -ōrum	*Plebejer*
modus, ī m.	1. Art und Weise, 2. Maß

Vokabeln zu Lektion 16

ōrātiō, iōnis f.	Rede
errāre	1. irren 2. umherirren
25 ōlim *(Adv.)*	einst (1. früher einmal 2. später einmal)
dēspērāre	verzweifeln
tribūnus, ī m.	Tribun *(röm. Beamter)*
tribūnus plēbis	Volkstribun
repūgnāre	Widerstand leisten
dēnique *(Adv.)*	schließlich
30 medius, a, um	der mittlere; Mittel-
tollere, tollō, sustulī, sublātum	1. aufheben 2. beseitigen

Redewendungen

eā dē causā; Quā dē causā	aus diesem Grunde
lēgem ferre	ein Gesetz einbringen *(zur Abstimmung)*
mediō in forō	mitten auf dem Marktplatz
ē (dē) mediō tollere	beseitigen; ermorden
sīgna tollere	*(im Heer)* vorrücken; abmarschieren
clāmōrem tollere	ein Geschrei erheben; lärmen
iniūriam īnferre	Unrecht zufügen
bellum īnferre	Krieg beginnen *(als Angreifer)*
ōrātiōnem habēre	eine Rede halten
auxilium ferre	Hilfe bringen
auxilium ā senātū implōrāre	Hilfe vom Senat erflehen

Ableitungen in modernen Sprachen

Sekunde, second, *total,* vivre, un, *Agrarreform, Relikt, Reliquie, liberal,* libre, *extrem, Plebejer, Mode,* la mode, to despair, désespérer, moyen.

Lektion 16

Stammformen bereits gelernter Verben

agere, agō, ēgī, āctum	1. treiben, betreiben 2. handeln, verhandeln 3. führen
capere, capiō, cēpī, captum	1. fangen 2. ergreifen 3. erobern, „kapern"
sedēre, sedeō, sēdī –	sitzen
stāre, stō, stetī, statum	stehen
cōnstāre	1. bestehen 2. kosten
manēre, maneō, mānsī, mānsum	bleiben
vēndere, vēndō, vēndidī, vēnditum	verkaufen
trahere, trahō, trāxī, trāctum,	ziehen, schleppen

Vokabeln zu Lektion 16

coniūrātiō, coniūrātiōnis f.	Verschwörung
dētegere, dētegō, dētēxī, dētēctum	entdecken; aufdecken
tegere	*bedecken*
tēctum	*Dach; Haus*
Iuppiter, Iovis (Iovī, Iovem, Iove)	Jupiter *(höchster römischer Gott)*
convocāre	zusammenrufen; einberufen
revocāre	*zurückrufen*
5 ferē *(Adv.)*	etwa; beinahe
quō	wohin?; wohin *(rel.)*
ūsque *(Adv.)*	bis; bis ... zu
quō ūsque?	wie weit? wie lange noch?
quamdiū	1. wie lange? 2. solange wie
furor, furōris m.	Wüten; Tollheit
10 cōnsilium, ī n.	1. Plan 2. Rat 3. Absicht
quandō?	wann?
īnsidiae, ārum f. *(Pl.)*	Falle; Hinterhalt *(Sg.)*
certē *(Adv.)*	gewiss; sicher
cōnscrībere, cōnscrībō, cōnscrīpsī, cōnscrīptum	1. verfassen 2. einschreiben *(in eine Liste)*
15 dēterrēre	abschrecken
aperīre, aperiō, aperuī, apertum	öffnen; offen darlegen
coniūrātus, ī m.	Verschwörer
dēmōnstrāre	deutlich zeigen
inimīcus, ī m.	Gegner; Feind *(Adj.:* feindlich)
inimīcitiae, ārum f.	*(persönl.) Feindschaft*
20 patēre	offenstehen; sichtbar sein
scelus, sceleris n.	Verbrechen
spērāre	hoffen
attentus, a, um	aufmerksam; wachsam
exilium, ī n.	Exil; Verbannung
25 dēmum *(Adv.)*	endlich
prōmittere, prōmittō, prōmīsī, prōmissum	versprechen
ōmittere	*fallen lassen; aufgeben*
permittere	*1. überlassen 2. erlauben*
perniciēs, perniciēī f.	Verderben; Untergang
ēripere, ēripiō, ēripuī, ēreptum	entreißen; befreien
atque	und; und sogar
30 mōns, montis *(Gen. Pl. -ium)* m.	Berg

Redewendungen

patrēs cōnscrīptī	meine Herren Senatoren *(Anrede an den Senat)*

Vokabeln zu Lektion 17

nostra rēs agitur — es geht um uns
cōnsilium capere — einen Entschluss fassen

Ableitungen in modernen Sprachen

Detektiv, Lügendetektor, le conseil, *Aperitif, Demonstration,* the enemy, l'ennemi, *Patent,* espérer, attentive, attentif, *Exil,* to promise, promettre, the mountain, le mont, la montagne.

Lektion 17

Stammformen bereits gelernter Verben

lūdere, lūdō, lūsī, lūsum	spielen
illūdere	*verspotten*
opprimere, opprimō, oppressī, oppressum	unterdrücken; bekämpfen; überfallen
movēre, moveō, mōvī, mōtum	1. bewegen 2. beeindrucken
mittere, mittō, mīsī, missum	schicken; lassen; freilassen
mare, maris n. *(Abl.* marī, *Nom. Pl.* maria, *Gen. Pl.* marium)	Meer
internus, a, um	der innere
mare internum	das Mittelmeer
nāvis, nāvis *(Gen. Pl.* -ium) f.	Schiff
īnfēstus, a, um	bedrohlich; feindlich
5 bellāre	Krieg führen
dīripere *(Stammf. wie* ēripere*)*	plündern
gēns, gentis *(Gen. Pl.* -ium) f.	1. Volksstamm 2. vornehme Familie
miseria, ae f.	Elend
perditus, a, um	vernichtet; verzweifelt
10 prīmō *(Adv.)*	anfangs; zuerst
negōtium, ī n.	Geschäft; Handel
causā *(m. Gen.)*	wegen
lītus, lītoris n.	Küste
portus, ūs m.	Hafen
15 audēre	wagen
praesidium, ī n.	Schutz
classis, classis *(Gen. Pl.* -ium) f.	Flotte
crēscere, crēscō, crēvī, crētum	wachsen
fāma, ae f.	1. Gerücht, Sage 2. (guter/schlechter) Ruf
20 mox *(Adv.)*	bald; sogleich
facultās, facultātis f.	Möglichkeit
facilis, e	*leicht (zu tun)*
difficilis, e	*schwierig*
difficultās, -tātis f.	*Schwierigkeit*

Vokabeln zu Lektion 18

dēserere, dēserō, dēseruī, dēsertum	verlassen
officium, ī n.	Pflicht; Dienst
perdere, perdō, perdidī, perditum	1. zugrunde richten 2. verlieren; vergeuden
25 monēre	ermahnen
celeritās, celeritātis f.	Schnelligkeit
ēvādere, ēvādō, ēvāsī, ēvāsum	entkommen
potestās, potestātis f.	Macht; Gewalt
referre, referō, rettulī, relātum	1. zurückbringen 2. berichten
30 industria, ae f.	Fleiß; Einsatz
prōvidēre *(Stammf. wie* vidēre*) (m. Akk.)*	vorhersehen
prōvidēre *(m. Dat.)*	sorgen für
cōnficere, cōnficiō, cōnfēcī, cōnfectum	vollenden; erledigen; herstellen
efficere	*bewirken*
perficere	*vollenden*

Redewendungen

mare īnfēstum reddere	das Meer unsicher machen
sē in potestātem fidemque dare	sich ergeben
grātiam referre	danken; Dank abstatten
impetum hostium prōvidēre	den Angriff der Feinde vorhersehen
salūtī cīvium prōvidēre	für das Wohl der Bürger sorgen
honōris causā *(heute abgekürzt:* h.c.*)*	ehrenhalber

Ableitungen in modernen Sprachen

la mer, *intern,* the misery, la misère, le négociant, le port, *Präsident,* the president, le président, *Klasse, Fakultät, Deserteur, Referat, Referent, Industrie, Provision, Konfekt, Konfektion, Offizier,* the office, l'office.

Lektion 18

Stammformen bereits gelernter Verben

cōnsulere, cōnsulō, cōnsuluī, cōnsultum *(m. Dat.)*	sorgen für (jmdn.)
cōnsulere *(m. Akk.)*	(jmdn.) befragen; (jmdn.) um Rat fragen
quaerere, quaerō, quaesīvī, quaesītum	1. suchen 2. fragen (nach)
velle, vōlō, voluī	wollen
nōlle, nōlō, nōluī	nicht wollen
mālle, mālō, māluī	lieber wollen

Vokabeln zu Lektion 18

nōbilis, nōbilis, nōbile	1. berühmt; bekannt 2. adlig
nōbilitās, tātis f.	*Adel*
mortālis, e	sterblich; Sterblicher (= Mensch)
immortālis, e	unsterblich
dea, ae f.	Göttin
decem	zehn
fortis, e	tapfer; stark
fortitūdō, dinis f.	*Tapferkeit*
ācer, ācris, ācre	1. scharf 2. schmerzlich 3. heftig
āciēs, āciēī f.	*1. Schlacht 2. Heer (in Kampfordnung)*
fēlīx, fēlīx, fēlīx *(Gen.* fēlīcis*)*	glücklich
īnfēlīx *(Gen.* īnfēlīcis*)*	unglücklich
māter, mātris f.	Mutter
caedēs, caedis *(Gen. Pl. -ium)* f.	Mord; Blutbad
ingēns *(Gen.* ingentis*)*	ungeheuer; riesig
fugere, fugiō, fūgī, fugitum	fliehen
fugere *(m. Akk.)*	vor jmdm. od. etw. fliehen; vermeiden
effugere *(Stammf. wie* fugere*)*	entfliehen; entkommen
celer, celeris, celere	schnell
ōmen, ōminis n.	(böses) Vorzeichen
horribilis, e	schrecklich
ōrāculum, ī n.	Orakel *(Weisung eines Gottes)*
subīre, subeō, subiī, subitum	1. unter etwas gehen/treten 2. übernehmen; ertragen
maximus, a, um	1. der größte; am größten 2. sehr groß
persuādēre, persuādeō, persuāsī, persuāsum *(m. Dat.)*	1. jmd. überzeugen 2. jmd. überreden
solvere, solvō, solvī, solūtum	1. lösen 2. einlösen
error, errōris m.	1. Irrtum 2. Irrfahrt
dētrīmentum, ī n.	Schaden; Verlust
pervenīre *(Stammf. wie* venīre*)*	hinkommen; gelangen
rēgīna, ae. f.	Königin
benevolentia, ae f.	Wohlwollen
recipere, recipiō, recēpī, receptum	annehmen; aufnehmen
sē recipere	*sich zurückziehen*
inquit *(in direkter Rede, eingefügt) Pl.:* inquiunt	sagt(e) er; sagt(e) sie sagen sie, sagten sie
situs, a, um	gelegen; liegend
expellere, expellō, expulī, expulsum	vertreiben
appellere	*herantreiben; hinsteuern*
hīc *(Adv.)*	hier
condere, condō, condidī, conditum	1. gründen 2. verwahren 3. verstecken

Vokabeln zu Lektion 19

occupāre	1. besetzen 2. überfallen
occupātus, a, um	1. besetzt 2. beschäftigt

Redewendungen

nāvēs solvere	die Anker lichten; lossegeln
tē salvēre iubeō	ich begrüße dich; ich heiße dich willkommen
id mihi persuāsum est	ich bin überzeugt
quā dē causā	warum?; darum
perīcula / labōrēs subīre	Gefahren/Mühen auf sich nehmen
nōlī dīcere! nōlīte dīcere!	sage/sagt nicht! (verneinter Imperativ)

Ableitungen in modernen Sprachen

nobel, noble, *Mortalität, Dezimalsystem, Matriarchat,* fuir, *ominös,* horrible, the error, l'erreur, *Rezept, Rezeption,* to receive, recevoir, *Okkupator, Okkupation,* to occupate, occuper, *Maximum,* to persuade.

Lektion 19

hūmānitās, hūmānitātis f.	Menschlichkeit; Humanität; Bildung
convīvium, ī n.	Gastmahl
trīstis, e	traurig
interitus, ūs m.	Untergang
interīre	*untergehen*
5 longus, a, um	lang
longitūdō, dinis f.	*Länge*
longinquus, a, um	*weit entfernt*
lacrima, ae f.	Träne
vix *(Adv.)*	kaum
amor, amōris m.	Liebe
īnsīgnis, e	hervorragend; ausgezeichnet
10 incendere, incendō, incendī, incēnsum	entzünden; entflammen
marītus, ī m.	Ehemann; Gatte
commovēre *(Stammf. wie movēre)*	(innerlich) bewegen; beeindrucken
permovēre	*(innerlich) bewegen; veranlassen*
removēre	*wegschaffen*
pietās, pietātis f.	Frömmigkeit; Pflichtgefühl
pius, a, um	*fromm; ehrfürchtig; pflichtgetreu*
ergā *(m. Akk.)*	gegen *(im freundl. Sinne);* gegenüber
15 nūmen, nūminis n.	(göttliche) Macht; Gottheit
dēpōnere *(Stammf. wie* pōnere*)*	ablegen
rēgnum, ī n.	Reich; Herrschaft
quīn etiam	ja sogar
trīstitia, ae f.	Trauer; Traurigkeit

Vokabeln zu Lektion 20

20 omnis, e — ganz; jeder; *im Plural:* alle, alles
dēicere, dēiciō, dēiēcī, dēiectum — hinabwerfen
futūrus, a um — zukünftig
īnferus, a, um — der untere
   Pl.: īnferī, ōrum m. — die Unterwelt
dēscendere, dēscendō, dēscendī, – — hinabsteigen
   ascendere — *hinaufsteigen*
25 anima, ae f. — Seele
praedīcere *(Stammf. wie* dīcere*)* — vorhersagen; prophezeien
aureus, a, um — golden
īnstruere, īnstruō, īnstrūxī, īnstrūctum — 1. ausrüsten 2. aufstellen
loca, ōrum n. *(üblicher Pl. zu* locus*)* — Orte; Gegend; Gelände
30 invenīre *(Stammf. wie* venīre*)* — finden
pācāre — 1. unterwerfen 2. friedlich machen

Redewendungen

spē dēicī — in der Hoffnung getäuscht werden
Carthāgīne *(Abl.)* — in Karthago; aus Kathago
lacrimās tenēre — die Tränen zurückhalten
ē memoriā dēpōnere — aus dem Gedächtnis verlieren

Ableitungen in modernen Sprachen

Humanität, la larme, to retain, retenir, l'amour, le mari, *Pietät,* the reign, le règne, la tristesse, *Futur,* the future, to descend, déscendre, l'âme, l'or, *Instruktion,* to instruct, instruire, to invent, inventer.

Lektion 20

Stammformen bereits gelernter Verben

augēre, augeō, auxī, auctum — vergrößern; vermehren
accipere, accipiō, accēpī, acceptum — annehmen; empfangen

testāmentum, ī n. — Testament
   testis, testis m./f. — *Zeuge/Zeugin*
prīvātus, a, um — privat; Privatmann
sumptus, ūs m. — Kosten; Aufwand
ut *(mit Konjunktiv)* — 1. damit; dass 2. sodass
5 auctor, auctōris m. — Urheber; Anstifter
cīvīlis, e — bürgerlich; Bürger-
dēsīderum, ī n. — Sehnsucht; Bedürfnis
   dēsīderāre — *ersehnen; vermissen*

Vokabeln zu Lektion 20

dictātūra, ae f.	Diktatur
dictātor, ōris m.	*Diktator*
offerre, offerō, obtulī, oblātum	anbieten
meritum, ī n.	Verdienst
appellāre	1. anrufen 2. nennen
praeter *(m. Akk.)*	außer
praetereā *(Adv.)*	außerdem
dēferre, dēferō, dētulī, dēlātum	1. hineinbringen 2. übertragen
auctōritās, auctōritātis f.	Ansehen; Einfluss
prīnceps, prīncipis m.	der erste; Anführer; Princeps (Titel des Kaisers)
prīncipium	*Anfang*
praestāre, praestō, praestitī, – *(m. Dat.)*	voranstehen; übertreffen
praestāre *(m. Akk.)*	verrichten; zeigen
ēdictum, ī n.	Edikt; Anordnung
vetāre, vetō, vetuī, vetitum	verbieten
nē *(m. Konj.)*	damit nicht; dass nicht
odium, ī n.	Hass
fierī, fīō(!), factum est *(die Formen des Präsensstammes fi- haben aktive Endungen)*	1. werden 2. geschehen 3. gemacht werden
claudere, claudō, clausī, clausum	schließen
clādēs, clādis *(Gen. Pl. -ium)* f.	Niederlage; Verlust
trēs, trēs, tria *(Gen. trium, Dat. tribus)*	drei
adeō *(Adv.)*	so sehr; derart
dispōnere *(Stammf. wie pōnere)*	aufstellen; verteilen
Rōmae	in Rom
tumultus, ūs m.	Aufruhr; Tumult
ēdīcere *(Stammf. wie dīcere)*	anordnen
nefāstus, a, um	unheilvoll; verboten
commodē *(Adv.)*	angemessen; befriedigend
commodum	*Vorteil*
beātus, a, um	glücklich
lūx, lūcis f.	Licht
lūcēre	*leuchten*
illūstris, e	*glänzend; berühmt*
advenīre *(Stammf. wie venīre)*	ankommen; kommen
adventus, ūs m.	*Ankunft*
perīre *(Stammf. wie īre)*	zugrunde gehen; untergehen

Redewendungen

fit, ut *(m. Konj.)*	es kommt vor, dass; es geschieht, dass
timeō, nē	ich fürchte, dass *(gedacht: „hoffentlich nicht")*

Vokabeln zu Lektion 21

dominī apellātiō	die Anrede „Herr"
sē fortem praestāre	sich tapfer zeigen
magnā vōce	mit lauter Stimme

Ableitungen in modernen Sprachen

Testament, privat, Autor, zivil, the desire, le désir, *Offerte,* to offer, offrir, *Autorität, Prinz, Veto, Disposition,* to dispose, *Beate, Advent,* l'avenir, to perish.

Lektion 21

Stammformen bereits gelernter Verben

legere, legō, lēgī, lectum	1. lesen 2. sammeln
animadvertere, animadvertō, animadvertī, animadversum	bemerken; aufmerksam werden

dīves, *Gen.* dīvitis, *Abl.* dīvite *Gen. Pl.* dīvitum	reich
sors, sortis *(Gen. Pl.* -ium) f.	Schicksal; Los
afficere *(m. Abl.) (Stammf. wie* cōnficere)	1. erfüllen (mit) 2. versehen (mit)
prōdere *(Stammf. wie* condere)	1. überliefern 2. verraten
prōdītiō, iōnis f.	Verrat
prōdītor, ōris m.	Verräter
trādere	überliefern
5 intendere, intendō, intendī, intentum	1. anspannen 2. *mit* in *u. Akk.:* seine Aufmerksamkeit richten auf
fōrma, ae f.	Gestalt; Figur
pulvis, pulveris m. *oder* f.	Staub
scrībere, scrībō, scrīpsī, scrīptum	schreiben; zeichnen
quīdam, quaedam, quoddam *(Gen.* cuiusdam)	1. jemand 2. irgendein 3. ein
Pl. quīdam, quaedam, quaedam	einige
10 interficere *(Stammf. wie* cōnficere)	töten
dolēre	bedauern; Schmerz empfinden
cūra, ae f.	Sorge; Fürsorge; Pflege
quaestor, quaestōris m.	Quästor *(röm. Beamter)*
sepulcrum, ī n.	Grab; Grabmal
15 omnīnō *(Adv.)*	ganz und gar; überhaupt
investīgāre	erkunden; erforschen; aufspüren
vestīgium	Spur
posteā *(Adv.)*	später

Vokabeln zu Lektion 22

aliquot *(undeklinierbar)* — einige
versus, ūs m. — Vers
20 dēclārāre — erklären; deutlich zeigen
summus, a, um — der höchste
tālis, e — solch ein; derartig
undique *(Adv.)* — von allen Seiten; ringsum
multum *(Adv.)* — viel; sehr
25 ēminēre, ēmineō, ēminuī, – — herausragen; hervorragen
imminēre — hereinragen; drohen
pūrgāre — säubern
aditus, ūs m. — Zugang
patefacere *(Stammf. wie* facere*)* — öffnen; freimachen
  Passiv: patefierī, patefīō, patefactum
accēdere, accēdō, accessī, accessum — herangehen
  concēdere — 1. nachgeben 2. überlassen
  dēcēdere — weggehen
  discēdere — auseinander gehen
  prōcēdere — vorwärts gehen; hervorgehen
  succēdere — 1. nachrücken 2. an die Stelle treten 3. gelingen
30 discere, discō, didicī, – — lernen; erfahren
docēre, doceō, docuī, doctum — lehren; belehren
doctus, a, um — gelehrt; erfahren

Redewendungen

Syrācūsīs *(Abl. Pl.)* — 1. in Syrakus 2. aus Syrakus
dolōre affīcī — Schmerz empfinden
iniūriā affīcī — Unrecht erleiden
animum intendere (in) — sich konzentrieren (auf)
cūram habēre *(m. Dat.)* — Sorge tragen (für); sich kümmern (um)
facultātem dare — die Möglichkeit geben
in summō sepulcrō — an der Spitze des Grabmals; oben auf...

Ableitungen in modernen Sprachen

Affekt, Intention, to intend, *Form, Pulver,* the powder, la poudre, *Manuskript, Schrift,* écrire, *Kur,* to investigate, *Vers,* to declare, déclarer, *Summe,* the sum, la somme, tel, *Eminenz,* the access, l'accès, *Doktor.*

Lektion 22

Stammformen bisher gelernter Verben

regere, regō, rēxī, rēctum — regieren; lenken

ille, illa, illud — jener, jene, jenes

Vokabeln zu Lektion 22

praecipuē *(Adv.)*	besonders
adiuvāre, adiuvō, adiūvī, adiūtum *(m. Akk.)*	unterstützen; helfen
fēstus, a, um	festlich; Fest-
propitius, a, um	gnädig; geneigt
5 ēvenīre *(Stammf. wie* venīre*)*	1. sich ereignen 2. ausgehen; enden
ēventus, ūs	*Ereignis; Erfolg*
pecus, pecoris n.	Vieh (Schaf; Schwein)
calamitās, calamitātis f.	Unglück; Schaden
ignis, ignis *(Gen. Pl.* -ium) m.	Feuer
focus, ī m.	Herd
10 philosophia, ae f.	Philosophie
dēdere, dēdō, dēdidī, dēditum	1. übergeben 2. sich widmen
nātūra, ae f.	Natur;
cēnsēre, cēnseō, cēnsuī, cēnsum	1. meinen 2. beantragen 3. beschließen
philosophus, ī m.	Philosoph
15 habitāre	wohnen
voluptās, voluptātis f.	Freude; Vergnügen; Lust
beātitūdō, beātitūdinis f.	Glückseligkeit
numquam *(Adv.)*	niemals
ullus, a, um *(Gen.* ullīus; *Dat.* ullī*)*	irgendein
20 voluntās, voluntātis f.	Wille; Absicht
mūnus, mūneris n.	1. Pflicht, Aufgabe 2. Geschenk
quī, qua, quod *(statt* aliquī, aliqua, aliquod *nach* sī, nisī, nē, num*)*	(irgend)ein, (irgend)eine
obesse, obsum, obfuī	hinderlich sein; schaden
vērus, a, um	wahr; wahrhaft
vērō *(Adv.)*	wahrlich
vēritās, vēritātis f.	*Wahrheit*
25 attribuere, attribuō, attribuī, attribūtum	zuteilen; zuweisen
mundus, ī m.	Welt, Weltall
praemium, ī n.	Belohnung
īra, ae f.	Zorn
īrātus, a, um	*erzürnt, zornig*
coercēre, coerceō, coercuī, coercitum	1. in Schranken halten 2. bestrafen
30 disciplīna, ae f.	1. Lehre 2. Disziplin
sententia, ae f.	Meinung; Ausspruch
sentīre, sentiō, sēnsī, sēnsum	*1. fühlen 2. meinen*
sēnsus, ūs m.	*Empfindung; Sinn*
sacrificium, ī n.	Opfer
iūstitia, ae f.	Gerechtigkeit
ratiō, ratiōnis f.	1. Berechnung 2. Vernunft 3. Art und Weise
35 mōs, mōris m.	Sitte, Brauch

Vokabeln zu Lektion 23

Redewendungen

pater familiās *(alter Gen. Sg.)*	Familienvater, Hausvater
philosophiae dēditus	der Philosophie ergeben
nē qua rēs	damit nichts
neque vērō	jedoch nicht; aber nicht
hominum est	es ist Sache/Aufgabe der Menschen

Ableitungen in modernen Sprachen

Adjutant, la fête, the event, l'évènement, *Kalamität, Fokus, Attribut, Zensur, Prämie, Sentenz,* la volonté, *Justiz.*

Lektion 23

Stammformen bereits gelernter Verben

currere, currō, cucurrī, cursum   laufen

concurrere *(Stammf. wie currere)* zusammenlaufen
   concursus, ūs m.   *Zusammenstoß; Auflauf*
multitūdō, multitūdinis f.   Menge; Volksmenge
pēs, pedis m.   Fuß
volvere, volvō, volvī, volūtum   wälzen; rollen
5 remedium, ī n.   Heilmittel; Arznei
poscere, poscō, poposcī, -   fordern; verlangen
somnus, ī m.   Schlaf
spargere, spargō, sparsī, sparsum   streuen; besprengen
ōs, ōris n.   1. Mund   2. Gesicht
10 rīdēre, rīdeō, rīsī, rīsum   lachen
at   jedoch; andererseits
īnstāre, īnstō, īnstitī, -   1. bedrängen; zusetzen   2. bevorstehen
prīmum *(Adv.)*   anfangs; zuerst
vānitās, vānitātis f.   1. Eitelkeit   2. Misserfolg
   vānus, a, um   *leer; eitel; nichtig*
15 suādēre, suādeō, suāsī, suāsum   (zu)raten; empfehlen
addūcere *(Stammf. wie dūcere)*   1. heranführen   2. veranlassen; bewegen
nōndum *(Adv.)*   noch nicht
adhibēre, adhibeō, adhibuī, adhibitum   1. anwenden   2. hinzuziehen
   prohibēre   *fern halten; hindern*
salūber, salūbris, e   heilsam
20 fortasse *(Adv.)*   vielleicht
   fors, fortis f.   *Zufall; Schicksal*
cor, cordis n.   Herz
   misericordia   *Mitleid; Erbarmen*
igitur *(Adv.)*   also; folglich

Vokabeln zu Lektion 24

dubitāre	1. zweifeln 2. zögern
postulāre	fordern
25 caecus, a, um	blind

Redewendungen

ante pedēs volvī	sich zu Füßen werfen
per somnum	im Traum
deīs cordī est	es liegt den Göttern am Herzen; die Götter legen Wert darauf

Ableitungen in modernen Sprachen

Konkurrenz, the multitude, la multitude, *Pedal,* le pied, *Volumen,* the remedy, le sommeil, *oral,* rire, *Instanz,* vain, the vanity, to adhibit, *kordial,* le cœur, *Postulat.*

Lektion 24

hic, haec, hoc	dieser, diese, dieses
iste, ista, istud	dieser (da), diese (da), dies (da)
ars, artis f.	1. Kunst 2. Handwerk 3. Wissenschaft
artifex, artificis m.	*Künstler; Handwerker*
rhētoricus, a, um	rednerisch, Redner-
liber, librī m.	Buch
cōnstituere, cōnstituo, cōnstituī, cōnstitūtum	1. feststellen; festsetzen 2. beschließen
5 ēdūcāre	erziehen
damnāre	verurteilen
damnum	*Schaden*
interritus, a, um	unerschrocken
obīre, obeō, obiī	entgegengehen
scientia, ae f.	Kenntnis; Wissenschaft
10 optāre	wünschen
comprobāre	billigen; für gut halten
-nam *(bei Fragen angehängt)*	denn; wohl
algēre	frieren
dēsīderāre	ersehnen; wünschen
15 urgēre, urgeō, ursī	1. drängen; bedrängen 2. belästigen
mūtātiō, mūtātiōnis f.	1. Austausch 2. Änderung; Veränderung
paupertās, paupertātis f.	Armut
mūtāre	1. wechseln; austauschen 2. verändern
mūtārī	sich ändern
quamvīs *(mit. Konj.)*	1. obwohl, obgleich 2. wie sehr auch
20 possidēre, possideō, possēdī, possessum	besitzen

195

Vokabeln zu Lektion 25

plūs *(Adv.)*	mehr
flōrēre	1. blühen 2. mächtig sein
	3. sich auszeichnen
admīrātiō, admīrātiōnis f.	Bewunderung
admīrārī	*bewundern*
dīgnus, a, um *(mit Abl.)*	würdig (einer Sache)
opiniō, opiniōnis f.	Meinung
opinārī	*meinen*
dēspoliāre	berauben; etw. wegnehmen
alqm. aliquā rē dēspoliāre	jmdn. einer Sache berauben
contemnere, contemnō, contempsī, contemptum	verachten
nūdus, a, um	nackt; unbedeckt
contentiō, contentiōnis f.	1. Bestrebung; Wetteifer 2. Streit
vērē *(Adv.)*	wahrhaft
trānquillitās, trānquillitātis f.	Ruhe; Stille
trānquillus, a, um	*ruhig*

Redewendungen

ūsque ad hunc diem	bis heute
bonum, ī n.	das Gute; der Wert; im Pl.: Güter
malum, ī n.	das Schlechte; das Übel
mortem obīre	sterben
alqm. fēlīcem habēre	jmdn. für glücklich halten
opiniōne	nur vermeintlich; nur in der Einbildung
admīrātiōne dīgnus	bewundernswert

Ableitungen in modernen Sprachen

Artist, the art, l'art, *Rhetorik,* library, the constitution, la constitution, to educate, to condemn, condamner, the science, la science, to desire, désirer, to urge, urgent, the poverty, la pauvreté, to florish, fleurir, the admiration, l'admiration, the contention, very, vraiment.

Lektion 25

Stammformen bereits gelernter Verben

colligere, colligō, collēgī, collēctum	sammeln
īdem, eadem, idem	derselbe; dieselbe, dasselbe
ipse, ipsa, ipsum	selbst
cum *(m. Konj.)*	1. als 2. da, weil 3. obgleich
	4. während
expetere *(Stammf. wie* petere*)*	erstreben; anstreben
ōtium, ī n.	freie Zeit; Muße

Vokabeln zu Lektion 25

ōtiōsus, a, um	unbeschäftigt
cēdere, cēdō, cessī, cessum	1. gehen 2. weichen
recēdere *(Stammf. wie* cēdere*)*	zurückweichen; sich zurückziehen
sevērus, a, um	streng; ernst
sevēritās, tātis f.	*Strenge*
gravis, e	1. schwer 2. ernst, gewichtig
gravitās, tātis f.	*Schwere; Ernst; Würde*
familiāris, e	1. zur Familie gehörig 2. eng befreundet
iūdicāre	urteilen; beurteilen
administrāre	verwalten; verrichten
arbitrium	1. Schiedsrichterspruch 2. freie Entscheidung 3. Willkür
trānsferre, trānsferō, trānstulī, trānslātum	hinübertragen; übertragen
usquam *(Adv.)*	irgendwo
nusquam *(Adv.)*	nirgendwo
āmittere *(Stammf. wie* mittere*)*	verlieren
studium, ī n.	Bemühung; Studium
studēre m. Dat.	*sich (eifrig) bemühen um*
adulēscēns, adulēscentis m. *oder* f.	1. jugendlich 2. junger Mann; junges Mädchen
tribuere, tribuō, tribuī, tribūtum	zuweisen; zuteilen; widmen
tunc *(Adv.)*	dann; damals
molestia, ae f.	Ärger; Kummer; Last
ēvertere *(Stammf. wie* vertere*)*	umstürzen; zerstören
resistere, resistō, restitī, -	1. sich widersetzen 2. stehen bleiben
satis *(Adv.)*	genug
littera, ae f.	Buchstabe
litterae, ārum	1. Brief 2. Schrift 3. Wissenschaften
mandāre	anvertrauen; übergeben
commendāre	*1. anvertrauen 2. empfehlen*
parum *(Adv.)*	1. wenig 2. zu wenig
nōtus, a, um	bekannt
cognitiō, cognitiōnis f.	Kenntnis; Kennenlernen
coepisse, coepī, coeptum *(nur Perf. u. Plpf.)*	angefangen haben
status, statūs m.	Zustand
statuere, statuō, statuī, statūtum	*1. aufstellen 2. festsetzen 3. beschließen*
īnstitūtum	*Einrichtung*
cupidus, a um *(m. Gen.)*	begierig (nach)
cadere, cadō, cecidī, cāsum	fallen
incidere, incidō, incidī, -	1. hineinfallen 2. in etw. geraten

Redewendungen

litterīs studēre	(Wissenschaften) studieren
id est *(heute abgekürzt: i.e.)*	das heißt, das bedeutet

Vokabeln zu Lektion 26

rēs familiāris	Vermögen; Besitz
satis ōtiī	genug Muße
parum ōtiī	zu wenig Muße
cognitiōne dīgnus	wert, es kennen zu lernen

Ableitungen in modernen Sprachen

Rezession, céder, *Gravitation,* grave, *familiär,* familier, *Etüde,* the study, l'étude, *Adoleszenz, Tribut, resistent,* résister, la résistance, *Literatur,* the letter, la lettre, la littérature, *Mandat, Mandant,* demander, *Note,* the cognition, digne, *Staat,* the state, l'état, *Kasus,* to translate, the translation.

Lektion 26

querī, queror, questus sum	(sich) beklagen
patī, patior, passus sum	leiden; erdulden
versārī, versor, versātus sum	sich aufhalten
pauper m. f. n. *(Gen.* pauperis; *Abl.*paupere; *Gen. Pl.* pauperum*)*	arm
5 admittere *(Stammf. wie* mittere*)*	zulassen
dīmittere	wegschicken
praemittere	vorausschicken
praetermittere	vorbeigehen lassen; auslassen
remittere	1. zurückschicken 2. erlassen
opēs, opum f. *(Pl.)*	1. Reichtum 2. Macht
dormīre	schlafen
inde *(Adv.)*	von dort; daher
trānsitus, trānsitūs, m.	Durchgang; Durchfahrt; Verkehr
10 nox, noctis *(Gen. Pl.* -ium) f.	Nacht
noctū *(Adv.)*	bei Nacht; nachts
angustus, a, um	eng
angustiae, ārum	*Engpass; Schwierigkeit*
agmen, agminis n.	Zug; Heereszug
strepitus, strepitūs m.	Lärm
incendium, ī n.	Brand
15 recordārī, recordor, recordātus sum	sich erinnern
imperāre	1. befehlen 2. Kaiser sein
orīrī, orior, ortus sum	entstehen; sich erheben
adorīrī	*angreifen; herangehen*
oriēns, orientis m.	Orient; Osten
orīgō, orīginis f.	Ursprung
taberna, ae f.	1. Werkstatt 2. Gaststätte
flamma, ae f.	Flamme
20 māteria, ae f.	Stoff; Materie

Vokabeln zu Lektion 27

prōgredī, prōgredior, prō-gressus sum	vorrücken; fortschreiten
cingere, cingō, cinxī, cinctum	umgeben; umzingeln
aqua, ae f.	Wasser
auxiliārī, auxilior, auxiliātus sum	helfen
25 cōnārī, cōnor, cōnātus sum	versuchen
impedīmentum, ī n.	Hindernis
impedīre	*(ver-/be)hindern*
flectere, flectō, flexī, flexum	biegen; beugen
magnitūdō, magnitūdinis f.	Größe
sextus, a, um	der sechste
30 violentia, ae f.	Gewalt
violāre	*verletzen*
vacuus, a, um	leer; frei (von)
occurrere *(Stammf. wie* currere*)*	entgegentreten; bekämpfen
victūrus, a, um	*Part. Fut. zu* vīvere

Redewendungen

hīc – illīc	hier – dort
hūc – illūc	hierhin – dorthin
Nerōne imperante	unter Neros Regierung; zu Neros Zeiten
„ignem" clāmāre	„Feuer!" rufen; Feueralarm geben
magnā ex parte	zum großen Teil
impedīmentō *(Dat.)* esse	hinderlich sein, behindern

Ableitungen in modernen Sprachen

Querulant, Patient, patient, pauvre, to admit, admettre, dormir, *Transit,* the transit, la nuit, l'incendie, *Rekord,* the record, *original,* the origin, *Taverne,* the tavern, la taverne, the flame, la flamme, *Materie,* the matter, la matière, the progress, le progrès, *Aquarium,* l'eau, *Sexte,* the violence, la violence, *Vakuum.*

Lektion 27

bonus	melior, melius	optimus, a, um	gut – besser – am besten – der beste; sehr gut
malus	peior, peius	pessimus, a, um	schlecht – schlechter – am schlechtesten – der schlechteste; sehr schlecht
magnus	maior, maius	maximus, a, um	groß – größer – am größten – der größte; sehr groß
parvus	minor, minus	minimus, a, um	klein – kleiner – am kleinsten – der kleinste; sehr klein

Vokabeln zu Lektion 27

Stammformen von Semideponentien:

audēre, audeō, ausus sum	wagen
cōnfīdere, cōnfīdō, cōnfīsus sum *(m. Abl.)*	vertrauen (auf)

horrēre	sich entsetzen; verabscheuen
prōferre *(Stammf. wie* ferre*)*	1. vorwärts tragen 2. herbeibringen
ferreus, a, um	eisern
nāscī, nāscor, nātus sum	1. geboren werden 2. entstehen
5 brevis, e	kurz
brevitās, tātis f.	*Kürze*
miserārī, miseror, miserātus sum	beklagen; bejammern
aetās, aetātis f.	1. Lebensalter 2. Zeitalter
loquī, loquor, locūtus sum	sprechen
colloquī	*sich unterreden*
colloquium	*Unterredung*
tūtus, a, um	sicher
tuerī, tueor	*schützen*
= *tūtārī, tūtor, tūtātus sum*	
10 vetus *(Gen.* veteris, *Abl.* vetere *Gen. Pl.* veterum*)*	alt
sequī, sequor, secūtus sum *(m. Akk.)*	(jmdm.) folgen
assequī	*einholen; erlangen*
cōnsequī	*nachfolgen; erreichen*
persequī	*verfolgen*
ferrum, ī n.	Eisen
ūtī, ūtor, ūsus sum *(m. Abl.)*	(etwas) gebrauchen; benutzen
sānctus, a, um	heilig; unverletzlich; gewissenhaft
15 rēctus, a, um	richtig; gerade
dōnec	1. bis dass 2. solange wie
verērī, vereor, veritus sum	1. fürchten 2. sich scheuen
cupiditās, cupiditātis f.	Begierde; Trieb
aurum, ī n.	Gold
20 crūdēlis, e	grausam
impellere *(Stammf. wie* pellere*)*	treiben; antreiben
vāstāre	verwüsten
trānsīre *(Stammf. wie* īre*)*	überschreiten; hinüberführen
eō *(beim Komparativ)*	um so; desto
25 sōlus, a, um *(Gen.* sōlīus, *Dat.* sōlī*)*	allein; als einziger
pār m. f. n. *(Gen.* paris*)*	gleich; gleichwertig
auferre, auferō, abstulī, ablātum	wegtragen; wegschleppen
falsus, a, um	falsch
solitūdō, solitūdinis f.	Einsamkeit; Einöde

Redewendungen

multō *(Abl.)* maior	viel größer
dēfuēre	= dēfuērunt
sīgna prōferre	*(militärisch)* vorrücken
magis magisque	immer mehr
ferrō ignīque	„mit Feuer und Schwert"

Ableitungen in modernen Sprachen

Major, Majorität, Horror, maître, *Brief,* brief, bref, *Kolloquium, Tutor, Sequenz,* suivre, le fer, to use, user, *Sankt, sakrosankt,* the saint, le saint, l'or, cruel, *Impuls, Minorität, Solo,* seul, *paritätisch, Paar,* the pair, la paire, *Ablativ,* la solitude.

Lektion 28

Stammformen bereits gelernter Verben

cognōscere, cognōscō, cognōvī, 1. erkennen   2. erfahren
   cognitum

vīgintī *(nicht deklinierbar)*	zwanzig
quoque *(Adv.)*	auch
grātus, a, um	1. angenehm; gefällig 2. dankbar
ingrātus, a, um	1. unangenehm 2. undankbar
frāter, frātris m.	Bruder
5 adipīscī, adipīscor, adeptus sum	erwerben; erlangen
experīrī, experior, expertus sum	versuchen; erproben
comperīre, comperiō, comperī, compertus	*genau erfahren*
monastērium, ī n.	Kloster
hortārī, hortor, hortātus sum	ermahnen; auffordern
commūnis, e	gemeinsam
10 cottīdiē *(Adv.)*	täglich
servīre	1. dienen 2. Sklave sein
proficīscī, proficīscor, profectus sum	aufbrechen; vorrücken
rēgula, ae f.	Regel; Richtschnur
monachus, ī m.	Mönch
15 ōrdō, ōrdinis m.	1. Ordnung 2. Rang; Stand 3. Orden
mīlle *(undeklinierbar)*	tausend
Pl. mīlia, mīlium n.	
aestās, aestātis f.	Sommer
vēr, vēris n.	*Frühling*
officīna	Werkstatt
lēctiō, lēctiōnis f.	Lesen; Lektüre

Vokabeln zu Lektion 28

20 dīvīnus, a, um — göttlich; heilig
vacāre *(m. Abl.)* — frei sein von
vacāre *(m. Dat.)* — frei sein für; Zeit haben für
mēnsa, ae f. — Tisch; Mahlzeit
recreārī — sich erholen; ausruhen
silentium, ī n. — Schweigen; Ruhe
25 vesper, vesperī m. — Abend
hiems, hiemis f. — Winter
   autumnus — *Herbst*
senior, seniōris m. *oder* f. — älter
  (Kompar. zu senex*)*
   senectūs, tūtis f. — *(hohes) Alter*
prior, prius — 1. der vordere; der frühere   2. der Abt
dēsīgnāre — bezeichnen; ernennen
30 circumīre *(Stammf. wie* īre*)* — umhergehen
forte *(Adv.)* — zufällig; etwa
ūtilis, e — nützlich
inūtilis, e — unnütz
   ūtilitās, tātis f. — *Nutzen; Vorteil*

Redewendungen

vīgintī annōs nātus — zwanzig Jahre alt
ex amīcō quaerere — den Freund fragen
tē dūce — unter deiner Führung
plūs mīlle annōs (*oder:* plūs quam mīlle a.) — mehr als tausend Jahre (lang)
mīlia *(Plural; ergänze:* passuum*)* — tausend (Schritte) = 1 Meile *(ca. 1,5 km)*

Ableitungen in modernen Sprachen

vingt, *fraternisieren,* le frère, *Münster, Kommunismus,* commun, the rule, la règle, *Mönch,* the order, l'ordre, *Promille, Millennium,* mille, l'été, *Lektion,* the lection, la leçon, *evakuieren, Mensa,* the silence, le silence, *Vesper, Senioren,* sir, le seigneur, *Priorität, designiert,* to design, *Utilitarismus,* utility, utile.

Alphabetisches Verzeichnis der Eigennamen

Der volle Name eines römischen Bürgers hatte gewöhnlich drei Bestandteile; *praenomen* (Vorname), z. B. Marcus oder Lucius, *nomen gentilicium* (Name der *gens,* der Großfamilie), z. B. Iulius oder Cornelius, und *cognomen* (Beiname), z. B. Cicero oder Caesar. Frauen erhielten als Namen meist nur den Namen der *gens* in weiblicher Form, z. B. Iulia, Cornelia. Männliche Vornamen wurden abgekürzt: C. (Gaius), Cn. (Gnaeus), D. (Decimus), L. (Lucius), M. (Marcus), P. (Publius), Q. (Quintus), T. (Titus), Ti. (Tiberius).

Aeneas, -ae	Aeneas; trojanischer Sagenheld; Sohn der → Venus und des → Anchises
Aeneis	Aeneis; Epos des römischen Dichters → Vergilius (70-19 v. Chr.), berichtet vom Untergang der Stadt → Troja und den Irrfahrten des → Aeneas bis zu seiner Landung in → Latium
Africa, -ae	Afrika; Erdteil und Name einer römischen Provinz (etwa heutiges Tunesien)
Agrippina, -ae	Agrippina (9-59 n. Chr.), Mutter des Kaisers → Nero
Alexandria, -ae	Alexandria; von Alexander d. Großen gegründete Stadt am Nildelta
Anchises, -is	Anchises; trojanischer Sagenheld; Vater des → Aeneas
Ancus Marcius	Ancus Marcius; vierter der sagenhaften sieben Könige Roms
Apicius, -i	M. Gavius Apicius (1. Jh. n. Chr.), Verfasser eines römischen Kochbuches
Apollo, -inis	Apollo; griechischer Gott der Weissagung und der schönen Künste
Archimedes, -is	Archimedes; griechischer Mathematiker und Techniker (287-214 v. Chr.)
Arminius, -i	Arminius; Fürst der germanischen → Cherusker; zeitweilig Offizier in römischen Diensten; besiegte 9 n. Chr. drei römische Legionen unter dem Feldherrn → Varus
Asia, -ae	Asien; Erdteil; Name einer römischen Provinz im Westteil der heutigen Türkei
Augustus, -i	Augustus (63 v. Chr.-14 n. Chr.); Ehrenname des → Octavianus, des Adoptivsohns → Caesars, nachdem er 27 v. Chr. die Alleinherrschaft errungen hatte; s. auch S-Text zu Lektion 20
Basilica Iulia	Basilika Iulia; Markthalle auf dem Forum Romanum; unter → Caesar erbaut
Benedictus, -i	Benedikt (480-547 n. Chr.); Gründer des Mönchsordens der Benediktiner und des Klosters Montecassino in Unteritalien; s. auch S-Text zu Lektion 28
Britannia, -ae	Britannien; wurde im 1. Jh. n. Chr. römische Provinz
Britannus, -i	britannisch; Britannier
Caesar, -ris	1. C. Iulius Caesar (100-44 v. Chr.); römischer Staatsmann und Feldherr; eroberte Gallien und herrschte nach einem Bürgerkrieg seit 47 v. Chr. als Diktator in Rom; am 15. März 44 v. Chr. von Anhängern der alten Republik ermordet. 2. (als Titel:) Kaiser
Campus Martius	Marsfeld; in alter Zeit ein freier Platz nördlich des → Kapitols außerhalb der Stadtmauer; Versammlungsort und militärischer Übungsplatz der Römer
Capitolium, -i	Kapitol; einer der sieben Hügel Roms mit Tempeln für → Iuppiter, Juno und Minerva
Capua, -ae	Capua; Stadt in Unteritalien

Alphabetisches Verzeichnis der Eigennamen

Carthago, -ginis	Karthago; im 8. Jh. v. Chr. von Phöniziern gegründete Handelsstadt in Nordafrika in der Nähe des heutigen Tunis; die Römer führten drei Kriege gegen Karthago bis zur Zerstörung der Stadt um 149 v. Chr.
Casinus Mons	Montecassino; Berg und Benediktinerkloster in Unteritalien
Catilina, -ae m.	L. Sergius Catilina; römischer Senator; versuchte 63 v. Chr. durch eine Adelsverschwörung in Rom an die Macht zu kommen
Cato, Catonis	M. Porcius Cato (234-149 v. Chr.); römischer Staatsmann; Verfechter der strengen alten römischen Sitten
Cherusci, -orum	Cherusker; germanischer Stamm zwischen Weser und Elbe
Christianus, -i	christlich; Christ
Christus, -i	Jesus Christus
Cicero, -onis	M. Tullius Cicero (100-43 v. Chr.); römischer Staatsmann und Schriftsteller; Verfasser zahlreicher Reden und Schriften zur Philosophie und Redekunst; s. auch S-Text zu Lektion 25
Claudia, -ae	Claudia; römischer Frauenname für eine Frau aus dem Geschlecht der Claudier
Cloelia, -ae	Cloelia; zeichnete sich nach römischer Überlieferung als Frau beim Kampf gegen die Etrusker aus
Clusini, -orum	Clusiner; Einwohner der Stadt → Clusium
Clusium, -i	Clusium; etruskische Stadt nördlich von Rom
Concordia, -ae	Concordia; Göttin der Eintracht; hatte einen Tempel auf dem Forum Romanum
Corduba	Cordoba, Stadt in Spanien
Cornelia, -ae	Cornelia; römischer Frauenname für eine Frau aus dem Geschlecht der Cornelier
Consentia, -ae	heute: Cosenza; Stadt in Unteritalien
Dardanus, -i	Dardanus; sagenhafter Urahne der → Trojaner
Dido, Didonis	Dido; sagenhafte Königin von → Carthago
Drusus Claudius	Claudius (10 v. Chr.-54 n. Chr.); römischer Kaiser; sein voller Name: Tiberius Claudius Nero; Sohn des Drusus
Epicurus, -i	Epikur; griechischer Philosoph (342-270 v. Chr.); s. auch S-Text zu Lektion 24
Etruria, -ae	Etrurien; Landschaft nördlich von Rom; heute: Toskana
Etruscus, -i	etruskisch; Etrusker
Flaminius, -i	Flaminius; römischer Staatsmann und Feldherr; fiel 217 v. Chr. in der Schlacht gegen → Hannibal am Trasimenischen See
Fortuna, -ae	Fortuna; Göttin des Glücks und des Zufalls
Germania, -ae	Germanien
Germanus, -i	germanisch; Germane
Graecia, -ae	Griechenland
Graecus, -i	griechisch; Grieche
Gregorius, -i	Gregor der Große (etwa 540-604 n. Chr.); Papst
Hamilcar, -caris	Hamilkar; karthagischer Feldherr; Vater → Hannibals
Hannibal, -lis	Hannibal; karthagischer Feldherr (247-183 v. Chr.); führte von 219-202 v. Chr. Krieg gegen Rom
Herophilus, -i	Herophilus; griechischer Name
Hispania, -ae	Spanien
Hortensius, -i	Hortensius; römischer Geschlechtername; ein Hortensius war 69 v. Chr. Konsul.
Ianus Quirinus	Janus; römischer Gott; der ihm geweihte Torbogen auf dem Forum Romanum wurde nur in Friedenszeiten geschlossen.

Alphabetisches Verzeichnis der Eigennamen

Ilia, -ae	Ilia; Frau aus der römischen Sage; Mutter der Zwillinge → Romulus und → Remus; in der Überlieferung auch Rhea Silvia genannt
Italia, -ae	Italien
Iulia, -ae	Iulia; römischer Frauenname für Frauen aus dem Geschlecht der Iulier
Iulus, -i	Iulus; Sagengestalt aus der trojanischen Sage; Sohn des → Aeneas
Iuppiter, Iovis	Jupiter; oberster römischer Gott
Iustinianus, -i	Iustinian (482–565 n. Chr.); ließ als Kaiser das römische Recht zusammenfassen und aufschreiben (Codex Iustinianus; Corpus Iuris)
Iuvenalis, -is	Iuvenal; römischer Dichter (60–127 n. Chr.); Verfasser von gesellschaftskritischen Satiren in Versen
Lares	Laren; römische Haus- und Feldgötter
Latinus, -i	1. latinisch, Latiner; Einwohner von Latium 2. lateinisch
Latium, -i	Latium; Landschaft südlich von Rom
Livius, -i	Titus Livius; römischer Historiker (59 v. Chr.–17 n. Chr.); schrieb eine römische Geschichte *ab urbe condita* (seit Gründung der Stadt Rom)
Marcellus, -i	M. Claudius Marcellus; römischer Feldherr; eroberte im Krieg gegen → Hannibal 211 v. Chr. → Syrakus
Mars, Martis	Mars; römischer Kriegsgott
Mercurius, -i	Mercurius; römischer Gott des Handels, der Wege und der Kaufleute
Metellus, -i	Metellus; römischer Familienname; ein Caecilius Metellus war 69 v. Chr. zusammen mit Q. Hortensius Konsul
Mithridates, -is	Mithridates VI. (132–64 v. Chr.); König von Pontus am Schwarzen Meer; Feind der Römer
Mosella, -ae	Mosel
Muranum, -i	Muranum; Stadt in Unteritalien
Nero, Neronis	Nero (37–68 n. Chr.); römischer Kaiser; sein Erzieher war → Seneca; Nero ist als grausamer Despot bekannt; unter ihm wurden in Rom zum erstenmal die Christen verfolgt.
Nuceria, -ae	Nuceria; Stadt in Unteritalien
Numa Pompilius	Numa Pompilius; zweiter der sieben sagenhaften Könige Roms
Occidens, -ntis	Okzident; Westen
Octavianus, -i	Oktavian; Großneffe des Diktators → Caesar, von ihm im Testament adoptiert und als Erbe eingesetzt; als Princeps trug er den Ehrennamen → Augustus.
Oriens, Orientis	Orient; Osten
Penates, -um	Penaten; römische Gottheiten des Hauses und der Vorratskammer; s. auch S-Text zu Lektion 22
Phrygia, -ae	1. Phrygien: Landschaft in der heutigen Türkei 2. Name einer Sklavin
Poenus, -i	Punier („Phönizier"); römische Bezeichnung für Karthager
Pompeius, -i	Cn. Pompeius Magnus (106–48 v. Chr.); römischer Staatsmann und Feldherr
Porsenna, -ae m	Porsenna; sagenhafter etruskischer König von → Clusium
Proculus, -i	Proculus Iulius; römischer Senator
Punicus, -i	punisch; römische Bezeichnung für karthagisch
Remus, -i	Remus; Zwillingsbruder des → Romulus; Sohn des → Mars und der → Ilia
Rhenus, -i	Rhein
Roma, -ae	Rom
Romanus, -i	römisch; Römer
Romulus, -i	Romulus; sagenhafter Gründer Roms; Sohn des → Mars und der → Ilia

Alphabetisches Verzeichnis der Eigennamen

Saturae, -arum	Satiren; Sammlung von kritischen und spöttischen Gedichten; → Iuvenalis
Schliemann	Heinrich Schliemann (1822-1890); deutscher Archäologe; grub → Troia und andere Stätten der griechischen Frühgeschichte aus
Seneca, -ae	L. Annaeus Seneca (ca. 4 v. Chr.-65 n. Chr.); römischer Schriftsteller und Philosoph
Serapis	Serapis; ägyptischer Gott
Servius Tullius	Servius Tullius; sechster der sieben sagenhaften Könige Roms
Sibylla, -ae	Sibylle; sagenhafte Prophetin in Cumae in Unteritalien
Sicilia, -ae	Sizilien; erste römische Provinz
Sulla, -ae m.	L. Cornelius Sulla (138-78 v. Chr.); römischer Staatsmann und Feldherr
Syracusae, -arum	Syrakus; Stadt in Sizilien
Syrus, -i	Syrus; Name eines Sklaven („der Syrer")
Tacitus, -i	P. Cornelius Tacitus (55-120 n. Chr.); römischer Schriftsteller und Historiker
Tarquinius, -i	Tarquinius Superbus; letzter der sieben römischen Könige; mit seiner Vertreibung (etwa um 510 v. Chr.) beginnt die römische Republik; s. auch S-Text zu Lektion 10
Theophemus, -i	Theophem; griechischer Name
Thracia, -ae	Thrakien; Landschaft in Nordgriechenland
Thrax, Thracis	1. Thraker; Einwohner von → Thracia. 2. Bezeichnung für einen Gladiatoren; s. auch S-Text zu Lektion 8
Tiberis, -is	Tiber; Fluss, der durch Rom fließt; von den Römern als „Vater Tiber" verehrt
Tiberius, -i	Tiberius; sein voller Name: Ti. Claudius Nero (42 v. Chr.-37 n. Chr.); als Adoptivsohn und Nachfolger des → Augustus römischer Kaiser
Tiberius Gracchus	Ti. Sempronius Gracchus; röm. Staatsmann; ermordet 133 v. Chr.
Tibullus, -i	Tibull; Albius Tibullus (50-19 v. Chr.); römischer Dichter
Titus, -i	Titus; sein voller Name: T. Flavius Vespasianus (39-81 n. Chr.); Sohn und Nachfolger des Kaisers → Vespasianus
Traianus, -i	Trajan; sein voller Name: M. Ulpius Traianus (53-117 n. Chr.); römischer Kaiser
Troia, -ae	Troja; Stadt und Festung an der Nordwestküste der heutigen Türkei; der Kampf um Troja wurde vom griechischen Dichter Homer in der Ilias erzählt.
Troianus, -i	trojanisch, Trojaner; Einwohner von → Troia
Valeria, -ae	Valeria; römischer Frauenname für eine Frau aus dem Geschlecht der Valerier
Varianus, -i	(Adjektiv): des → Varus
Varus, -i	P. Quintilius Varus; römischer Feldherr; fiel 9 n. Chr. in der Schlacht gegen → Arminius im Teutoburger Wald (Varusschlacht)
Venus, Veneris f.	Venus; römische Göttin der Liebe
Vergilius, -i	Vergil; sein voller Name: P. Vergilius Maro (70-19 v. Chr.); Dichter des römischen Nationalepos „Aeneis"
Vespasianus, -i	Vespasian; sein voller Name: T. Flavius Vespasianus (9-79 n. Chr.); römischer Kaiser
Vesta, -ae	Vesta; römische Göttin des Herdfeuers

Alphabetisches Verzeichnis der Lernvokabeln

Zahlen nach einem Semikolon geben die Lektion an, in der die Stammformen der Verben aufgeführt sind (Wiederholung und Vervollständigung).

a, ab 6	von	aliquando 10	einst; einmal; irgendwann
abesse 6; 11	abwesend sein; fehlen	aliquis 6	jemand; irgendeiner
abire 7	fortgehen	aliquot 21	einige
accedere 21	herangehen	alius 3	ein anderer, (Pl.) andere
accipere 6; 20	annehmen; empfangen	alter 14	1. der andere
accusare 11	anklagen		2. der zweite
acer 18	1. scharf 2. schmerzlich 3. heftig	amare 1	lieben; gern haben
		amica 2	Freundin
ad 1	zu; bei	amicus 2	Freund
addere 14	hinzufügen	amittere 25	verlieren
adducere 23	1. heranführen 2. veranlassen; bewegen	amor 19	Liebe
		amphitheatrum 8	Amphitheater
adeo 20	so sehr; derart		
adesse 2	1. dabeisein; anwesend sein 2. helfen; beistehen	an 11	oder etwa?; oder?
		ancilla 1	Sklavin
adhibere 23	1. anwenden 2. hinzuziehen	angustus 26	eng
		anima 19	Seele
adipisci 28	erwerben; erlangen	animadvertere 11; 21	bemerken; aufmerksam werden
adire 7	1. herangehen 2. besuchen 3. bitten		
		animus 14	1. Geist 2. Mut 3. Gesinnung
aditus 21	Zugang		
adiuvare 22	unterstützen; helfen	annus 14	Jahr
administrare 25	verwalten; verrichten	ante 6	vor; vorher
		antiquus 7	alt; „antik"
admiratio 24	Bewunderung	aperire 16	öffnen; offen darlegen
admittere 26	zulassen	apparere 10	erscheinen; auftauchen
adulescens 25	1. jugendlich 2. junger Mann; junges Mädchen	appellare 20	1. anrufen 2. nennen
		apportare 9	(herbei)bringen
advenire 20	ankommen; kommen	appropinquare 3	sich nähern
aedificare 1	bauen		
aedificium 7	Gebäude	apud 15	bei
aegrotus 2	krank	aqua 26	Wasser
aestas 28	Sommer	arbitrium 25	1. Schiedsrichterspruch 2. freie Entscheidung 3. Willkür
aetas 27	1. Lebensalter 2. Zeitalter		
aeternus 12	ewig		
affere 15	1. herbeibringen 2. melden 3. antun	arbor 4	Baum
		arena 8	Arena; Kampfplatz
afficere 21	1. erfüllen (mit) 2. versehen (mit)	arma 8	Waffen
		ars 24	1. Kunst 2. Handwerk 3. Wissenschaft
ager 15	Acker; Feld		
agere 3; 16	1. treiben; betreiben 2. handeln; verhandeln 3. führen 4. tun	at 23	jedoch; andererseits
		atque 16	und; und sogar
		attentus 16	aufmerksam; wachsam
agmen 26	Zug; Heereszug	attribuere 22	zuteilen; zuweisen
agricola 1	Bauer	auctor 20	Urheber; Anstifter
algere 24	frieren	auctoritas 20	Ansehen; Einfluss

Alphabetisches Verzeichnis der Lernvokabeln

audacia 14	Kühnheit; Frechheit	cibus 4	Speise; Futter
audere 17; 27	wagen	cingere 26	umgeben; umzingeln
audire 2	hören	circa 1	um ... herum
auferre 27	wegtragen; wegschleppen	circumdare 4	umgeben
augere 10; 20	vergrößern; vermehren	circumire 28	umhergehen
aula 1	Hof; Innenhof	civilis 20	bürgerlich; Bürger-
aureus 19	golden	civis 10	Bürger
aurum 27	Gold	civitas 10	Staat; „Bürgerschaft"
aut 5	oder	clades 20	Niederlage; Verlust
aut ... aut 14	entweder ... oder	clam 13	heimlich
autem 5	jedoch; aber	clamare 2	rufen; schreien
auxiliari 26	helfen	clamor 8	Geschrei; Lärm
auxilium 15	Hilfe	clarus 7	hell; berühmt
		classis 17	Flotte
beatitudo 22	Glückseligkeit	claudere 20	schließen
beatus 20	glücklich	clementia 8	Milde; Gnade
bellare 17	Krieg führen	coercere 22	1. in Schranken halten
bellum 14	Krieg		2. bestrafen
bene 3	gut	coepisse 25	angefangen haben
benevolentia 18	Wohlwollen	cogere 12; 15	1. zwingen
			2. versammeln
bestia 8	Tier; wildes Tier	cogitare 10	denken; nachdenken
bonus 2	gut	cognitio 25	Kenntnis; Kennenlernen
brevis 27	kurz	cognoscere 9; 28	1. (er) kennen
			2. erfahren
cadere 25	fallen	colere 12; 15	1. verehren
caecus 23	blind		2. (einen Acker) bebauen
caedere 4; 14	1. fällen 2. töten		
caedes 18	Mord; Blutbad	colligere 4; 25	sammeln
caelum 12	Himmel	committere 14	1. beginnen 2. begehen
calamitas 22	Unglück; Schaden		3. anvertrauen
campus 5	Feld; freier Platz	commode 20	angemessen; befriedigend
candidatus 5	Kandidat; Wahlbewerber	commovere 19	(innerlich) bewegen; beeindrucken
capere 3; 16	1. fassen 2. ergreifen 3. erobern	communis 28	gemeinsam
caput 10	1. Kopf 2. Hauptstadt	comparare 3	1. verschaffen 2. erwerben 3. vergleichen
carcer 8	Gefängnis; Käfig	comprobare 24	gutheißen; zustimmen
castra 9	Lager	conari 26	versuchen
causa (m. Gen.) 17	wegen	concurrere 23	zusammenlaufen
		condere 18	1. gründen 2. verwahren 3. verstecken
causa 6	1. Grund 2. Ursache 3. Gerichtsverfahren	conferre 15	1. zusammentragen 2. vergleichen
cedere 25	1. gehen 2. weichen		
celer 18	schnell	conficere 17	vollenden; erledigen; herstellen
celeritas 17	Schnelligkeit		
cena 4	Essen; Mahlzeit	confidere 27	vertrauen
censere 22	1. meinen 2. beantragen 3. beschließen	coniurare 9	sich verschwören
		coniuratio 16	Verschwörung
certe 16	gewiss; sicher	coniuratus 16	Verschwörer
certus 9	sicher; gewiss	conscribere 16	1. verfassen 2. einschreiben
ceteri 3	die übrigen; die anderen		

considere 4	sich setzen	curia 6	Kurie
consilium 16	1. Plan 2. Rat 3. Absicht	currere 1; 23	laufen
constat 6	es steht fest	damnare 24	verurteilen
constituere 24	1. feststellen 2. festsetzen, beschließen	dare 4; 15	geben
		de 7	von; von ... herab; über
consuetudo 11	Gewohnheit; Gewöhnung	dea 18	Göttin
		debere 6	müssen; schulden
consul 5	Konsul	decem 18	zehn
consulere m. Akk. 3; 9; 18	jmdn. um Rat fragen	declarare 21	erklären; deutlich zeigen
		dedere 22	1. übergeben 2. (im Pass.) sich widmen
consulere m. Dat. 3; 9; 18	sorgen für jmdn.	deesse 7	fehlen
		defendere 9; 13	verteidigen
contemnere 24	verachten	deferre 20	1. hineinbringen 2. übertragen
contendere 9	1. sich anstrengen 2. eilen 3. kämpfen	deicere 19	hinabwerfen
		deinde 10	dann; darauf
contentio 24	1. Anspannung; Bemühung 2. Streit	delectare 7	erfreuen; Freude machen
contio 10	(Volks)versammlung	delere 9; 13	zerstören; vernichten
contra 9	gegen; dagegen	demonstrare 16	deutlich zeigen
convenire 4	1. zusammenkommen; sich versammeln 2. (m. Akk.) jmd. treffen	demum 16	endlich
		denique 15	schließlich
		densus 15	dicht
convivium 19	Gastmahl	deponere 19	ablegen
convocare 16	zusammenrufen; einberufen	descendere 19	hinabsteigen
		deserere 17	verlassen
copia 10	1. Menge 2. Vorrat	desiderare 24	ersehnen; wünschen
copiae 10	Truppen	desiderium 20	Sehnsucht; Bedürfnis
cor 23	Herz	designare 28	bezeichnen; ernennen
corpus 14	Körper	desperare 15	verzweifeln
cottidie 28	täglich	despoliare 24	berauben; etw. wegnehmen
creare 5	1. wählen 2. erschaffen		
crescere 17	wachsen	detegere 16	entdecken; aufdecken
crudelis 27	grausam	deterrere 16	abschrecken
crudelitas 14	Grausamkeit	detrimentum 18	Schaden; Verlust
culpa 11	Schuld		
cum (m. Konj.) 25	1. als 2. da; weil 3. obgleich 4. während	deus 3	Gott
		dicere 5; 15	sagen
cum (inv.) 11	als (plötzlich)	dictatura 20	Diktatur
cum (m. Abl.) 4	mit	dies 6	Tag
cum (iterativ.) 14	(jedesmal) wenn	dignus 24	wert; würdig
		diripere 17	plündern
cuncti 4	alle	discere 21	lernen; erfahren
cupere 7; 10; 13	wünschen; wollen	disciplina 22	1. Lehre 2. Disziplin
cupiditas 27	Begierde; Trieb	disponere 20	aufstellen; verteilen
cupidus 25	begierig	diu 6	lange
cur? 5	warum?	dives 21	reich
cura 21	Sorge; Fürsorge; Pflege	divinus 28	göttlich; heilig
curare 1	1. sich kümmern; sorgen 2. behandeln; pflegen	divitiae 3	Reichtum
		docere 21	lehren; belehren

209

Alphabetisches Verzeichnis der Lernvokabeln

doctus 21	gelehrt; erfahren	faber 11	Handwerker
dolere 21	bedauern; Schmerz empfinden	fabula 7	Geschichte; Theaterstück
		facere 5; 14	machen; tun
dolor 10	Schmerz	facultas 17	Möglichkeit
domi 5	zu Hause	falsus 27	falsch
domina 1	Herrin	fama 17	1. Gerücht; Sage
dominus 1	Herr		2. (guter/schlechter) Ruf
domum 7	nach Hause; heim	familia 4	Familie; Hausgemeinschaft
domus 15	Haus		
donec 27	1. bis dass 2. solange wie	familiaris 25	1. zur Familie gehörig 2. eng befreundet
dormire 26	schlafen	felix 18	glücklich
dubitare 23	1. zweifeln 2. zögern	femina 13	Frau
ducere 12; 14	führen	fere 16	etwa; beinahe
dum 15	1. *(m. Ind. Präs.)* während 2. solange wie	ferre 15	1. tragen 2. bringen 3. ertragen
duo 8	zwei	ferreus 27	eisern
dux 9	Führer; Anführer	ferrum 27	Eisen
		festus 22	festlich; Fest-
		fides 6	1. Vertrauen 2. Treue 3. *(christlich)* Glaube
e, ex 4	aus		
ecce 7	sieh! da!	fieri 20	1. werden 2. geschehen 3. gemacht werden
edicere 20	anordnen		
edictum 20	Edikt; Anordnung		
educare 24	erziehen	filius 10	Sohn
effugere 18	entfliehen; entkommen	finire 12	beenden
egestas 15	Armut; Not	fines 9	Gebiet
eminere 21	herausragen; hervorragen	finis 9	1. Ende 2. Grenze
enim 6	nämlich; denn	flamma 26	Flamme
eo 27	um so; desto	flectere 26	biegen; beugen
equus 1	Pferd	florere 24	1. blühen 2. mächtig sein 3. sich auszeichnen
erga 19	gegen; gegenüber		
eripere 16	entreißen; befreien	flumen 13	Fluss
errare 15	1. irren 2. umherirren	focus 22	Herd
error 18	1. Irrtum 2. Irrfahrt	forma 21	Gestalt; Figur
esse 1; 9	sein	fortasse 23	vielleicht
est 1	ist	forte 28	zufällig; etwa
et 2	1. und 2. auch	fortis 18	tapfer; stark
etiam 2	auch; sogar; noch	fortiter 9	tapfer; energisch
evadere 17	entkommen	fortuna 11	1. Schicksal 2. Glück
evenire 22	1. sich ereignen 2. ausgehen; enden	forum 7	Marktplatz; Forum
		frater 28	Bruder
evertere 25	umstürzen; zerstören	frumentum 13	Getreide
exercitus 13	Heer	fuga 9	Flucht
exilium 16	Exil; Verbannung	fugere 18	1. fliehen 2. *(m. Akk.)* vermeiden
exire 7	herausgehen		
expellere 18	vertreiben	furor 16	Wüten; Tollheit
experiri 28	versuchen; erproben	futurus 19	zukünftig
expetere 25	erstreben; anstreben		
expugnare 13	erobern	gaudere 6	sich freuen
exspectare 11	erwarten	gaudium 7	Freude
extremus 15	der äußerste	gens 17	1. Volksstamm 2. vornehme Familie

genus 13	1. Art 2. Geschlecht	implorare 8	anflehen
gerere 14	1. führen 2. tragen	importare 3	einführen
gladiator 8	Gladiator	in *(m. Akk.)* 1	1. in … hinein 2. nach
gladius 8	Schwert	in *(m. Abl.)* 4	1. in *(wo?)* 2. an 3. auf
gloria 8	Ruhm	incendere 19	entzünden; entflammen
gratia 3	1. Dank 2. Ansehen; Beliebtheit 3. Gnade	incendium 26	Brand
		incidere 25	1. hineinfallen
gratus 28	1. angenehm; gefällig 2. dankbar		2. in etwas geraten
		incitare 8	antreiben
gravis 25	1. schwer 2. ernst; gewichtig	incola 3	Einwohner
		incolere 14	wohnen; bewohnen
		inde 26	von dort; daher
habere 6	haben	industria 17	Fleiß; Einsatz
habitare 22	wohnen	infelix 18	unglücklich
hic 24	dieser	inferi 19	die Unterwelt
hic *(Adv.)* 18	hier	inferus 19	der untere
hiems 28	Winter	infestus 17	bedrohlich; feindlich
hodie 2	heute	ingens 18	ungeheuer; riesig
homo 6	Mensch	ingratus 28	1. unangenehm
honor 10	1. Ehre 2. Ehrenamt		2. undankbar
honorare 13	ehren	inhumanus 8	unmenschlich
hora 4	Stunde	inimicus 16	Gegner; Feind; feindlich
horrere 27	sich entsetzen; verabscheuen	inire 7	1. betreten; hineingehen 2. beginnen
horribilis 18	schrecklich	inopia 13	Mangel; Not
hortari 28	ermahnen; auffordern	inquit 18	sagt(e) er
hostis 10	Feind	insidiae 16	Falle; Hinterhalt
humanitas 19	Menschlichkeit; Humanität; Bildung	insignis 19	hervorragend; ausgezeichnet
humanus 8	menschlich	instare 23	1. bedrängen; zusetzen 2. bevorstehen
iactare 11	werfen; schleudern	instruere 19	1. ausrüsten 2. aufstellen
iam 4	schon; jetzt gleich	insula 1	Insel
ibi 11	dort	intendere 21	anspannen
idem 25	derselbe	inter 13	zwischen; unter
igitur 23	also; folglich	interdum 3	manchmal
ignis 22	Feuer	interesse 9	dabeisein; teilnehmen an
ignorare 5	nicht wissen; nicht kennen	interficere 21	töten
		interitus 19	Untergang
ignoscere 12	verzeihen	internus 17	der innere
ignotus 7	unbekannt	interritus 24	unerschrocken
ille 22	jener	interrogare 5	fragen
immortalis 18	unsterblich	intrare 1	eintreten; betreten
impedimentum 26	Hindernis	inutilis 28	unnütz
		invadere 6; 14	eindringen; einfallen
impellere 27	treiben; antreiben	invenire 19	finden
imperare 26	1. befehlen 2. Kaiser sein	investigare 21	erkunden; erforschen; aufspüren
imperator 2	1. Feldherr 2. Kaiser	invidia 10	1. Neid 2. Missgunst
imperium 9	1. Herrschaft; Reich 2. (Ober)befehl	invitare 2	einladen
		ipse 25	selbst
impetus 13	Angriff; Ansturm	ira 22	Zorn

ire 7; 9; 14	gehen	magnitudo 26	Größe
is 15	er; dieser	magnus 2	groß; bedeutend
iste 24	dieser (da)	maior 27	größer
ita 3	so	male 9	schlecht
ita 5	1. so 2. ja	malle 18	lieber wollen
itaque 2	daher; deswegen	malus 5	schlecht; übel
iter 9	Weg; Marsch; Reise	mandare 25	anvertrauen; übergeben
iterum 10	wieder; noch einmal	mane 4	früh am Morgen
iubere 6; 14	befehlen	manere 5; 16	bleiben
iudex 11	Richter	manus 13	1. Hand 2. Schar
iudicare 25	urteilen; beurteilen	mare 17	Meer
iudicium 11	1. Gericht 2. Gerichtsverhandlung 3. Urteil	maritus 19	Ehemann; Gatte
		mater 18	Mutter
iurare 12	schwören	materia 26	Stoff; Material
ius 11	Recht	maximus 18	der größte; am größten; sehr groß
iussu 13	auf Befehl		
iustitia 22	Gerechtigkeit	medicus 1	Arzt
iuvenis 11	junger Mann	medius 15	der mittlere; Mittel-
		melior 27	besser
labor 1	Arbeit; Mühe	memoria 7	Gedächtnis; Andenken
laborare 1	arbeiten	mens 12	1. Verstand 2. Gesinnung
lacrima 19	Träne		
laetus 2	froh; fröhlich	mensa 28	Tisch; Mahlzeit
laudare 2	loben	mercator 1	Kaufmann
lectio 28	Lesen; Lektüre	meritum 20	Verdienst
lectus 4	Bett; Liege	metuere 9	fürchten
legere 12; 21	1. lesen 2. sammeln	metus 13	Furcht
legio 9	Legion	meus 10	mein
leo 8	Löwe	miles 9	Soldat
lex 10	Gesetz	mille 28	tausend
libenter 2	gern	minime 5	keineswegs; gar nicht
liber 15	frei	minimus 27	der kleinste; am kleinsten; sehr klein
liber, bri 24	Buch		
liberare 4	befreien	minor 27	weniger; kleiner
libertas 10	Freiheit	miser 8	elend; arm; unglücklich
licere 7	erlaubt sein	miserari 27	beklagen; bejammern
littera 25	Buchstabe	miseria 17	Elend
litterae 25	1. Brief 2. Schrift 3. Wissenschaften	mittere 8; 17	schicken; lassen; freilassen
litus 17	Küste	modus 15	1. Art und Weise 2. Maß
loca 19	Orte; Gegend; Gelände	molestia 25	Ärger; Kummer; Last
locus 4	Ort, Stelle; Platz	monachus 28	Mönch
longus 19	lang	monasterium 28	Kloster
loqui 27	sprechen	monere 17	ermahnen
ludere 1; 17	spielen	mons 16	Berg
ludus 8	1. Spiel 2. Pferderennen oder Gladiatorenkampf	monstrare 7	zeigen
		morbus 1	Krankheit
lux 20	Licht	mors 11	Tod
		mortalis 18	sterblich; Sterblicher
magis 9	mehr	mos 22	Sitte; Brauch
magistratus 13	1. Beamter 2. Behörde	movere 12; 17	1. bewegen 2. beeindrucken

mox 17	bald; sogleich	nonus 4	der neunte
multi 2	viele	noster 10	unser
multitudo 23	Menge; Volksmenge	notus 25	bekannt
multum 21	viel; sehr	novem 14	neun
mundus 22	Welt; Weltall	novus 5	neu
munus 22	1. Pflicht; Aufgabe 2. Geschenk	nox 26	Nacht
murus 1	Mauer	nudus 24	nackt; unbedeckt
mutare 24	1. wechseln; austauschen 2. verändern	nullus 12	kein; keiner
		num 5	etwa ...?
mutari 24	sich ändern	numen 19	(göttliche) Macht; Gottheit
mutatio 24	1. Wechsel; Austausch 2. Veränderung	numerus 8	Zahl
		numquam 22	niemals
		nunc 6	nun; jetzt
		nuntiare 9	melden
nam 3	denn	nuntius 9	1. Meldung 2. Bote
-nam *(angeh.)* 24	denn	nusquam 25	nirgendwo
narrare 9	erzählen		
nasci 27	1. geboren werden 2. entstehen	obesse 22	hinderlich sein; schaden
		obire 24	entgegengehen
natura 22	Natur	obses 13	Geisel
natus 12	geboren	obsidere 13	belagern
navigare 3	segeln; fahren (mit dem Schiff)	occultare 10	verbergen
		occupare 18	1. besetzen 2. überfallen
navis 17	Schiff	occupatus 18	1. besetzt 2. beschäftigt
ne 20	damit nicht; dass nicht	occurrere 26	entgegentreten; bekämpfen
-ne *(angeh.)* 5	(Fragezeichen)		
necare 10	töten	oculus 12	Auge
nefastus 20	unheilvoll; verboten	odium 20	Hass
negare 12	1. sich weigern 2. verneinen 3. sagen, dass nicht	offerre 20	anbieten
		officina 28	Werkstatt
negotium 17	Geschäft; Handel	officium 17	Pflicht; Pflichterfüllung
nemo 11	niemand	olim 15	einst
neque 6	und nicht; aber nicht; auch nicht	omen 18	(böses) Vorzeichen
		omnino 21	ganz und gar; überhaupt
neque ... neque 6	weder ... noch	omnis 19	ganz; *im Pl.:* alle, alles
		opes 26	1. Reichtum 2. Macht
nihil 11	nichts	opinio 24	Meinung
nisi 12	1. wenn nicht 2. außer	oportet 24	es gehört sich; man soll
nobilis 18	1. berühmt; bekannt 2. adlig	oppidum 7	Stadt; Kleinstadt
		opprimere 3	unterdrücken; bekämpfen; überfallen
noctu 26	bei Nacht; nachts		
nolle 18	nicht wollen	optare 24	wünschen
nomen 7	Name	optimus 5	der beste; ein sehr guter
non 1	nicht	opus 7	Werk; Arbeit; Mühe
non iam 6	nicht mehr	oraculum 18	Orakel (Weisung eines Gottes)
non modo ... sed etiam 13	nicht nur ... sondern auch		
		orare 5	1. reden 2. bitten
nondum 23	noch nicht	oratio 15	Rede
nonne 9	etwa nicht?	orator 2	Redner
nonnulli 11	einige	orbis 10	Kreis

213

ordo 28	1. Ordnung 2. Rang; Stand 3. Orden	pietas 19	Frömmigkeit; Pflichtgefühl
oriri 26	entstehen; sich erheben	pila 11	Ball
ornare 13	schmücken; ehren	pirata 3	Pirat
os 23	1. Mund 2. Gesicht	placere 3	gefallen
otiosus 25	unbeschäftigt	plebs 15	Volk; Volksmasse
otium 25	freie Zeit; Muße	plenus 11	voll
		plus 24	mehr
pacare 19	1. unterwerfen 2. friedlich machen	poeta 7	Dichter
		ponere 4; 9; 13	1. setzen 2. stellen 3. legen
paene 13	fast; beinahe	pons 13	Brücke
par 27	gleich; gleichwertig	populus 2	Volk
parare 3	bereiten; zubereiten	porta 8	Tor; Tür
paratus 13	bereit; entschlossen	portare 2	tragen
parere 12	gehorchen	portus 17	Hafen
pars 11	1. Teil 2. Richtung 3. Seite	poscere 23	fordern; verlangen
		posse 15	können
parum 25	1. wenig 2. zu wenig	possidere 24	besitzen
parvus 2	klein	post 3	nach; danach; später
patefacere 21	öffnen; freimachen	postea 21	später
patefieri 21	geöffnet werden	postquam 11	nachdem
pater 10	Vater; *(Pl.)* Senatoren	postulare 23	fordern
patere 16	offenstehen; sichtbar sein	potest 12	er (sie, es) kann
pati 26	leiden; erdulden	potestas 17	Macht; Gewalt
patria 3	Vaterland; Heimat	praebere 14	geben; zeigen
pauci 9	wenige	praecipue 22	besonders
pauper 26	arm	praeclarus 14	hochberühmt
paupertas 24	Armut	praedicere 19	vorhersagen; prophezeien
pax 13	Friede; Friedensvertrag	praemium 22	Belohnung
pecunia 6	Geld	praesidium 17	Schutz
pecus 22	Vieh (Schaf; Schwein)	praestare 20	1. *(m. Dat.)* voranstehen 2. *(m. Akk.)* verrichten; zeigen; leisten
peior 27	schlechter		
pellere 14	1. schlagen 2. vertreiben		
per 1	durch		
perdere 17	1. zugrunde richten 2. verlieren; vergeuden	praeter 20	außer
		praeterea 20	außerdem
perditus 17	vernichtet; verzweifelt	primo 17	anfangs; zuerst
perfidia 14	Treulosigkeit; Verrat	primum 23	anfangs; zuerst
periculum 11	Gefahr	primus 5	der erste
perire 20	zugrunde gehen; untergehen	princeps 20	der erste; Anführer; *Titel des Kaisers*
pernicies 16	Verderben; Untergang	prior 28	1. der vordere; der frühere 2. Abt
persuadere 18	1. jmd. überzeugen 2. jmd. überreden	privatus 20	privat; Privatmann
		pro 11	1. für 2. anstelle von
pervenire 18	hinkommen; gelangen	procul 15	weit; in der Ferne
pes 23	Fuß	prodere 21	1. überliefern 2. verraten
pessimus 27	der schlechteste; der schlimmste	prodesse 15	nützen
		proelium 14	Schlacht; Kampf
petere 8; 10; 13	1. streben nach 2. erbitten 3. darauf zugehen	proferre 27	1. vorwärtstragen 2. herbeibringen
philosophia 22	Philosophie		
philosophus 22	Philosoph	proficisci 28	aufbrechen; vorrücken

progredi 26	vorrücken; fortschreiten	rapere 14	rauben; reißen
promittere 16	versprechen	ratio 22	1. Berechnung 2. Vernunft 3. Art und Weise
prope 10	nahe (bei); in der Nähe; fast	recedere 25	zurückweichen; sich zurückziehen
properare 4	schnell gehen; sich beeilen	recipere 18	annehmen; aufnehmen
propinquus 13	1. benachbart 2. verwandt; der Verwandte	recordari 26	sich erinnern
		recreari 28	sich erholen; ausruhen
propitius 22	gnädig; geneigt	rectus 27	richtig
propter 13	wegen	reddere 14	1. zurückgeben 2. machen zu
providere 17	1. *(m. Akk.)* vorhersehen 2. *(m. Dat.)* sorgen für	redire 9; 12	zurückgehen; zurückkehren
provincia 3	Provinz	referre 17	1. zurückbringen 2. berichten
publicus 6	öffentlich		
puer 14	Junge	regere 10; 22	regieren; lenken
pugna 8	Kampf	regina 18	Königin
pugnare 6	kämpfen	regnum 19	Reich; Herrschaft
pulcher 8	schön	regula 28	Regel; Richtschnur
pulvis 21	Staub	religio 12	1. Religion 2. Gottesfurcht
punire 11	bestrafen		
purgare 21	säubern	relinquere 15	1. verlassen 2. zurücklassen
putare 5	1. glauben; meinen 2. halten für	remedium 23	Heilmittel; Arznei
		repugnare 15	Widerstand leisten
quaerere 1; 18	1. suchen 2. fragen (nach)	res 6	Sache
		res publica 6	Staat; Republik
quaestor 21	Quaestor	resistere 25	1. sich widersetzen 2. stehenbleiben
quam 9	1. wie 2. als *(nach Vergleich)*		
		respondere 5; 10; 13	antworten
quamdiu 16	1. wie lange? 2. solange wie	restituere 13	wiederherstellen; zurückgeben
quamquam 11	obwohl		
quamvis 24	1. obwohl; obgleich 2. wie sehr auch	rex 6	König
		rhetoricus 24	rednerisch; Redner-
quando? 16	wann?	ridere 23	lachen
quasi 14	gleichsam; als ob	Romae 20	in Rom
-que *(angeh.)* 4	und	Romam 5	nach Rom
quem? 1	wen?		
queri 26	beklagen; sich beklagen	sacer 10	heilig; unantastbar
qui 22	(irgend)ein	sacerdos 12	Priester(in)
qui 8	der, welcher *(Relativpr.)*	sacrificium 22	Opfer
quid? 5	was?	saeculum 12	1. Jahrhundert 2. Zeitalter
quidam 21	1. jemand 2. irgendein 3. ein		
		saepe 2	oft
quidem 5	jedenfalls; wenigstens	saluber 23	heilsam
quin etiam 19	ja sogar	salus 6	Rettung; Wohlergehen
quis? 1	wer?	salutare 2	grüßen; begrüßen
quo 16	wohin?; wohin	salvere 5	gesund sein
quo usque? 16	wie weit? wie lange noch?	sanctus 27	heilig; unverletzlich; gewissenhaft
quod 11	da; weil		
quod *(fakt.)* 15	dass	satis 25	genug
quoque 28	auch		

215

Alphabetisches Verzeichnis der Lernvokabeln

scelus 16	Verbrechen	subito 9	plötzlich
scire 6; 12	wissen	summus 21	der höchste
scientia 24	Kenntnis; Wissenschaft	sumptus 20	Kosten; Aufwand
scribere 21	schreiben; zeichnen	superare 9	1. überwinden
se 9	sich		2. übertreffen
secundus 15	der zweite; günstig	superesse 9	übrig sein; überleben
sed 3	aber; sondern	surgere 4	aufstehen
sedere 10; 16	sitzen	suus 14	sein; ihr
semper 6	immer		
senator 2	Senator	taberna 26	1. Werkstatt 2. Gaststätte
senatus 13	Senat	tabula 7	Tafel
senex 12	1. alter Mann 2. alt	tacere 10	schweigen
senior 28	älter	talis 21	solch ein; derartig
sententia 22	Meinung; Ausspruch	tamen 11	dennoch; trotzdem
sepulcrum 21	Grab; Grabmal	tandem 4	endlich
sequi 27	folgen	tangere 14	berühren
servare 7	1. bewahren 2. retten	tantus 13	so groß
servire 28	1. dienen 2. Sklave sein	telum 13	Geschoss; Waffe
servus 1	Sklave; Diener	tempestas 10	1. Wetter 2. Unwetter; Gewitter
severus 25	streng; ernst		
sextus 26	der sechste	templum 7	Tempel
si 11	wenn	tempus 7	Zeit
signum 8	Zeichen; Feldzeichen	tenere 13	1. halten; festhalten 2. zurückhalten
silentium 28	Schweigen; Ruhe		
silva 4	Wald	terra 10	1. Land 2. Erde
sine 13	ohne	terrere 12	in Schrecken versetzen; einschüchtern
situs 18	gelegen; liegend		
socius 6	Bundesgenosse; Verbündeter	terror 9	Schrecken
		tertius 4	der dritte
solitudo 27	Einsamkeit; Einöde	testamentum 20	Testament
solum 7	allein; nur		
solus 27	allein; als einziger	theatrum 7	Theater
solvere 18	1. lösen 2. einlösen	timere 1	fürchten
somnus 23	Schlaf	timor 6	Furcht
sors 21	Schicksal; Los	tolerare 14	ertragen
spargere 23	streuen; besprengen	tollere 15	1. aufheben 2. beseitigen
spectaculum 8	Schauspiel		
spectare 7	betrachten	totus 10; 15	ganz
spectator 8	Zuschauer	trahere 4; 16	ziehen; schleppen
sperare 16	hoffen	tranquillitas 24	Ruhe; Frieden
spes 6	Hoffnung; Erwartung	transferre 25	hinübertragen; übertragen
stare 6; 16	stehen	transire 27	überschreiten; hinüberfahren
statim 9	sofort		
status 25	Zustand	transitus 26	Durchgang; Durchfahrt; Verkehr
strepitus 26	Lärm		
studium 25	Bemühung; Studium	tres 20	drei
stultus 12	dumm; töricht	tribuere 25	zuweisen; zuteilen; widmen
suadere 23	(zu)raten; empfehlen		
sub 4	unter	tribunus 15	Tribun
subire 18	1. unter etwas gehen/treten 2. übernehmen; ertragen	tristis 19	traurig
		tristitia 19	Trauer; Traurigkeit
		tum 2	dann; darauf

Alphabetisches Verzeichnis der Lernvokabeln

tumultus 20	Aufruhr; Tumult	versus 21	Vers
tunc 25	dann; damals	vertere 14	wenden
tutus 27	sicher	verus 22	wahr; wahrhaft
tuus 12	dein	vesper 28	Abend
		vester 12	euer
ubi *(m. Ind. Perf.)* 13	sobald	vetare 20	verbieten
		vetus 27	alt
ubi 1	wo?; wo	vexare 13	quälen; plagen
ullus 22	irgendein	via 2	Weg; Straße
ultimus 14	der letzte	vicinus 5	Nachbar; benachbart
undique 21	von allen Seiten; ringsum	victor 2	Sieger
unus 15	einer	victurus 26	*Part. Fut. zu* vivere
urbs 10	Stadt	vicus 5	Dorf
urgere 24	1. drängen; bedrängen 2. belästigen	videre 1; 14	sehen
		videri 12	scheinen
usquam 25	irgendwo	vigilare 3	wachen; wachsam sein
usque 16	bis; bis ... zu	viginti 28	zwanzig
ut *(m. Ind.)* 12	wie	villa 2	Haus; Landhaus
ut *(m. Konj.)* 20	1. damit; dass 2. so dass	vincere 8; 14	siegen; besiegen
		violentia 26	Gewalt
uti 27	gebrauchen; benutzen	vir 8	Mann
utilis 28	nützlich	virgo 13	Mädchen
		virtus 8	Tapferkeit; Tüchtigkeit
vacare 28	frei sein	vis 14	Kraft; Gewalt
vacuus 26	leer; frei (von)	visitare 2	besuchen
valde 8	sehr	vita 4	Leben
vanitas 23	1. Eitelkeit 2. Misserfolg	vitium 14	Fehler; Laster
vastare 27	verwüsten	vivere 15	leben
vel 7	oder; sogar	vix 19	kaum
velle 18	wollen	vocare 1	1. rufen 2. nennen
vendere 3; 16	verkaufen	volare 11	fliegen
venire 2; 14	kommen	voluntas 22	Wille; Absicht
verbum 12	Wort	voluptas 22	Freude; Vergnügen; Lust
vere *(Adv.)* 24	wahrhaft	volvere 23	wälzen; rollen
vereri 27	1. fürchten 2. sich scheuen	vox 14	Stimme
		vulnus 8	Wunde
versari 26	sich aufhalten	vultus 14	Gesichtsausdruck; Miene

Alphabetisches Verzeichnis der Zusatzvokabeln

abdere 4	verbergen	complere 11	anfüllen
abstinere 13	1. fernhalten 2. sich enthalten	componere 4	zusammenstellen; verfassen
acies, aciei f. 18	1. Schlacht 2. Heer (in Kampfordnung)	computare 5	zusammenrechnen
		concedere 21	1. nachgeben 2. überlassen
admirari 24	bewundern		
adoriri 26	angreifen; herangehen	concursus, us m. 23	Zusammenstoß; Auflauf
adventus, us m. 20	Ankunft	conducere 12	1. zusammenführen 2. mieten
alienus a, um 3	fremd		
amicitia, ae f. 2	Freundschaft	conquirere 1	zusammensuchen
angustiae, arum f. 26	Engpass; Schwierigkeit	consequi 27	nachfolgen; erreichen
		conservare 7	bewahren
animal, animalis n. 14	1. Lebewesen 2. Tier	constare 16	1. bestehen 2. kosten
		constituere 13	festsetzen; beschließen
appellere 18	herantreiben; hinsteuern	consuescere 11 Perf.: consuevi	sich (an etw.) gewöhnen ich bin gewohnt; ich pflege
appetere 10	1. begehren 2. angreifen		
armare 8	bewaffnen		
artifex, artificis m. 24	Künstler; Handwerker	continere 13	festhalten; umfassen
		continuus, a, um 13	zusammenhängend; ununterbrochen
ascendere 19	hinaufsteigen		
assequi 27	einholen; erlangen	contrahere 4	zusammenziehen; versammeln
audax m. f. n. (Gen.: audacis) 14	kühn		
		cultura, ae f. 12	Bearbeitung; Pflege
autumnus, i m. 28	Herbst	cultus, us m. 12	Pflege; Verehrung
		damnum, i n. 24	Schaden
avertere 14	abwenden	decedere 21	weggehen
brevitas, brevitatis f. 27	Kürze	deducere 12	wegführen
		defensor, defensoris m. 9	Verteidiger
captivus, i m. 3	Gefangener		
cenare 4	speisen	delinquere 15	sich vergehen
circumvenire 2	1. umringen 2. hintergehen	desiderare 20	ersehnen; vermissen
		dictator, dictatoris m. 20	Diktator
collocare 4	(zusammen)stellen; einrichten		
		differre 15	1. aufschieben 2. sich unterscheiden
colloqui 27	sich unterreden		
colloquium, i n. 27	Unterredung	difficilis, e 17	schwierig
		difficultas, difficultatis f. 17	Schwierigkeit
commendare 25	1. anvertrauen 2. empfehlen		
		dimittere 26	wegschicken
commodum, i n. 20	Vorteil	discedere 21	auseinander gehen
		diuturnus, a, um 6	langdauernd
comperire, comperio, comperi, compertum 28	genau erfahren		
		dubitare 8	1. zweifeln 2. Bedenken tragen
		dubius, a, um 8	zweifelhaft; bedenklich
		educere 12	herausführen

Alphabetisches Verzeichnis der Zusatzvokabeln

efferre 15	herausbringen
efficere 17	bewirken
egere (m. Abl.) 15	Mangel haben; bedürfen
eques, equitis m. 1	Reiter
equidem 5	ich jedenfalls
equitare 1	reiten
evadere 14	herausgehen; entkommen
eventus, us m. 22	Ereignis
excogitare 10	ausdenken; erfinden
exercere 13	üben
exitus, us m. 7	Ausgang
experimentum, i n. 28	Versuch
exponere 4	1. aussetzen; ausstellen 2. darlegen; erklären
exportare 2	ausführen; fortschaffen
extra *(m. Akk.)* 15	außerhalb
facilis, e 17	leicht (zu tun)
fidus, a, um 6	treu
fluctus, us m. 13	Flut
fors, fortis f. 23	Zufall; Schicksal
fortitudo, fortitudinis f. 18	Tapferkeit
fructus, us m. 13	Frucht; Ertrag
gravitas, gravitatis f. 25	Schwere; Ernst; Würde
illudere 17	verspotten
illustris, e 20	glänzend; berühmt
imminere 21	hereinragen; drohen
impedire 26	(ver-/be)hindern
incertus, a, um 9	ungewiss
incipere 6	beginnen; anfangen
inducere 12	(hin)einführen
inferre 15	hineintragen
inimicitiae, arum f. 16	(persönl.) Feindschaft
initium, i n. 7	1. Anfang 2. Eingang
iniuria, ae f. 11	Unrecht
iniustus, a, um 11	ungerecht
institutum, i n. 25	Einrichtung
integer, gra, um 14	unberührt; unversehrt
interire 19	untergehen
intra *(m. Akk.)* 13	innerhalb
iratus, a, um 22	zornig
iustus, a, um 11	gerecht
iuventus, iuventutis f. 11	Jugend
laetitia, ae f. 2	Freude
licentia, ae f. 7	Willkür; Zügellosigkeit
longinquus, a, um 19	weit entfernt
longitudo, longitudinis f. 19	Länge
lucere 20	leuchten
meridies, meridiei f. 6	Mittag
militia, ae f. 9	Kriegsdienst
misericorida, ae f. 23	Mitleid; Erbarmen
mortuus, a, um 11	tot
natio, nationis f. 12	Volk; Volksstamm
nescire 6	nicht wissen
nex, necis f. 10	Mord, Tod
nobilitas, nobilitatis f. 18	Adel
nominare 7	(be)nennen
numerare 8	zählen; berechnen; bezahlen
obtinere 13	festhalten; innehaben
occultus, a, um 10	verborgen; heimlich
omittere 16	fallen lassen; aufgeben
opinari 24	meinen
oppugnare 6	bestürmen
oriens, orientis m. 26	Orient; Osten
origo, originis f. 26	Ursprung
ornamentum, i n. 13	Schmuck
partim *(Adv.)* 13	teilweise; zum Teil
patrius, a, um 3	väterlich
perficere 17	vollenden
perfidus, a, um 14	treulos
periculosus, a, um 11	gefährlich
permittere 16	1. überlassen 2. erlauben

219

Alphabetisches Verzeichnis der Zusatzvokabeln

permovere 19	(innerlich) bewegen; veranlassen	sentire 22	1. fühlen 2. meinen
perpetuus, a, um 10	ununterbrochen	severitas, severitatis f. 25	Strenge
persequi 27	verfolgen	societas, societatis f. 6	Bündnis
pius, a, um 19	fromm; ehrfürchtig; pflichtgetreu	sollicitare 8	1. erregen; reizen 2. beunruhigen
plebei, orum m. 15	die Plebejer	statua, ae f. 6	Standbild
poena, ae f. 11	Strafe	statuere, statuo, statui, statutum 25	1. aufstellen 2. festsetzen 3. beschließen
praemittere 26	vorausschicken		
praetermittere 26	vorbeigehen lassen; auslassen	studere m. Dat. 25	sich (eifrig) bemühen um
principium, i n. 20	Anfang	succedere 21	1. nachrücken 2. an die Stelle treten 3. gelingen
procedere 21	vorwärts gehen; hervorgehen	sustinere 13	aushalten
proditio, proditionis f. 21	Verrat	tectum, i n. 16	Dach; Haus
		tegere 16	bedecken
proditor, proditoris m. 21	Verräter	testis, testis m./f. 20	Zeuge/Zeugin
producere 12	vorwärts führen; vorbringen	timidus, a, um 6	ängstlich
prohibere 23	fern halten; hindern	tradere 21	überliefern
pueritia, ae f. 14	Kindheit	traducere 12	hinüberführen
pulchritudo, inis f. 8	Schönheit	tranquillus, a, um 24	ruhig
reditus, us m. 9	Rückkehr	transportare 2	hinüberbringen
reducere 12	zurückführen; hinbringen	tueri, tueor 27 = tutari, tutor, tutatus sum 27	schützen
remanere 5	zurückbleiben; ausharren		
remittere 26	1. zurückschicken 2. erlassen	urbanus, a, um 10	(groß)städtisch; gebildet
		utilitas, utilitatis f. 28	Nutzen; Vorteil
removere 19	wegschaffen		
repetere 10	wiederholen	vanus, a, um 23	leer; eitel; nichtig
responsum, i n. 5	Antwort	ver, veris n. 28	Frühling
		veritas, veritatis f. 22	Wahrheit
retinere 13	zurückhalten		
revocare 16	zurückrufen	vestigium, i n. 21	Spur
rogare 5	bitten; fragen		
salvus, a, um 5	gesund; wohlbehalten	vigilia, ae f. 3	Nachtwache
se recipere 18	sich zurückziehen	violare 26	verletzen
senectus, senectutis f. 28	(hohes) Alter	vivus, a, um 15	lebendig
sensus, us m. 22	1. Empfindung; Gefühl 2. Sinn	vulnerare 8	verwunden

Alphabetischer Index zur Grammatik und Stilistik

Die Zahlen verweisen auf die Lektion

a-Deklination 1
a-Konjugation 1
abhängige Frage 28
abhängige Rede 28
Ablativ
  causae 13
  comparationis 27
  instrumenti 4
  loci 4
  loci bei Städtenamen 19
  mensurae 9
  modi 4
  separativus 4
  sociativus 4
  temporis 4
ablativus absolutus 21
AcI 6
Adjektive
  a-, o-Deklination: -us 2; -r 8
  i-Deklination 18
  im n. Pl. 7
adverbiale Bestimmung 2
Adverbienbildung aus Adj. 26
Akkusativ
  Sg. 1; Pl. 2
  der Ausdehnung 4
  doppelter Akk. 5
Akkusativobjekt 1
Aktiv 1
AmP 21
Anapher 15
Antithese 8
Apposition 3
Asyndeton 9
Attribut 2

Chiasmus 12

Dativ
  commodi 3
  finalis 7
  possessivus 3
Dativobjekt 3
Dehnungsperfekt 14
Demonstrativpronomen 15; 24
Deponentien 26
Doppelter Akkusativ 5

e-Deklination 6
e-Konjugation 1
Elativ 27

ferre u. Komp. 15
fieri 20
fore 16
Futur I 16
Futur II 28

Gemischte Konjugation 5
Gemischte Deklination: civis, urbs 10
Genitiv
  als Attribut 3
  explicativus 20
  obiectivus 7
  partitivus 11
  qualitatis 14
  possessivus 3
  des Demonstrativpr. als Poss. 15
Gerundium 17
Gerundivum 22
Gliedsätze
  mit Indikativ 11
  mit Konjunktiv 20

historisches Perfekt 9
historisches Präsens 23
historischer Infinitiv 23
Hyperbaton 27

i-Konjugation 2
Imperativ 5
Imperfekt 10
indirekte Rede 28
indirekte Frage 28
Infinitiv
  Präs. 1; Perf. 9; Fut. 16
Infinitivus historicus 23
Interrogativpronomen 1
ire u. Komp. 7
Irrealis der Vergangenheit 25

Klimax 16
KNG-Kongruenz 2
Komparativ 27
Konjunktionalsatz
  mit Indikativ 11
  mit Konjunktiv 20

Konjunktiv
  Präsens, Imperfekt 20
  Plusquamperfekt 24
  im Hauptsatz und Gliedsatz 20
  im Relativsatz 26
konsonantische Deklination: -or 1
  salus, rex, homo 6
  Neutrum 7
kurzvokalische i-Konjugation 5

Litotes 7

malle 18

nd-Formen
  Gerundium 17
  Gerundivum 22
ne im Finalsatz 20
Neutra der o- u. der. kons. Dekl. 7
nolle 18
Nominativ Sg. 1; Pl. 2

o-Deklination; -us 1; -r 8
  Neutrum 7
Objekt 1
oratio obliqua 28

Parallelismus 16
Partizip
  Futur: im AcI 16
  Perfekt Passiv 13
  Perfekt als PC 18
  Präsens Aktiv 23
  Präsens als PC 23
Passiv
  Perfekt 13
  Präsens, Imperfekt 12
Perfekt
  Aktiv 9; 14
  Passiv 13
Person
  3. Sg. 1; 3. Pl. 2
  1. u. 2. Sg. u. Pl. 5
Personalpronomen 5
Plusquamperfekt
  Indikativ 24
  Konjunktiv 25
posse 15
Possessivpronomen 10; 12
PPP als Particip coni. 19
Prädikat 1
Prädikativum 8
Prädikatsnomen 1
Präpositionen 1

Präsens Aktiv 1
Präsens historicum 23
Pronomen
  aliquis 6
  hic 24
  idem 25
  ille 22
  ipse 25
  is 15
  iste 24
  Personalpr. 5
  Possessivpr. 10; 12
  qui (enkl.) 22
  quidam 21
  quis? 1. quid? 5
  Reflexivpronomen 14
  Relativpronomen 8
  ullus 22

Rede, direkte und indirekte 28
Reduplikationsperfekt 14
Reflexivpronomen im AcI 14
Relativischer Anschluss 10
Relativpronomen 8
Relativsatz
  mit Indikativ 8
  mit Konjunktiv 26
rhetorische Frage 16

s-Perfekt 14
salus, rex, homo 6
Semideponentien 27
Sperrung 27
Stammperfekt 9
Steigerung 27
Subjekt 1
Superlativ 27

u-Deklination 13
u-Perfekt 9
ut mit Konjunktiv (fin., kons.) 20

v-Perfekt 9
velle 18
Vokativ 5
Vorzeitigkeit in der Zukunft 28
Zahlwörter 27; 28
Zeitenfolge (Anhang)
Zeitverhältnis
  beim AcI 6; 9; 16
  beim PC 19; 23
  beim AmP 21; 23

Zeittafel zur römischen Geschichte

vor Chr.

1200–1000	Einwanderung von Indoeuropäern in Italien
vor 800	Auftreten der Etrusker in der heutigen Toskana
753	(Legendäres Datum der) Gründung Roms
510	Der letzte der sieben (legendären) Könige Roms, der Etrusker Tarquinius Superbus, wird vertrieben; Rom wird Republik
507	Lars Porsenna, König der Etruskerstadt Clusium, belagert Rom.
450	Zwölftafelgesetz; erste Aufzeichnung des römischen Rechts
387	Kelten fallen in Italien ein; Belagerung des Kapitols
367	Plebejer erhalten Zutritt zum Konsulamt; danach allmähliche politische Gleichstellung von Patriziern und Plebejern
ab 340	Expansion Roms in Mittel- und Unteritalien; Kriege mit den Samniten
272	Rom beherrscht Mittel- und Unteritalien.
264–241	1. Punischer Krieg gegen Karthago; Sizilien wird erste römische Provinz.
218–202	2. Punischer Krieg gegen Hannibal
200–146	Rom greift militärisch im östlichen Mittelmeer ein; Kriege gegen Makedonien und Syrien
168	Sieg über Makedonien in der Schlacht bei Pydna
148	Makedonien wird römische Provinz.
149–146	3. Punischer Krieg, endet mit Zerstörung Karthagos; Einrichtung der römischen Provinz Africa
133	Tiberius Gracchus scheitert mit Reformgesetzen.
113–101	Die germanischen Kimbern und Teutonen dringen in Italien ein.
91–89	„Bundesgenossenkrieg"; die römischen Bundesgenossen in Italien erkämpfen Gleichberechtigung als römische Bürger.
88	Mithridates, König von Pontus (am Schwarzen Meer), greift die Provinz Asia an.
82-79	L. Cornelius Sulla Diktator in Rom
63	M. Tullius Cicero Konsul; Putschversuch Catilinas
60	1. Triumvirat: Caesar, Pompeius, Crassus
58–51	Caesar erobert Gallien.
49–46	Caesar erringt im Bürgerkrieg die Alleinherrschaft.
44	Ermordung Caesars an den Iden des März (15. März)
43	2. Triumvirat: Antonius, Lepidus, Octavian (später: Augustus); Cicero wird geächtet und ermordet.
42	Octavian und M. Antonius besiegen die Caesarmörder bei Philippi.
31	Octavian besiegt M. Antonius bei Actium; Octavian wird Alleinherrscher in Rom.
27	Octavian erhält den Titel „Augustus"; die Republik wandelt sich zum „Prinzipat"; Beginn der Kaiserzeit

Zeittafel zur römischen Geschichte

nach Chr.

9	Varusschlacht (Schlacht im Teutoburger Wald), Untergang von drei Legionen; Rhein und Donau bleiben die Grenze zwischen Römern und Germanen.
14	Tod des Augustus
14–37	Tiberius
37–41	Gaius, genannt „Caligula"
41–54	Claudius
54–68	Nero
64	Brand Roms, erste Christenverfolgung
69–79	Vespasianus
79–81	Titus
79	Vesuvausbruch, Untergang Pompejis
81–96	Domitianus
98–117	Trajan; größte Ausdehnung des Römischen Reiches
117–138	Hadrian
250	Große Christenverfolgung unter Kaiser Decius; Bau einer Mauer um die Stadt Rom zum Schutz gegen Germanen
313	Das Christentum wird als Religion geduldet.
324–337	Kaiser Konstantin der Große; erster christlicher Kaiser
330	Konstantin verlegt die Hauptstadt des Reiches nach Byzanz (Konstantinopel).
391	Kaiser Theodosius erklärt das Christentum zur Staatsreligion.
395	Teilung des Reiches in Westrom (Hauptstadt Rom) und Ostrom (Hauptstadt Konstantinopel)
410	Westgoten unter Alarich plündern Rom.
476	Der letzte weströmische Kaiser Romulus wird von Germanen abgesetzt; Ende des weströmischen Reiches.
529	Benedikt gründet das Kloster Montecassino in Unteritalien.
800	Der Frankenkönig Karl der Große wird in Rom durch den Papst zum Kaiser gekrönt.
1453	Konstantinopel wird von den mohammedanischen Osmanen erobert; Ende des oströmischen Reiches.